Emotionsregulation im Kindesalter

Klinische Kinderpsychologie
Band 14
Emotionsregulation im Kindesalter
von Dipl.-Psych. Angelika Kullik und Prof. Dr. Franz Petermann

---

Herausgeber der Reihe:
Prof. Dr. Franz Petermann

Emotionsregulation im Kindesalter

von
Angelika Kullik
und Franz Petermann

HOGREFE
GÖTTINGEN · BERN · WIEN · PARIS · OXFORD · PRAG
TORONTO · CAMBRIDGE, MA · AMSTERDAM
KOPENHAGEN · STOCKHOLM · FLORENZ

Dipl.-Psych. Angelika Kullik, geb. 1985. 2005–2010 Studium der Psychologie in Bielefeld. Seit 2011 Wissenschaftliche Mitarbeiterin am Zentrum für Klinische Psychologie und Rehabilitation (ZKPR) der Universität Bremen.

Prof. Dr. phil. Franz Petermann, geb. 1953. 1972–1975 Studium der Mathematik und Psychologie in Heidelberg. Wissenschaftlicher Assistent an den Universitäten Heidelberg und Bonn. 1977 Promotion. 1980 Habilitation. 1983–1991 Leitung des Psychosozialen Dienstes der Universitäts-Kinderklinik Bonn, gleichzeitig Professor am Psychologischen Institut. 1991–2007 Lehrstuhl für Klinische Psychologie, seit 2007 Lehstuhl für Psychologische Diagnostik und Klinische Psychologie an der Universität Bremen und seit 1996 Direktor des Zentrums für Klinische Psychologie und Rehabilitation (ZKPR).

Bibliografische Information der Deutschen Nationalbibliothek
Die Deutsche Nationalbibliothek verzeichnet diese Publikation in der Deutschen Nationalbibliografie; detaillierte bibliografische Daten sind im Internet über http://dnb.dnb.de abrufbar.

Göttingen · Bern · Wien · Paris · Oxford · Prag · Toronto · Cambridge, MA
Amsterdam · Kopenhagen · Stockholm · Florenz
Merkelstraße 3, 37085 Göttingen

http://www.hogrefe.de
Aktuelle Informationen · Weitere Titel zum Thema · Ergänzende Materialien

Umschlagbild: Christina Teutoburg
Satz: Beate Hautsch, Göttingen
Druck: Hubert & Co, Göttingen
Printed in Germany
Auf säurefreiem Papier gedruckt

ISBN 978-3-8017-2434-4

Vorwort

Das Konzept der Emotionsregulation ist vor allem in der Klinischen Psychologie und Psychiatrie, aber auch in der Entwicklungspsychologie von besonderer Bedeutung. Mittlerweile liegt ein aussagekräftiger Fundus an Studien vor, der wesentliche Erkenntnisse zur Rolle der Emotionsregulation zulässt. Viele wissenschaftliche Ansätze rücken die Fähigkeit zur Emotionsregulation ins Zentrum des Interesses und weisen auf schwerwiegende Folgen für die Entwicklung hin, wenn schon früh Probleme bei der Emotionsregulation auftreten.

Mit unserem Buch streben wir es an, die Vielzahl der derzeitigen Befunde zur Emotionsregulation im Kindesalter zusammenzutragen und vor diesem Hintergrund zu systematisieren. Wir möchten auch dem grundlegenden Phänomen der Emotionsregulation eine wesentliche Beachtung schenken. Im Mittelpunkt steht die Emotionsregulation als diejenige Fähigkeit, positive wie negative Emotionen sowie die mit ihnen einhergehenden Verhaltensweisen oder physiologischen Zustände zu initiieren, zu modulieren oder zu hemmen. Zur Regulation ihrer Emotionen können Kinder verschiedene Strategien einsetzen, wie etwa die Umlenkung ihrer Aufmerksamkeit oder das Verändern ihrer Gedanken.

Während im frühen Säuglingsalter die Eltern eine dominierende Rolle für die Regulation der Emotionen ihrer Kinder einnehmen, indem sie ihr Kind etwa durch körperliche Berührungen beruhigen oder es bewusst von einer emotional erregenden Situation ablenken, können Kinder mit voranschreitendem Alter eigenständig Emotionen regulieren. Um zu fundierten Aussagen zur Rolle der Emotionsregulation und der konkreten Strategien zu gelangen, ist die genaue Betrachtung von Erhebungsverfahren besonders wichtig, die wir für den deutschsprachigen Raum erstmals gezielt zusammengetragen haben. Zudem decken wir verschiedene Faktoren auf, die den Entwicklungsprozess der Emotionsregulation beeinflussen, so etwa das Temperament des Kindes oder die Emotionsregulation durch die Eltern.

Ob es Kindern gelingt, Regulationsstrategien in emotionalen Situationen effektiv einzusetzen, kann darüber entscheiden, wie gut sie in ihre soziale Umwelt integriert werden und ob sie psychische Probleme entwickeln. Damit kommt der Qualität der Emotionsregulation eine ganz wesentliche Funktion für die Entstehung psychischer Störungen im Kindesalter zu. Erste Längsschnittstudien können unter anderem einen bedeutsamen Zusammenhang einer unangemessenen Emotionsregulation mit folgenden Angst- oder depressiven Störungen sowie aggressivem Verhalten belegen. Da uns die psychischen Folgen ganz besonders interessieren, wollen wir einen Einblick in spezifische Störungsbilder bieten, zu denen bereits aussagekräftige Ergebnisse vorliegen.

Seit Anfang 2011 arbeiten wir intensiv an einer Aufarbeitung und Ordnung der Befunde zur Emotionsregulation im Säuglings- und Kindesalter. Schon bereits vor über zehn Jahren bearbeitete der Seniorautor gemeinsam mit Frau Prof. Dr. Silvia Wiedebusch (Osnabrück) das Thema „Emotionale Kompetenz bei Kindern“. Diese Arbeiten wurden Ende des letzten Jahrzehnts am Zentrum für Klinische Psychologie und Rehabilitation der Universität Bremen unter dem Fokus der Emotionsregulation aufgegriffen (z.B. Helmsen & Petermann, 2010). Aufbauend auf diesen Arbeiten war es uns möglich, eine umfassende Aufarbeitung zu schaffen. Drei wesentliche Übersichtsarbeiten, die wir im Rahmen unserer Forschung veröffentlicht haben, sind integraler Bestandteil dieses Buches:

- Petermann, F. & Kullik, A. (2011). Frühe Emotionsdysregulation: Ein Indikator für psychische Störungen im Kindesalter? *Kindheit und Entwicklung, 20*, 186-196.
- Kullik, A. & Petermann, F. (2011). Zum gegenwärtigen Stand der Emotionsregulationsdiagnostik im Säuglings- und Kleinkindalter. *Diagnostica, 57*, 165-178.
- Kullik, A. & Petermann, F. (2012). Die Rolle der Emotionsdysregulation für die Genese von Angststörungen im Kindes- und Jugendalter. *Zeitschrift für Psychiatrie, Psychologie und Psychotherapie, 60*, 165-175.

Mit dem vorliegenden Buch erhoffen wir uns, Klinischen Kinderpsychologen und -psychiatern, Kinderärzten sowie pädagogischen Fachkräften hilfreiche und besonders praxisnahe Anregungen zu bieten.

Abschließend möchten wir verschiedenen Mitgliedern des Zentrums für Klinische Psychologie und Rehabilitation unseren Dank aussprechen. Dieser Dank richtete sich vor allem an Prof. Dr. Ute Koglin, Dr. Marc Schipper und Dipl.-Psych. Judith Röll, die uns auch bei den Ausarbeitungen zum Thema „Emotionsregulation und aggressives Verhalten" sowie „Emotionsregulation in Prävention und Intervention" unterstützten. Wir danken auch dem Hogrefe Verlag, vor allem Frau Dipl.-Psych. Susanne Weidinger, für die gute Zusammenarbeit.

Bremen, im April 2012 — Angelika Kullik und Franz Petermann

Inhaltsverzeichnis

Kapitel 1

Was bedeutet Emotionsregulation?

Ein Zehnjähriger sagt: „Wenn du traurig bist, setze ein Lächeln auf, gehe mit den anderen mit und versuche dich normal zu verhalten."

(von Salisch, 2001)

Emotionen begleiten uns von der Geburt an. Ein Säugling, der in den frühen Lebensmonaten durch ein lautes Geräusch erschreckt wird, reagiert meistens ängstlich und weint. Ein Kleinkind reagiert wütend, wenn es nicht das gewünschte Spielzeug zu seinem Geburtstag geschenkt bekommt. Schulkinder freuen sich über den gemeinsamen Klassenausflug in den Freizeitpark. Ein Junge empfindet Stolz beim Sieg seiner Fußballmannschaft; ein anderer fühlt sich schuldig, dass er kein Tor geschossen und seine Mannschaft verloren hat. Ein Mädchen zeigt Mitgefühl für die Freundin, die sich für die vergessenen Hausaufgaben schämt.

All das sind nur wenige Beispiele für Anlässe, in denen Kinder verschiedenste Emotionen erfahren. Solche Erfahrungen machen sie im Laufe der ersten Lebensjahre tagtäglich und lernen nach und nach mit ihnen umzugehen. Das emotionale Erleben und Verhalten von Kindern birgt viele wichtige unbeantwortete Fragen in sich, denen wir uns widmen müssen. Was bedeutet es denn genau, die eigenen Emotionen wie Angst, Wut oder Freude zu erfahren, einzuordnen und zu bewältigen? Können derartige Emotionen kontrolliert, verändert oder gar ausgelöscht werden? Wie wird das emotionale Erleben und Verhalten den Erwartungen von Eltern, Geschwistern, Familie, Freunden oder der schulischen Umwelt angepasst? Können Emotionen überhaupt verändert werden und wenn ja, wie genau lassen sich Emotionen verändern? Was wird eigentlich verändert? Wie wird die Regulation der Emotionen im Laufe der frühen Lebensjahre erlernt und wie entwickelt sich diese in der weiteren Kindheit? Was genau bedeutet „Emotionsregulation" und welche Bedeutung besitzt sie für die kindliche Entwicklung?

Zu einer der wichtigsten Entwicklungsaufgaben des Kindesalters zählt die Entwicklung von Fähigkeiten, die für ein angemessenes emotionales Erleben und Verhalten notwendig sind (Thompson, 1994; Zeman, Shipman & Penza-Clyve, 2001). Wissenschaftliche Studien haben sich in den vergangenen Jahren zunehmend mit dem Konzept der *Emotionsregulation* befasst, das so zu einem eigenen und unabhängigen Forschungsfeld wurde (z. B. Campos, Walle, Dahl & Main, 2011; Cole, Dennis, Smith-Simon & Cohen, 2009; Dennis, 2010; Eisenberg, Spinrad & Eggum, 2010; Ekas, Braungart-Rieker, Lickenbrock, Zentall & Maxwell, 2011; Feng et al., 2009; Gross, 1998). Gibt man die Begriffe „emotion regulation" in die Datenbank *Web of Science* ein, so kann eine rasante und über die vergangenen Jahre fast durchgehend steigende Anzahl an wissenschaftlichen Artikeln verzeichnet werden, die 2011 mit mehr als 800 Neuveröffentlichungen ihren Höhepunkt erreicht hat und diesen in den folgenden Jahren wohl noch überschreiten wird (vgl. Abb. 1).

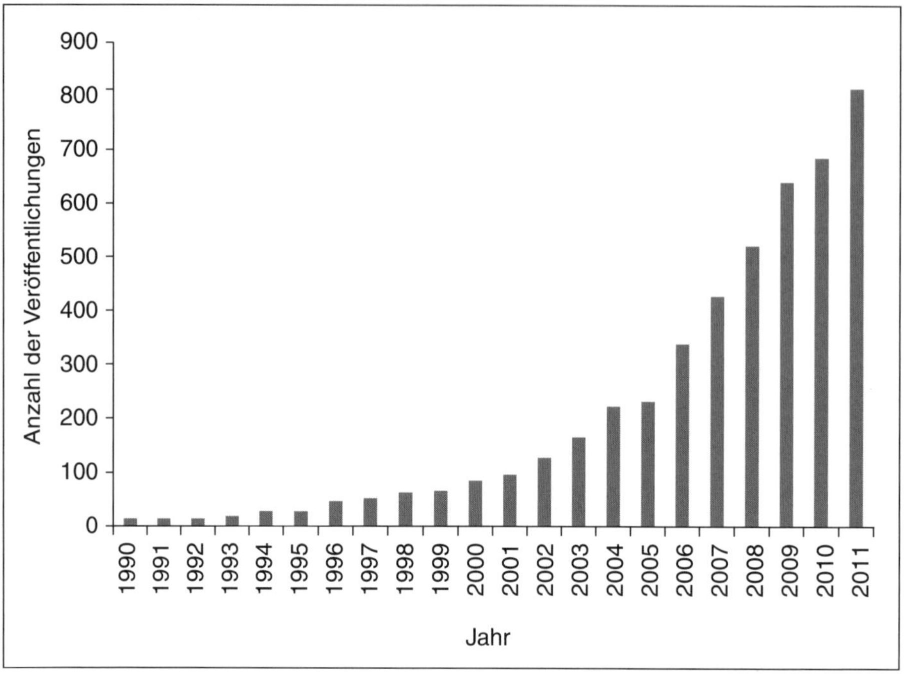

Abbildung 1: Anzahl der veröffentlichten Artikel zum Thema „emotion regulation" nach Web of Science (Stand 19.03.2012)

Die Wurzeln der aktuellen Emotionsregulationsforschung sind in den frühen psychoanalytischen Studien zu psychologischen Abwehrmechanismen (Freud, 1926), psychologischem Stress und Coping (Lazarus, 1966), der Bindungstheorie (Bowlby, 1969) und der Emotionstheorie (Frijda, 1986) zu suchen (Gross & Thompson, 2007). Seither wächst das Interesse an diesem Konzept mehr und mehr, was nicht zuletzt der wachsenden Anzahl an wissenschaftlichen Publikationen, Büchern, Konferenzen und Trainingsprogrammen zu entnehmen ist, die sich dem Thema widmen (Tamir, 2011). Damit ist die Erforschung der Emotionsregulation nicht länger nur ein Aspekt der grundlagenorientierten Emotionsforschung, sondern beginnt die klinische und kinderpsychologische Praxis zu prägen und eröffnet ferner wichtige Anwendungsperspektiven.

Heute wird nicht mehr bezweifelt, dass die Emotionsregulation wichtige Konsequenzen für die kindliche Entwicklung sowie die soziale Funktionalität mit sich bringt (Blair, Denham, Kochanoff & Whipple, 2004; Dollar & Stifter, 2012; Hubbard & Coie, 1994; Suveg, Jacob & Payne, 2010; Tamir, 2011; Yap, Allen & Sheeber, 2007). Graziano, Reavis, Keane und Calkins (2007) konnten zudem zeigen, dass die Emotionsregulation einen direkten und bedeutsamen Prädiktor für den Schulerfolg von Kindern darstellt. So zeigte sich in ihrer Studie, dass ausgeprägte Emotionsregulationsfähigkeiten der Kinder eine von den Lehrkräften berichtete bessere schulische Leistung sowie bessere standardisierte Lese- und Mathematikwerte vorhersagte. Darüber hinaus wird der Emotionsregulation mittlerweile eine zentrale Bedeutung für die Aufrechterhaltung der psychischen

Gesundheit zugeschrieben (Bradley, 2000; Cicchetti, Ackerman & Izard, 1995; Salovey, Rothman, Detweiler & Steward, 2000; Zeman et al., 2001). Mangelhafte Emotionsregulationsfähigkeiten werden etwa in einen bemerkenswerten Zusammenhang mit externalisierenden sowie internalisierenden Problemen im Kindesalter gebracht (Bornstein, Hahn & Haynes, 2010; Zeman, Shipman & Suveg, 2002).

Emotionsregulationsmuster bilden sich bereits sehr früh in den ersten Lebensmonaten heraus und können im Falle einer unzureichenden Entwicklung damit zu einer Bandbreite an Problemen und Schwierigkeiten führen. Bevor jedoch ganz konkrete wissenschaftliche Erkenntnisse zu den Beziehungen der Emotionsregulation und verschiedenen Bereichen der kindlichen Entwicklung sowie psychischen Gesundheit betrachtet werden sollen, erscheint zunächst eine grundlegende Begriffsbestimmung und Eingrenzung notwendig, die allen weiteren Analysen eine Grundlage schafft. Das Ziel dieses Buches kann nicht darin bestehen, die Vielfalt von Emotionen im Kindesalter und deren Regulation umfassend darzustellen, da mittlerweile allein für *eine* Emotion ein ganzes Werk gefüllt werden könnte (vgl. von Salisch, 2000). Vielmehr strebt das vorliegende Buch einen integrativen Einblick in das Thema an, um die Bedeutung der Emotionsregulation im Kindesalter zu systematisieren.

1.1 Was sind Emotionen?

Schon früh haben verschiedene Disziplinen erkannt, dass Emotionen eine entscheidende Rolle für die soziale Kommunikation, Motivation, Gedanken und Handlungen spielen (Izard, 1977, 1991). Die grundlegende Frage, was eigentlich Emotionen ausmacht und diese definiert, erscheint trivial. Nichtsdestotrotz ist eine differenzierte Sicht erforderlich, wie so grundlegende Gefühle von Angst oder Freude entstehen und was diese genau charakterisiert. Die Schwierigkeit einer Begriffsbestimmung und Konzeptualisierung wird jedoch deutlich, wenn man zur Konkretisierung schreitet.

Bis heute gibt es weder eine einheitliche Definition des Begriffs „Emotionen“ (vgl. Campos, Frankel & Camras, 2004), noch ist eindeutig geklärt, wie Gefühle entstehen (Panksepp, 2010). Lexikalisch umfasst das Wort „Emotion“ ganz bestimmte Gefühle, physiologische Reaktionen und Verhaltensweisen und stellt ein Phänomen dar, dem in Forschung und insbesondere auch in klinischer Praxis eine grundlegende Funktion zukommt. Einer solchen lexikalischen Definition ist jedoch auch zu entnehmen, dass Emotionen verschiedene Komponenten beinhalten, die die Bestimmung einer einheitlichen Struktur des Phänomens „Emotion“ immens erschweren. Die subjektiven Erfahrungen, Verhaltensweisen und der emotionale Ausdruck sowie die physiologischen Reaktionen während des Erlebens einer Emotion können bei Angst, Wut oder Freude grundlegend verschieden sein und stehen in einer unterschiedlich engen Beziehung zueinander. Dies erschwert zusätzlich ein einheitliches Verständnis des Konzepts. So zeigt sich beispielsweise, dass sich Freude deutlich im Verhalten und in physiologischen Reaktionen ausdrückt. Traurigkeit hingegen weist einen solchen eindeutigen Zusammenhang nicht auf (Mauss, Levenson, McCarter, Wilhelm & Gross, 2005). Ein kurz veränderter Gesichtsausdruck eines Schulkindes kann in Kombination mit einer anhaltenden Veränderung der Herzfrequenz und starken Gefühlen bei Angst vor dem Schreiben einer Klassenarbeit eintreten. Ein ganz anderes Muster kann sich bei einer emotionalen Reaktion von Freude über eine überraschend gute Note zeigen. Die empirische Forschung zeigt schließlich, dass nicht nur eine Komponente (z. B. physiologische Reaktionen) den primären Marker einer Emotion darstellt. Vielmehr muss das Ausmaß Beachtung finden, in dem die *verschiedenen* Emotionskomponenten zueinander in Beziehung stehen und gemeinsam Informationen über den emotionalen Zustand aufzeigen (Weinberg & Tronick, 1994).

Auslöser von emotionalen Prozessen bilden individuelle Bewertungen bestimmter Anlässe. Wird eine Situation als bedeutungsvoll und relevant für die eigenen Ziele interpretiert, so zeigen sich emotionale Reaktionstendenzen (Cole, Martin & Dennis, 2004; Gross & Thompson, 2007). Die Interpretation des Anlasses kann schnell und automatisch durch gedankliche sowie unbewusste Prozesse aktiviert werden (Izard, 1993; LeDoux, 1996). Die emotionalen Reaktionstendenzen kommen schließlich in den verschiedenen Emotionskomponenten (= Gefühlen, Gedanken, körperlichen Reaktionen) zum Ausdruck, die unter dem Begriff „Emotion“ zusammengefasst werden. Für unser Beispiel der anstehenden Klassenarbeit bedeutet dies, dass eine emotionale Reaktion nur dann ausgelöst wird, wenn ein Kind die Klassenarbeit als bedeutungsvoll für seine eigenen Ziele bewertet. Ist dies der Fall, so können sich emotionale Reaktionen beispielsweise in einem ängstlichen Gesichtsausdruck, erhöhten Pulsschlag oder Gedanken wie „die Klassenarbeit bestehe ich nicht“ äußern.

Insgesamt wird übereinstimmend angenommen, dass bereits Kinder über Emotionen als biologisch veranlagtes Potenzial verfügen (vgl. Lewis, 2000; Petermann & Wiedebusch, 2008). Wurden Emotionen früher noch als unvernünftig, durcheinanderbringend und anstrengend bezeichnet, so hat man sich heute von dieser Sichtweise deutlich entfernt. Emotionen besitzen eine biologisch adaptive Funktion und prägen in differenzierter Weise unser Erleben (vgl. Thompson, 1994). Evolutionsgeschichtlich sind Emotionen für unser Überleben wichtig. Die angeborenen emotionsbezogenen Verarbeitungsprozesse dienen etwa dem Umgang mit bedrohlichen Situationen oder anderen sozialen Interaktionen (Rothbart & Sheese, 2007). Emotionen schützen in Gefahrensituationen, indem sie über ängstliches Verhalten eine Vermeidungsreaktion auslösen. So reagiert ein Kind, das von einem fremden und unheimlich wirkenden Mann angesprochen wird, mit Angst und Fluchtverhalten. Demzufolge können Emotionen als *frühzeitiges Reaktionssystem* bezeichnet werden, das auf Basis fortlaufender Erfahrungen situationsspezifisch aktiviert wird (Cole et al., 2004). Sehr junge Kinder verfügen schon über ein solch frühzeitiges Reaktionssystem, das im Laufe der Entwicklung zunehmend ausdifferenziert wird. Auch die Verbindungen zwischen den einzelnen Emotionskomponenten werden durch die sozialen Erfahrungen zunehmend beeinflusst und damit entwicklungsspezifisch organisiert, wie etwa die Bewertung des beobachtbaren Gesichtsausdrucks (Camras, Oster, Campos & Bakeman, 2003; Thompson & Meyer, 2007).

Emotionen sollen uns dabei helfen, zu verstehen, warum verschiedene Personen in der gleichen Situation unterschiedlich reagieren (Frijda, 2010). So freut sich ein Kind über eine gute Note in der Klassenarbeit, ein anderes ist über das gleiche Ergebnis enttäuscht und traurig, da es damit rechnete, der Klassenbeste zu sein. Emotionen besitzen folglich eine wichtige kommunikative und soziale Funktion, die Informationen über Gedanken, Gefühle und Ziele übermittelt und somit soziale Interaktionen lenkt (Suveg, Jacob et al.,

2010). Damit erhalten Emotionen eine grundlegende Rolle in der kindlichen Entwicklung, die sich nach Abe und Izard (1999) folgendermaßen zusammenfassen lässt:

- *Emotionen fördern soziale Interaktionen:* Freude und Interesse begünstigen beispielsweise das kindliche Spiel mit Gleichaltrigen.
- *Emotionen bringen Kinder dazu, über die eigenen Erwartungen und Verhaltensweisen nachzudenken und diese gegebenenfalls neu zu bewerten:* Wut darüber, dass ein Ziel nicht erreicht wurde, regt die Aufmerksamkeit eines Kindes an, über die eigenen Ansprüche nachzudenken.
- *Emotionen fördern die Vorstellungen von Kindern über die Kontextabhängigkeit von Emotionen:* Beispielsweise lernen Kinder durch ihre Erfahrung, dass derselbe Anlass verschiedene Emotionen bei unterschiedlichen Personen auslösen kann.

Eine Theorie, die sich mit dem Emotionsphänomen auseinandersetzt, stellt die *Differential Emotions Theory* (DET) von Izard (1977, 1991) dar. Sie beschreibt die zentrale Annahme, dass jede Emotion unterschiedliche motivationale Eigenschaften besitzt und damit adaptives Verhalten begünstigt. Laut der Theorie verfügen bereits junge Kinder über angeborene Skripte, um mit wiederkehrenden Problemen umgehen zu können, wie etwa vor Gefahren wegzulaufen. Neben einer evolutionären Vererbung von emotionalen Reaktionsmustern betont die Theorie schließlich auch den Einfluss von Umwelterfahrungen auf Emotionen. So werden die emotionalen Erfahrungen eines Kindes beispielsweise durch die Interaktionen mit Eltern und anderen Bezugspersonen geprägt. Für die kindliche Entwicklung sind schließlich bestimmte Emotionen laut DET (Izard, 1977,

Kasten 1: Die zentralen Annahmen der *Differential Emotions Theory* (DET) nach Izard (1977, 1991)

Folgende fünf grundlegende Annahmen werden formuliert:

1. Das menschliche Motivationssystem weist zehn wesentliche Emotionen auf. Zu diesen zählen:
   - Interesse – Erregung,
   - Freude – Vergnügen,
   - Überraschung – Erschrecken,
   - Distress – Pein,
   - Ärger – Wut,
   - Abscheu – Ekel,
   - Geringschätzung – Verachtung,
   - Angst – Grauen,
   - Scham/Schüchternheit – Erniedrigung/Demütigung und
   - Schuld – Reue.
2. Jeder dieser zehn grundlegenden Emotionen werden eine organisatorische und eine motivationale Funktion sowie einzigartige Erfahrungen zugeschrieben.
3. Verschiedene Emotionen führen zu unterschiedlichen Erfahrungen und haben unterschiedliche Auswirkungen auf unser Denken und Handeln.
4. Emotionen interagieren mit den folgenden Prozessen: Homöostase, Antrieb (Hunger, Durst, Müdigkeit und Schmerz), Wahrnehmung, Kognition (Introversion/Extraversion, Skepsis, Egoismus, Vitalität, Gelassenheit) und Motorik.
5. Die genannten Prozesse beeinflussen ebenso die Emotionen.

1991) während einer Lebensphase bedeutender als andere und dienen damit der Bewältigung phasenspezifischer Entwicklungsaufgaben. Kasten 1 fasst die wesentlichen Annahmen der DET zusammen. Mit dieser Basis leistet die DET einen wesentlichen Beitrag zur Emotionsforschung im Säuglings- und Kindesalter, indem sie etwa systematisiert, wie Emotionen im Säuglingsalter durch den Gesichtsausdruck angezeigt werden (Camras & Shutter, 2010).

Es bleibt festzustellen, dass positive Emotionen wie Freude, Interesse, Überraschung, Stolz, Dankbarkeit, Zufriedenheit und Erhöhung sowie negative Emotionen wie Wut, Angst, Traurigkeit, Scham, Schuld und Neid eine grundlegende Rolle für die Entwicklung eines Kindes spielen (vgl. Petermann & Wiedebusch, 2008). Auch wenn das Definitionsdilemma nicht gelöst ist, lassen sich Emotionen jedoch aufgrund ihrer Funktionen gut spezifizieren. In ihren Funktionen zeichnen sich die kindlichen Emotionen dadurch aus, dass sie bei bestimmten Anlässen die Reaktionsbereitschaft fördern, das Gedächtnis für wichtige Ereignisse stärken oder interpersonelle Interaktionen erleichtern (vgl. Gross & Thompson, 2007).

Für die Emotionsregulation ist damit aktuell nicht zu klären, *was* genau reguliert wird. Generell repräsentieren Emotionen den Output der individuellen Informationsverarbeitung, welche die emotionale Bedeutsamkeit bestimmter Ereignisse für das Kind bewertet. Während dabei etwa Prozesse der Objekterkennung und räumlichen Wahrnehmung Fragen beantworten wie „Was ist es?“ und „Wo ist es?“, beziehen sich die emotionsbezogenen Verarbeitungsprozesse auf Fragen wie „Ist es gut oder schlecht für mich?“ und „Was soll ich damit tun?“ (vgl. Rothbart & Sheese, 2007).

1.1.1 Emotionen im Säuglingsalter

Kinderpsychologen möchten vor allem Emotionen von Kindern in der frühesten Lebensphase verstehen. Dieses Anliegen wird jedoch dadurch erschwert, dass Kinder in den ersten Lebensmonaten nicht dazu in der Lage sind, ihre Emotionen verbal zu kommunizieren (Camras & Shutter, 2010). Dennoch sind bereits Säuglinge mit einem emotionalen System ausgestattet, das sie befähigt, ihre Wünsche und Bedürfnisse sowie Stress und Unwohlsein zu signalisieren und damit fürsorgliche Reaktionen bei ihren Eltern auszulösen (Abe & Izard, 1999). Neugeborene erleben ihre Emotionen bipolar, das heißt ihr emotionales Erleben lässt sich zunächst grob in die emotionale Erfahrung von negativ zu bewertendem Distress und positiv empfundene Zufriedenheit unterteilen (Lewis, 2000). Während der weiteren Entwicklung differenzieren sich diese Erlebensweisen zunehmend aus (Camras & Shutter, 2010), wobei eine solche Differenzierung bezüglich spezifischer Emotionen unterschiedlich schnell stattfindet. Erste unterscheidbare Emotionen lassen sich bereits ab dem dritten bis vierten Lebensmonat erkennen (Friedlmeier, 1999; Lewis, 1998, 2000). Im Zuge dieses frühesten Entwicklungsprozesses entstehen die sogenannten *primären* Emotionen, die auch als *Basisemotionen* bezeichnet werden. Zu diesen zählen die emotionale Erfahrung von Freude, Ärger, Traurigkeit, Angst, Überraschung und Interesse (Petermann & Wiedebusch, 2008; vgl. Abb. 2).

In einem Alter von ca. drei Monaten fangen Säuglinge an zu lächeln, wenn sie mit vertrauten Gesichtern konfrontiert werden; Traurigkeit findet mit diesem Alter ihren ersten

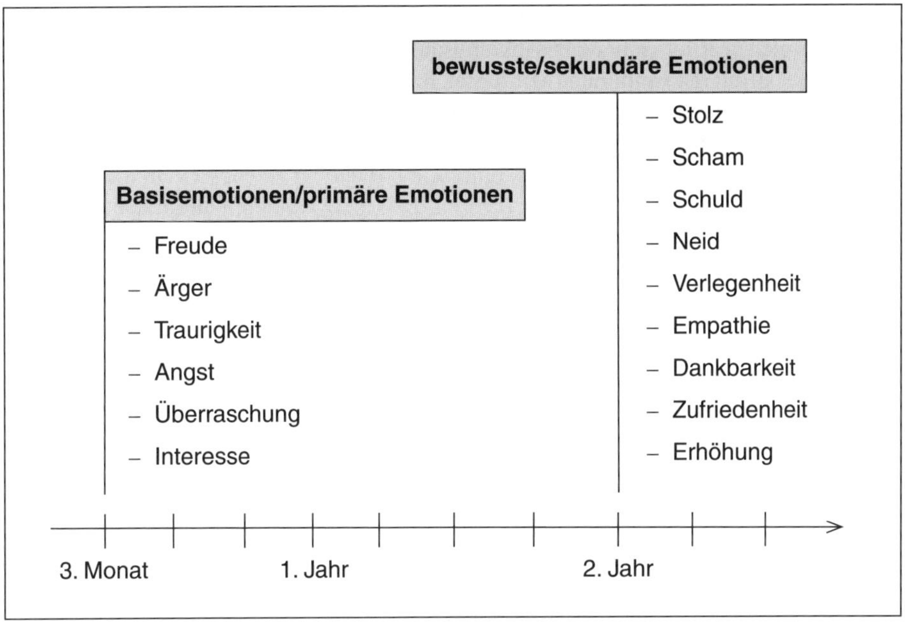

Abbildung 2: Die primären und sekundären Emotionen in Anlehnung an Petermann und Wiedebusch (2008, S. 33)

Ausdruck, wenn positive Reize entzogen werden (Lewis, 2000). Lewis, Alessandri und Sullivan (1990) konnten Wut bereits bei zwei Monate alten Säuglingen feststellen, indem sie den emotionalen Ausdruck beobachteten, der sich nach der Wegnahme einer gelernten zielgerichteten Handlung zeigte. Ein häufiger Ansatz zur Erfassung von Emotionen im frühen Säuglingsalter ist demnach das Einordnen eines Gesichtsausdrucks als eine Komponente des emotionalen Erlebens (vgl. Hertenstein, 2010; Izard et al., 1995). Säuglinge können Wut und Angst in ihrem Verhalten erst dann unterschiedlich äußern, wenn sie dafür distinkte negative Gesichtsausdrücke kennengelernt haben (Camras et al., 2007). Wird der Gesichtsausdruck als primärer Marker emotionalen Erlebens gewählt, so sind die Basisemotionen *Interesse, Freude, Traurigkeit* und *Wut* diejenigen Emotionen, die im Säuglingsalter über 95 % des beobachtbaren Gesichtsausdrucks ausmachen (Izard et al., 1995).

Zur Entwicklung des frühen emotionalen Gesichtsausdrucks liegen jedoch verschiedene Befunde vor. Hier deutet sich zum einen eine Veränderung der Häufigkeitsrate gezeigter Basisemotionen an, die unterschiedlich für verschiedene Emotionen ausfällt (Denham & Lehman, 1995). Zum anderen können relativ stabile Entwicklungsverläufe im emotionalen Ausdruck in den ersten Lebensmonaten verzeichnet werden, die der beobachteten Variabilität gegenüberstehen. So konnte Kochanska (2001) in einer Längsschnittstudie mit 112 Kindern etwa zeigen, dass beobachtbare interindividuelle Unterschiede im Emotionsausdruck auf den Bindungsstil zur Mutter zurückzuführen waren. Hierbei zeigte sich, dass der Ausdruck von negativen Gefühlen bei Kindern mit einem sicheren Bindungsstil im zweiten und dritten Lebensjahr abnahm. Bei unsicher gebundenen Kindern hingegen konnte im zweiten und dritten Lebensjahr ein Anstieg der negativen und ein gleichzeitiger Rückgang der positiven Emotionen beobachtet werden. Ob ein Ausdruck dieser primären Emotionen stattfindet, hängt zudem vom Entwicklungsfortschritt in unterschiedlichen Bereichen ab. So kann eine Ärgerreaktion erst dann ausgedrückt werden, wenn die kognitive Entwicklung hinreichend vorangeschritten ist. Wenn diese es ermöglicht, Erwartungen bezüglich einer Zielerreichung zu entwickeln und ein Kind dazu in der Lage ist, wahrzunehmen, dass ein Ziel nicht erreicht wurde, dann wird Ärger empfunden und ausgedrückt (Petermann & Wiedebusch, 2008; von Salisch, 2000). Hat ein Kleinkind etwa die Erwartung ausgebildet, dass es nach dem Essen mit einem schönen Spiel belohnt wird und wird diese Erwartung nicht erfüllt, so reagiert es wütend und fängt an zu weinen.

Die sich entwickelnden Basisemotionen dienen in den frühen Lebensmonaten primär als Kommunikationskanal, durch den Kinder ihre Bedürfnisse, Wünsche und Stress an die Eltern mitteilen, um bei diesen fürsorgliche Reaktionen zu bewirken. So kann ein freudiges Lächeln beispielsweise die Bindung des Kindes gegenüber den Eltern stärken (Abe & Izard, 1999). Zu den wesentlichen frühen Entwicklungsaufgaben, denen die Emotionen und deren Ausdruck der Säuglinge dienlich sind, zählen schließlich unter anderem die Fähigkeit zu dyadischen Interaktionen, die Schaffung einer Bindung zu den Eltern und die Nutzung der Eltern als Informationsquelle für das eigene emotionale Verhalten (vgl. Abe & Izard, 1999). Damit leisten die emotionalen Erfahrungen bereits im frühesten Lebensalter einen ganz wesentlichen Beitrag für die Entwicklung eines Kindes.

1.1.2 Emotionen im frühen und mittleren Kindesalter

In den vergangenen Jahren konnte zunehmend gezeigt werden, dass bereits Kleinkinder über ein breites Repertoire an Emotionen verfügen (vgl. Aksan & Kochanska, 2005). Hierfür sind verschiedenste Entwicklungsfortschritte verantwortlich. Schon ab dem zweiten Lebensjahr machen Kinder bemerkenswerte Fortschritte in ihren motorischen und sprachlichen Fähigkeiten und beginnen zunehmend die eigenen Fähigkeiten zu erproben (Abe & Izard, 1999). Bereits in diesem frühen Alter lassen sich darüber hinaus durchaus stabile interindividuelle Unterschiede des emotionalen Ausdrucks erkennen (vgl. Izard & Ackerman, 2000), der nicht mehr allein die Basisemotionen widerspiegelt.

Zu den entscheidenden Meilensteinen der frühen Entwicklung zählen ein verbessertes Selbstbewusstsein, die zunehmende Fähigkeit, die Reaktionen und Erwartungen anderer zu verstehen und eine steigende Sensibilität für moralische Regeln und Normen der sozialen Umwelt (Lewis, 1998). Aus derartigen Entwicklungsprozessen folgt schließlich die Entwicklung rudimentärer Formen selbstbewertender Emotionen (vgl. Petermann & Wiedebusch, 2008; Thompson, 2011a). Damit zeigt zum einen die Fähigkeit, soziale Verhaltensregeln und -standards zu erkennen sowie die eigenen Verhaltensweisen zu diesen in Beziehung zu setzen wesentliche Fortschritte. Zum anderen entwickelt sich die Wahrnehmung einer Selbstverantwortung für ein (nicht)erfolgreiches Einhalten dieser Standards und Regeln in dieser frühen Lebensphase (Denham, 1998; Saarni, 1999). In der Folge entstehen schließlich die sogenannten *bewussten* oder auch *selbstbezogenen (sozialen) Emotionen* (Petermann & Wiedebusch, 2008). Zur Gruppe dieser Emotionen zählen Scham, Schuld, Neid, Verlegenheit und Empathie. Neben Stolz können auch positive Emotionen wie Dankbarkeit, Zufriedenheit und Erhöhung zu den bewussten Emotionen gezählt werden (Tangney, Stuewig & Mashek, 2007; Thompson, 2011a; s. Abb. 2). Derartige emotionale Erfahrungen setzen eine Vorstellung über die eigene Person (in der Abgrenzung zu anderen) und die Fähigkeit zur Selbstreflexion und zum Bezug zu anderen voraus (Eisenberg, 2000; Lewis, 2000; Saarni, Mumme & Campos, 1998). Damit erhält die kognitive Entwicklung eine ganz zentrale Rolle für die zunehmende Differenzierung des kindlichen Emotionserlebens, wobei die kognitive Entwicklung selbst wiederum im Zuge der emotionalen Erfahrung eines Kindes voranschreitet (Abe & Izard, 1999; Eisenberg, 2000; Malti & Buchmann, 2010).

Befunde zur Entwicklung der bewussten Emotionen. Stolz findet einen frühen Ausdruck darin, dass Kinder infolge einer erfolgreich bewältigten Aufgabe lächeln, wie etwa nach den ersten Schritten ohne elterliche Unterstützung (Siegler, DeLoache & Eisenberg, 2005). Für die voranschreitende Entwicklung der emotionalen Erfahrungen von Kindern kommt den Eltern eine grundlegende Funktion zu. In einer Studie von Reissland (1994) wurden Kinder im Alter zwischen zehn Monaten und fünf Jahren sowie deren Familien untersucht. In einer experimentellen Spielsituation konnte Reissland (1994) zeigen, dass die spontanen verbalen Äußerungen der Mütter, die während des Spiels anwesend waren, das Lernen der für den Ausdruck von *Stolz* verantwortlichen Verhaltensstandards bei den Kindern unterstützten. Der Stolz der Kinder war durch die Wahrnehmung begründet, dass ihre Leistung höher ist als der Standard, den sie für sich zugrunde legten.

Das Empfinden von Schuld, das sich bereits früh in der Kindheit andeutet (Aksan & Kochanska, 2005), steht in einem engen Zusammenhang mit Empathie für andere und beinhaltet oftmals den Wunsch, vergangenes Verhalten und dessen Folgen rückgängig zu machen (Hoffman, 1998). Ein Kind, das sich etwa schuldig fühlt, unternimmt den Versuch sein aggressives Fehlverhalten bei der Person, die durch das Verhalten betroffen war, wieder gut zu machen, indem es sich bei dieser entschuldigt. Kochanska, Gross, Lin und Nichols (2002) haben das Erleben von *Schuld* im Längsschnitt untersucht. Die 109 teilnehmenden Kinder fühlten sich in einem Experiment schuldig, einen wertvollen Gegenstand beschädigt zu haben. Bereits zum ersten Messzeitpunkt (im Alter von 22 Monaten) konnten die Autoren für das Schuldempfinden typische Verhaltensweisen beobachten, wie ein Vermeiden des Blickkontakts mit dem Versuchsleiter, körperliche Anspannung und einen verstärkten Ausdruck negativer Emotionen. Darüber hinaus konnte eine Beziehung zwischen dem Erleben von Schuld und dem Erkennen sozialer Verhaltensstandards bzw. -regeln aufgedeckt werden: Der häufige Ausdruck von Schuld im Alter von zwei und vier Jahren ging mit einer deutlicheren Auseinandersetzung mit den sozialen Standards und Regeln sowie einem größeren Bemühen um die Einhaltung der Verhaltensstandards im Alter von fünf Jahren einher. Damit konnten Kochanska und Kollegen (2002) das sich allmählich differenzierende Erleben von Schuld in den frühen Lebensjahren bestätigen (vgl. Eisenberg, 2000).

Im Gegensatz zur Schuld erscheint es beim Empfinden von *Scham* so, dass ein Kind sich keinerlei Gedanken über andere Personen macht (Eisenberg, 2000; Tangney, 1998) und auf sich selbst fokussiert ist. Ein Kind empfindet die Aufmerksamkeit und die Blicke anderer dabei als unangenehm und würde sich am liebsten verkriechen (vgl. Siegler et al., 2005). Dennoch dienen auch solche negativen emotionalen Erfahrungen wichtigen Funktionen. So kommt *Scham* zum Ausdruck, wenn ein Kind soziale Normen und Erwartungen verletzt hat und damit ein unangemessenes Verhalten zeigt; die Emotion wirkt sich auf die folgenden kindlichen Reaktionen aus. *Schuldgefühle* entstehen, wenn einer anderen Person Leid zugefügt wurde und dies vom Kind selbst realisiert wird (Hoffman, 2000).

Für die Emotionen der *Schuld* und des *Mitgefühls* haben Malti und Buchmann (2010) in ihrer Studie mit Kindergartenkindern über einen Zeitraum von einem Jahr untersucht, ob sich Zusammenhänge zwischen beiden Emotionen abbilden lassen und ob ein zeitlicher Trend der emotionalen Entwicklung zu erkennen ist. In einem Alter von sechs Jahren konnten sie bei den untersuchten Kindern keinen Zusammenhang von Schuld und Mitgefühl aufdecken, jedoch zeigte sich eine solche Beziehung ein Jahr später. Während die bewussten Emotionen im frühen Kindergartenalter damit noch nicht sehr eng koordiniert zu sein scheinen, werden sie mit fortschreitender Entwicklung kognitiver und sozialer Fähigkeiten aufeinander abgestimmt. Darüber hinaus deuten die Ergebnisse darauf hin, dass beide Emotionen im weiteren Entwicklungsverlauf eine intraindividuelle Stabilität besitzen, da sie jeweils signifikante Korrelationen (gemessen über verschiedene Informationsquellen) über ein Jahr hinweg aufzeigten (Malti & Buchmann, 2010). Die Entwicklung der bewussten Emotionen findet schließlich keineswegs unabhängig voneinander statt. Aksan und Kochanska (2005) zeigten, dass mit 33 und 45 Monaten bedeutsame Korrelationen zwischen den Emotionen *Schuld* und *Empathie* beobachtet werden konnten.

Das *empathische* Verstehen anderer entwickelt sich ebenfalls in Folge des kognitiv-emotionalen Entwicklungsprozesses und bildet einen wichtigen Fortschritt ab, der zwischen dem 18. und 24. Lebensmonat beobachtet wird (Abe & Izard, 1999). Mit der Empathie eng verbunden ist schließlich das *Mitgefühl*, das durch das Wahrnehmen und Erkennen einer emotionalen Reaktion einer anderen Person hervorgerufen wird und Betroffenheit bewirkt (Kienbaum, 2008). Malti und Buchmann (2010) beschreiben, dass die Empathie im Entwicklungsverlauf letztendlich in Mitgefühl transformiert wird, so dass eine reziproke Empfindung dem betroffenen Opfer gegenüber entsteht.

Mit der Entwicklung einer *Theory of Mind* im dritten Lebensjahr sind Kinder zunehmend in der Lage, ihre emotionalen Erfahrungen mit der Befriedigung oder Frustration ihrer Wünsche in Beziehung zu setzen, weil sie sich diesem Zusammenhang explizit bewusst werden (Thompson, 2011a). Die bewussten Emotionen sind im Allgemeinen im frühen Kindes- und Vorschulalter (ca. zweites bis fünftes Lebensjahr) noch nicht vollständig verinnerlicht und zeigen sich wahrscheinlich hauptsächlich dann, wenn eine andere Person anwesend ist, um das emotionale Verhalten des Kindes zu beobachten (Abe & Izard, 1999). Die vollständige Entwicklung der bewussten Emotionen lässt sich schließlich in der mittleren und späten Kindheit (ca. sechstes bis zwölftes Lebensjahr) erkennen. Hier entwickeln Kinder die Fähigkeit, soziale Vergleiche anzustellen und die Gefühle und Gedanken anderer zu verstehen. Sie entwickeln ein fundiertes Selbstkonzept, können sich selbst mithilfe von Eigenschaften beschreiben, und sind schließlich in der Lage, die bewussten Emotionen begrifflich zu fassen (vgl. Abe & Izard, 1999). Abbildung 3 fasst die wichtigsten Entwicklungsfortschritte der Emotionen, des Emotionsausdrucks sowie des emotionalen Verständnisses im Kindesalter zusammen.

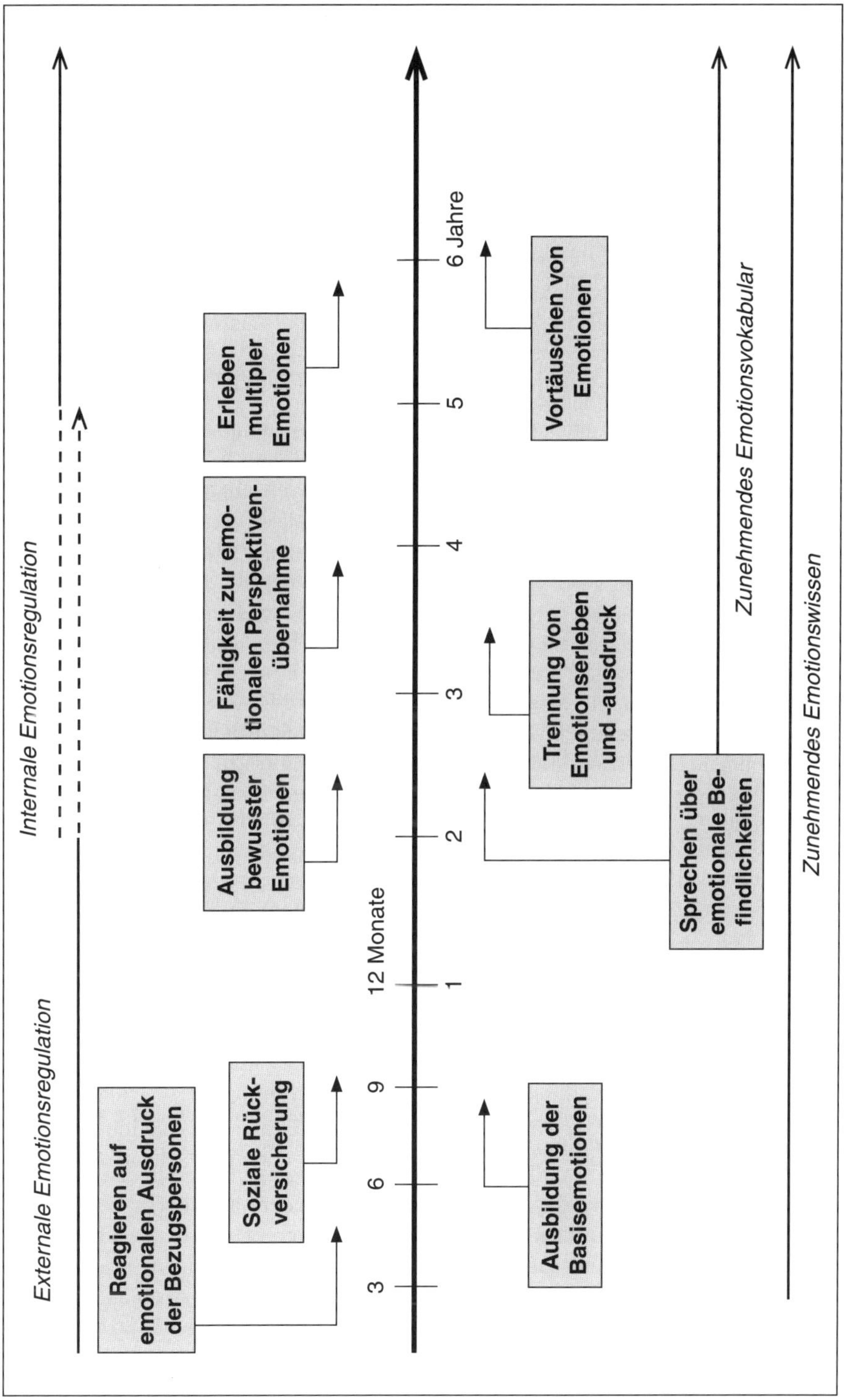

Abbildung 3: Die emotionale Entwicklung im Kindesalter (modifiziert nach Petermann & Wiedebusch, 2008, S. 32)

1.2 Zum Phänomen der Emotionsregulation

Leider kann man den sehr weit gefassten Begriff „Emotion" nur schwerlich von der „Emotionsregulation" abgrenzen (Campos, Mumme, Kermoian & Campos, 1994; Kagan, 1994; Stansbury & Gunnar, 1994). Offensichtlich ist es bislang noch nicht überzeugend und schlüssig gelungen, eindeutige Zusammenhänge zwischen mimischen, gestischen, vokalen oder physiologischen Emotionskomponenten aufzuzeigen, die in einer Eins-zu-Eins-Beziehung zu einem emotionalen Zustand stehen (Davidson, Jackson & Kalin, 2000). Ein weiterer Grund kann mit der früh erkannten Beziehung zwischen Emotionsregulation und der psychischen Gesundheit zusammenhängen, die zu einer recht rasanten Zunahme der empirischen Emotionsregulationsforschung geführt hat (vgl. Abb 1). Schließlich gehen verschiedene Forschergruppen von einem eher intuitiven Verständnis davon aus, was Emotionsregulation bedeutet (Thompson, 1994).

Offensichtlich umfassen die beiden Konzepte der *Emotion* und *Emotionsregulation* den Umgang mit bedeutsamen Ereignissen und Erfahrungen (Batum & Yagmurlu, 2007). Da Emotionen einen Prozess der Bewertung und Handlungsbereitschaft beschreiben, verändern sie damit auch die kindliche Erfahrung und das Verhalten und wirken an sich regulatorisch (Campos et al., 1994; Haviland-Jones & Kahlbaugh, 2000; Izard & Ackerman, 2000). Für sich allein genommen erscheint daher auch der Begriff „Emotionsregulation" mehrdeutig und ungewiss, da er zum einen das Phänomen der Regulation durch Emotionen beschreiben kann, das heißt wie Emotionen andere Prozesse (z. B. das Verhalten, Gedanken oder die Physiologie) regulieren. Zum anderen ist es aber auch möglich, dass er die Regulation von Emotionen definiert, das heißt wie Emotionen selbst reguliert werden (Gross & Thompson, 2007). Wir wollen uns der begrifflichen Abgrenzung von Cole und Kollegen (2004) anschließen. Diese Autoren gelangen zu der Auffassung, dass Emotionen die Bewertung einer spezifischen Situation und eine darauf bezogene und ganz bestimmte Handlungsbereitschaft umfassen (vgl. Kap. 1.1). Emotionsregulation hingegen bezieht sich gemäß der Autoren auf die Veränderungen der Emotion selbst oder anderer mit ihr einhergehender psychologischer Prozesse, wie etwa den sozialen Interaktionen. Auch Campos et al. (2004) betrachten in ihrer Arbeit das Wesen der Emotionsregulation und dessen Abgrenzung vom Phänomen der Emotion. Sie diskutieren Vor- und Nachteile eines Ein- und Zwei-Faktoren-Ansatzes von Emotion und Emotionsregulation (vgl. Kasten 2). Damit machen die Autoren unter anderem darauf aufmerksam, dass trotz einer folgerichtigen inhaltlichen Abgrenzung der beiden Konzepte, die Schlussfolgerung einer strikten und vorgegebenen zeitlichen Abfolge von Emotion und Emotionsregulation nicht richtig anmutet. Schlussendlich gelangen die Autoren zu der Überzeugung, dass ein integrativer Ein-Faktor-Ansatz, der Emotion und Emotionsregulation als voneinander abhängige und trotzdem eigenständige Prozesse beschreibt, besonders überzeugt.

Um eine konkrete Vorstellung davon zu erhalten, was mit der Veränderung des emotionalen Erlebens und Verhaltens durch die Emotionsregulation gemeint ist, werden im Folgenden verschiedene Emotionsregulationsdefinitionen vorgestellt. Um einen Einblick zu bekommen, welchen Schwierigkeiten sich die einheitliche Emotionsregulationsdefinition gegenübergestellt sieht, sollen darüber hinaus die offenen Fragen ihrer Konzeptualisierung aufgezeigt werden (Kap. 1.2.1). Für die weiteren Betrachtungen wollen wir eine umfassende Begriffsbestimmung von Emotionsregulation vornehmen (Kap. 1.2.2).

Kasten 2: Der Ein- versus Zwei-Faktoren-Ansatz der Emotion und Emotionsregulation nach Campos et al. (2004)

Ein-Faktor-Ansatz
Emotion und Emotionsregulation sind gleichzeitig ablaufende und einander fördernde Prozesse. Beide befassen sich gleichermaßen mit den Problemen der Anpassung. Emotionen umfassen Prozesse, die die Bedeutsamkeit eines Ereignisses registrieren. Emotionsregulation beschreibt die Modifikation der Prozesse des Systems, das die Emotion generiert oder sie im Verhalten manifestiert.

Bewertung: Dies ist ein integrativer Ansatz. Die Regulation kann auf allen Ebenen des emotionalen Reagierens stattfinden, das heißt auch noch bevor sich Emotionen überhaupt ausgebildet haben.

Zwei-Faktoren-Ansatz
Ein erstes Phänomen beschreibt Prozesse der Generierung von Emotionen. Ein zweites, davon abzugrenzendes Phänomen beschreibt die Prozesse, die auftreten, nachdem eine Emotion ausgelöst wurde. Letzteres beinhaltet die Regulation der Emotion.

Bewertung: Dies ist ein augenscheinvalider Ansatz, der jedoch zu einfach ist. Emotionen existieren nie in einer „reinen" und unregulierten Art. Eine Abfolge von Emotion und Emotionsregulation als zwei aufeinanderfolgende Schritte findet bestenfalls in Ausnahmefällen statt.

1.2.1 Emotionsregulation: Definitionen und offene Fragen

Das derzeit im Fokus der Forschung stehende Konzept der Emotionsregulation bildet unter anderem eine grundlegende Komponente der sozialen Kompetenz und kann damit als wesentlicher Marker für die kindliche Anpassung und psychische Gesundheit bewertet werden (Bar-Haim, Bar-Av & Sadeh, 2011; Campos et al., 2004; Cole et al., 2004; Southam-Gerow & Kendall, 2002). Calkins (2010) beschreibt die Emotionsregulation als diejenigen Verhaltensweisen, Fähigkeiten und Strategien, die dazu dienen, emotionale Erfahrungen und Ausdrücke zu modulieren, zu hemmen und zu verstärken (Calkins, 2004; Calkins & Leerkes, 2011). Diese Prozesse können den Autoren zufolge entweder bewusst oder unbewusst, automatisch oder gelenkt stattfinden. Diesen Definitionsvorschlag erweitern Cicchetti, Ganiban und Barnett (1991). Sie beschreiben Emotionsregulation als die intra- und extraorganismischen Faktoren, durch die die emotionale Erregung umgelenkt, kontrolliert, moduliert und modifiziert wird, um sich in emotionalen Situationen angemessen zu verhalten. Eisenberg und Spinrad (2004) präzisieren die Emotionsregulation schließlich als einen Prozess der Initiierung, Vermeidung, Hemmung, Beibehaltung oder Modulation von Emotionen und ihren Begleiterscheinungen. Dieser Prozess bezieht sich auf das Auftreten, die Form, die Intensität oder die Dauer von Gefühlszuständen, physiologischen- und Aufmerksamkeitsprozessen, motivationalen Zuständen und des Verhaltens. Shields und Cicchetti (2001) ergänzen und betonen darüber hinaus den Aspekt der sozialen, biologischen sowie emotionalen Anpassung im Sinne optimaler Interaktionsbedingungen mit der Umwelt.

Eine in jüngsten Studien häufig aufgegriffene Definition von Emotionsregulation stammt von Thompson (1994). Er definiert die Emotionsregulation als intrinsische und extrinsische Prozesse, die für die Überwachung, Bewertung und Anpassung emotionaler Reaktionen verantwortlich sind, um die eigenen Ziele zu erreichen. Damit betont Thompson (1994) die Steueraspekte der Emotionsregulation sowie gleichermaßen die Hemmung emotionaler Erregung. Immer in Abhängigkeit von den persönlichen und kontextbezogenen Zielen eines Kindes kann so etwa die Wut in bestimmten Situationen auch beibehalten oder verstärkt werden, anstatt diese zu hemmen. Thompson (1994) nennt hier das Beispiel eines Kindes, das in der Klasse gemobbt wird. Dieses wird wahrscheinlich die Wut intensivieren, um zunächst mit dem gegebenen Anlass besser umgehen zu können.

Hoeksma, Oosterlaan und Schipper (2004) greifen ebenfalls den Aspekt der Zielgerichtetheit als zentralen Marker der Emotionsregulation auf und definieren diese anhand der drei folgenden zentralen Komponenten:

- Emotionsregulation wird benötigt, wenn der erwartete emotionale Zustand (z.B. sich wütend zu fühlen und sich möglicherweise in Anwesenheit einer Autoritätsperson wütend zu verhalten) vom Zielverhalten (z.B. einen guten Eindruck zu hinterlassen) abweicht. Dieses Ziel besteht in der Beibehaltung der kindlichen körperlichen und psychologischen Integrität (z.B. Wut, die gegen eine Autoritätsperson gerichtet wird, kann zu körperlicher und psychischer Bestrafung führen).
- Das Ziel der Emotionsregulation ist es, den emotionalen Zustand in die bevorzugte Richtung zu lenken, die im Einklang mit den eigenen Zielen steht (z.B. die Wut vor ihrem vollen Ausbruch zu bewahren, um die eigene Haut zu retten).
- Durch Veränderungen des Inputs des emotionalen Zustands (z.B. durch Blickvermeidung, Neubewertung des Anlasses oder eine Veränderung des Kontextes) wird auch der emotionale Zustand in die bevorzugte Richtung verändert.

All die vorgestellten Definitionen der Emotionsregulation machen deutlich, dass aktuell keine einheitliche Begriffsbestimmung vorliegt und dadurch die Konzeptualisierung und Erfassung der Emotionsregulation erschwert wird (Cole et al., 2004). Dies beginnt mit der Verwendung unterschiedlicher Begrifflichkeiten; so wird in der klinischen Praxis etwa häufig von *Affektregulation* gesprochen (vgl. Grimmer, Hohmann, Banaschewski & Holtmann, 2010), in der Grundlagenforschung spricht man eher von *Emotionsregulation*. Wir wollen den allgemeinen Begriff „Emotionsregulation" verwenden.

Die unterschiedliche Schwerpunktsetzung auf dem Gebiet der Emotionsregulation erschwert zweifellos die Begriffsbestimmung. Unklar ist etwa, ob die Emotionsregulation stets willentlich gesteuert wird oder automatisch erfolgen kann. So nimmt einerseits Calkins (2010) in einem kritischen Kommentar zum Konzept der Emotionsregulation an, dass beide Formen der Regulation möglich sind. Andererseits wird betont, dass Emotionsregulation, insbesondere in Bezug auf die gezeigten Verhaltensstrategien, nicht automatisch erfolgen kann und stets (wenigstens teilweise) bewusst gesteuert ist (Eisenberg & Spinrad, 2004). Welche dieser beiden Annahmen zu bevorzugen ist, gilt es zukünftig zu klären.

Emotions- und Selbstregulation. Ist die Emotionsregulation Teil eines umfassenden selbstregulatorischen Systems, das auf den Ebenen physiologischer, aufmerksamkeitsbezogener, emotionaler, verhaltensbezogener, kognitiver, interpersoneller und sozialer Prozesse stattfindet (vgl. Calkins, 2010)? Gross (2007) bejaht diese Annahme und bettet die Emotionsregulation in ein als zugrundeliegend angenommenes Konzept der Selbstregulation von Verhalten und Kognitionen ein. Koole, van Dillen und Sheppes (2011) betonen hingegen, dass Selbst- und Emotionsregulation zwei Phänomene beschreiben, die so eng miteinander verflochten sind, dass es überaus schwerfällt, zu sagen, wann das eine beginnt und das andere endet. Unter anderem stellen Koole et al. (2011) fest, dass die Selbstregulation beschreibt, wie Menschen ihr emotionales Leben als aktiv Handelnde managen. Die Emotionsregulationsforschung beleuchtet hingegen, wie Menschen ihre Handlungen in emotional erregenden Kontexten lenken. Wie eine letztendliche Beziehung der beiden untersuchten Konzepte genau aussieht, muss bislang noch offen bleiben.

Emotions- und Verhaltensregulation. Die Verhaltensregulation stellt ein Konzept dar, das von der Emotionsregulation abzugrenzen ist. Batum und Yagmurlu (2007) merken an, dass eine konzeptuelle Unterscheidung von Emotions- und Verhaltensregulation bislang nur spärlich untersucht wurde; empirisch konnte keine klare Abgrenzung gefunden werden. Batum und Yagmurlu (2007) definieren Emotionsregulation in Anlehnung an Thompson (1994) als eine Konstellation von Fähigkeiten, die zum einen

- ein Selbstmanagement und die Verstärkung von Emotionen beinhalten und
- zum anderen eine angemessene Hemmung der emotionalen Erregung.

Die Verhaltensregulation wiederum umfasst laut Autoren regulatorische Mechanismen hinsichtlich spezifischer Aufmerksamkeitsprozesse (z. B. Aufmerksamkeitslenkung oder -fokussierung) und Temperamentseigenschaften wie etwa Impulsivität. Batum und Yagmurlu (2007) beschreiben damit die Aufmerksamkeitsregulation ganz konkret als eine Strategie der Verhaltensregulation. Eisenberg, Guthrie et al. (2000) und einige andere Autoren (z. B. Crockenberg, Leerkes & Bárrig Jó, 2008) hingegen nehmen die Aufmerksamkeitsregulation als eine Strategie an, mit der emotionale Zustände reguliert werden können, und ordnen diese damit der Emotionsregulation zu.

Zielorientierung. Eisenberg und Spinrad (2004) betonen die Wichtigkeit grundlegender Intentionen und Ziele für die Definition der Emotionsregulation. Sie weisen zudem darauf hin, dass nicht jedes als der Emotionsregulation dienlich angenommene Verhalten zwangsläufig auch Emotionen reguliert. Wenn so beispielsweise das Anstarren des Spielzeuges nicht dem Ziel dient, dieses zu bekommen und damit die Emotion zu reduzieren, dann, so argumentieren die Autoren, sollte dieses Verhalten nicht der Emotionsregulation dienen. Der bloße Ausdruck von Emotionen sollte dieser Ansicht nach keinem Ziel dienlich sein. Damit stellen Eisenberg und Spinrad (2004) heraus, dass Zielorientierung und Intention einen wichtigen Teil der Emotionsregulationsdefinition bilden (Muralidharan, Yoo, Ritschel, Simeonova & Craighead, 2010). Andere Autoren hingegen vernachlässigen die Perspektive und rücken damit die Komponente der Zielorientierung bei der Emotionsregulation in den Hintergrund (Cole et al., 2004). Welches Gewicht der Zielorientierung schließlich zukommt, lässt sich daher nicht einheitlich vermerken.

Einige weitere definitorische Fragen müssen offen bleiben. Wie bereits bei der Diskussion um einen Ein- oder Zwei-Faktoren-Ansatz veranschaulicht (vgl. Campos et al.,

2004; vgl. Kasten 2), stellt sich etwa die Frage nach einer möglichen zeitlichen Abfolge von Emotion und Emotionsregulation. Auch hinsichtlich der ablaufenden Mechanismen besteht Aufklärungsbedarf. Die noch zu beantwortende Frage ist, ob Emotionsregulation sich lediglich auf eine Veränderung des Ausmaßes der Emotion bezieht, oder ob auch das Umwandeln einer Emotion (z. B. Wut) in eine andere (z. B. Freude) gemeint ist (vgl. Koole, 2009). Nur wenige Forscher widmen sich dieser Frage. Zur Übersicht stellt Kasten 3 die wichtigsten bislang nicht geklärten Differenzen der bisherigen Forschung zur Emotionsregulation zusammen.

Kasten 3: Problemstellungen und offene Fragen im Kontext der Emotionsregulation nach Petermann und Kullik (2011, S. 187)

1. *Kann man Emotionsregulation mit der Regulation von Emotionen gleichsetzen oder ist damit der Einfluss von Emotionen auf das eigene Erleben und Verhalten sowie das anderer gemeint?* (Cole, Martin & Dennis, 2004; Eisenberg & Spinrad, 2004; Gross & Thompson, 2007; Martel, 2009; Muralidharan, Yoo, Ritschel, Simenova & Craighead, 2010)
2. *Gibt es willentlich und automatisch gesteuerte Emotionsregulation? Wenn ja, ist diese als ein Kontinuum anzusehen?* (Barnow, 2012; Calkins, 2010; Eisenberg & Spinrad, 2004; Gross & Thompson, 2007; Koole, 2009)
3. *Bildet Emotionsregulation eine Komponente der Fähigkeit zur Selbstregulation oder soll man Selbstregulation als Aspekt der Emotionsregulation begreifen?* (Calkins, 2010; Cox, Mills-Koonce, Propper & Gariepy, 2010; Eisenberg & Spinrad, 2004; Feldman, 2009; Gross & Thompson, 2007; Koole, van Dillen & Sheppes, 2011)
4. *Beschreiben Emotionsregulation und Verhaltensregulation das gleiche Phänomen oder handelt es sich bei diesen um unterschiedliche Konzepte?* (Batum & Yagmurlu, 2007; Eisenberg, Guthrie et al., 2000; Flanders et al., 2010)
5. *Lässt sich zwischen externaler (durch andere Personen oder die Umwelt) und internaler (durch die eigene Person) Emotionsregulation unterscheiden?* (Campos, Frankel & Camras, 2004; Cox et al., 2010; Eisenberg & Spinrad, 2004; Eisenberg, Spinrad & Eggum, 2010; Koole, 2009; Southam-Gerow & Kendall, 2002)
6. *Erfolgt Emotionsregulation immer zielorientiert?* (Eisenberg & Spinrad, 2004; Hoeksma, Oosterlaan & Schipper, 2004; Muralidharan et al., 2010)
7. *Wird bei der Emotionsregulation eine bestimmte Emotion (z.B. Wut) in eine andere Emotion (z.B. Freude) umgewandelt oder wird lediglich das Ausmaß der Emotion verändert?* (Koole, 2009)
8. *Findet Emotionsregulation erst nach der auftretenden Emotion statt oder ist eine „proaktive" Emotionsregulation möglich?* (Campos et al., 2004; Thompson, 1994)

1.2.2 Eine Arbeitsdefinition von Emotionsregulation

Als Definition von Emotionsregulation schlagen wir die in Kasten 4 dargestellte begriffliche Eingrenzung vor. Strategien der Emotionsregulation beziehen sich hier auf Vorstellungen oder Verhaltensweisen, die für den Umgang mit Emotionen (wie z. B. Wut, Angst oder Freude) in kritischen Situationen als effektiv angesehen werden (Cole et al., 2009).

Kasten 4: Emotionsregulation – Ein Definitionsversuch

Bei der Emotionsregulation werden *spezifische Strategien* eingesetzt, um *positive oder negative Emotionen* und daraus resultierende *Verhaltensweisen, soziale Kontakte* und *physiologische Zustände* zu regulieren. Eine solche Regulation kann *external* oder *internal, willentlich* oder *automatisch* stattfinden. Die Regulation erfolgt in Form von *Initiierung, Beibehaltung, Hemmung* oder *Modulation* einer Emotion und ihrer Begleiterscheinungen und kann *auf jeden emotionalen Zustand bezogen* stattfinden. Sie ist *auf ein Ziel ausgerichtet* und bezieht sich auf die *Form, Intensität,* den *Ausdruck* oder die *Dauer* eines emotionalen Zustandes.

Der Definitionsversuch betont im Wesentlichen eine entwicklungsbezogene Sichtweise. Dies schließt ein, dass die Emotionsregulation einem Entwicklungsprozess unterliegt, der zu Veränderungen ihrer Eigenschaften beiträgt. So setzt sich die Emotionsregulation etwa aus *externalen*, das heißt durch die Eltern gelenkten, und *internalen* (vom Kind selbst initiierten) Regulationsprozessen zusammen, die sich anteilig im Laufe der kindlichen Entwicklung verschieben können (die externale Emotionsregulation überwiegt im Säuglings- und Kleinkindalter) und der Erreichung der sich verändernden Ziele dienlich sind.

Die Emotionsregulationsprozesse (das heißt Initiierung, Beibehaltung, Hemmung oder Modulation) können sich gemäß unserer Definition gleichermaßen auf *positive* (z. B. Freude) sowie *negative Emotionen* (z. B. Wut) beziehen. So kann schon ein noch sehr junges Kind die eigene Wutreaktion beibehalten oder verstärken, um eine bestimmte Reaktion der Eltern zu erzwingen und damit das angestrebte Ziel zu erreichen. Weitergehend zählt auch nicht nur eine Veränderung der eigentlichen Emotion (das heißt der Form, z. B. Angst in Freude), sondern insbesondere eine Veränderung der emotionalen Qualität (das heißt ihrer Intensität, ihres Ausdrucks oder ihrer Dauer) zu Formen der Emotionsregulation.

Ein Regulationsprozess erfolgt stets *auf ein Ziel hin ausgerichtet* (vgl. Shipman et al., 2007). Ein launisches Weinen eines Kleinkindes mag problematisch erscheinen, bis man sich die Frage stellt, welches Ziel damit verfolgt wird. Ist dabei klar, dass es die Aufmerksamkeit der Eltern anstrebt, dann ist das Weinen funktional. Schließlich können Emotionsregulationsstrategien kurzfristig funktional wirken, wie das erwähnte Weinen eines Kindes. Langfristig kann es jedoch Kosten verursachen, die zu psychischen Problemen bzw. Verhaltensauffälligkeiten führen können (Thompson & Calkins, 1996). Im Großen und Ganzen wird die Emotionsregulation damit zu einem zweischneidigen Schwert, wobei stets die zeitliche Orientierung der Funktionalität einer Regulationsstrategie berücksichtigt werden muss.

Jeder Regulationsprozess will Emotionen schließlich so verändern, dass sie günstige und sozial angemessene Verhaltensstrategien unterstützen (Thompson, 1994). Trotz deutlich unterschiedlicher Definitionen der Emotionsregulation (z. B. Calkins, 2010; Campos et al., 2004; Cole et al., 2004), ist ihnen allen eine grundlegende Annahme gemeinsam: Für die allgemeine Funktionalität eines Kindes ist die an die Umwelt angepasste Fähigkeit zur Emotionsregulation ein wesentlicher Bestandteil (Campos et al., 1994).

Emotionsregulation versus Coping. Zukünftig sind allerdings eine bestimmte Eingrenzung der Emotionsregulation und damit eine klare und eindeutige Abgrenzung von anderen Konzepten nötig, wie etwa die vom *Coping*- oder *Monitoring*-Konzept. So gilt bereits die allgemeine Annahme, dass Emotionsregulation sich vom Konzept des Copings dahingehend unterscheidet, dass letzteres primär die Einschränkung, Hemmung oder Minimierung von negativen Emotionen umfasst. Coping-Prozesse werden ursprünglich als kognitive und verhaltensbezogene Bemühungen definiert, um spezifische externale und/oder internale Anforderungen zu bewältigen, die in der Wahrnehmung die eigenen Ressourcen übersteigen (Lazarus & Folkman, 1984). Emotionsregulation meint hingegen auch die Aufrechterhaltung und Verstärkung von Emotionen und umfasst gleichermaßen positive wie negative emotionale Erfahrungen. Der größte Unterschied in den ähnlich erscheinenden Definitionen wird von Emotionsregulationsforschern also darin gesehen, dass die Emotionsregulation die Regulation von positiven *und* negativen Emotionen gleichermaßen umfasst und dass sie auf die emotionale Erfahrung *und* den emotionalen Ausdruck abzielt (Gross, 1998).

Emotionsregulation versus Effortful Control. Auch hinsichtlich der Temperamentskomponente der *Effortful Control* (vgl. Kasten 5), die als die Fähigkeit zur Hemmung einer dominanten Reaktion zugunsten einer untergeordneten Handlung definiert wird (Eisenberg, Hofer & Vaughan, 2007; Kochanska, Murray & Harlan, 2000; Rothbart & Bates, 1998; Rothbart & Posner, 1985), besteht Diskussionsbedarf. Eine klare und eindeutige Abgrenzung der Effortful Control vom Konzept der Emotionsregulation fällt bislang schwer, da beide Konzepte sehr ähnliche Phänomene beschreiben und eine aktive, internal gelenkte Regulation des Verhaltens und der Emotionen umfassen (vgl. Kochanska et al., 2000). Die Effortful Control wird laut aktueller Betrachtungen jedoch als Einflussfaktor der Emotionsregulation bezeichnet, wobei letztere ein breiteres Konzept darstellt (Kochanska et al., 2000; Rothbart & Sheese, 2007). Eine nähere Betrachtung der Vorläuferfunktion der Effortful Control für die Emotionsregulation ist Abschnitt 4.2 zu entnehmen, in dem diese als Einflussfaktor diskutiert wird.

Kasten 5: Zum Konzept der „Effortful Control“

Die Fähigkeit, eine dominante verhaltens- oder emotionsbezogene Reaktion bewusst zu hemmen, oder/und eine alternative weniger bestimmende Reaktion zu zeigen, wird vielfach gefordert, wie etwa bei der Selbstregulation oder beim Ausdruck von Emotionen (Kochanska, Murray & Harlan, 2000). Das Konzept „Effortful Control (EC)“ wird als Fähigkeit definiert, eine dominante Reaktion zu hemmen, um eine untergeordnete Handlung durchzuführen, um zu planen und um Fehler zu entdecken (Rothbart & Bates, 2006). Das Konzept der EC wurde von Rothbart und Kollegen (Rothbart 1989a, b; Rothbart & Ahadi, 1994; Rothbart & Bates, 1998) eingeführt und beschreibt eine Gruppe selbstregulatorischer Mechanismen, die einen Teil des kindlichen Temperaments ausmachen. EC wird damit als Marker interindividueller Unterschiede konstatiert und integriert viele verschiedene Bereiche der frühen Funktionalität (Kochanska et al., 2000). Rothbart, Derryberry und Posner (1994) gehen davon aus, dass sich die EC zwischen dem sechsten und zwölften Lebensmonat allmählich herausbildet und damit ungefähr zeitgleich mit der Reifung kindlicher Aufmerksamkeitsprozesse eintritt. Die Prozesse der EC differenzieren sich schnell während des Kleinkindalters aus und

werden zu einer grundlegenden Eigenschaft in der frühen Kindheit und den folgenden Lebensjahren (Kochanska et al., 2000). Demzufolge umfasst die EC:
- die Fähigkeit, die Aufmerksamkeit den Anforderungen entsprechend zu lenken oder zu fokussieren,
- die Fähigkeit, unangemessenes Verhalten zu hemmen,
- die Fähigkeit, ein Verhalten zu zeigen, auch wenn es eine starke Tendenz gibt, dieses zu vermeiden und
- Fähigkeiten exekutiver Funktionen, die bei der Integration von Informationen und Planung eine Rolle spielen (Eisenberg, Spinrad & Eggum, 2010).

Grundsätzlich gilt es, bisherige Erkenntnisse jedoch zu konkretisieren, um letztendlich zu fundierten Aussagen zum Emotionsregulationskonzept zu gelangen, das sich klar von anderen Konzepten abgrenzen lässt.

Kapitel 2

Zur Entwicklung der Emotionsregulation im Kindesalter

Bei der Emotionsregulation handelt es sich um Fähigkeiten, die sich ab dem frühesten Kindesalter zunehmend ausdifferenzieren. Grundsätzlich gilt es zu berücksichtigen, dass die Emotionsregulation, genau wie andere behaviorale und kognitive Kontrollprozesse auch, mit grundlegenden biologischen und Aufmerksamkeitsprozessen wesentlich verbunden ist. Eingebettet in diesen (früh-)kindlichen Entwicklungsprozess, der unter anderem die motorische und kognitive Reifung umfasst (z. B. zielgerichtetes Verhalten oder kognitive Repräsentationen), hat die Emotionsregulation damit Auswirkungen auf die spätere Entwicklung (Calkins, 2010). Die Fähigkeit zur Emotionsregulation entwickelt sich maßgeblich während der Kindheit und Jugend:

- Säuglinge weinen, bis sie von den Eltern getröstet werden,
- kleine Kinder suchen aktiv nach elterlicher Unterstützung,
- im Vorschulalter beginnen Kinder über ihre Gefühle zu sprechen,
- im Schulalter kennen sie die Möglichkeit, dass Ablenkung der Emotionsregulation dient und
- Jugendliche verfügen schließlich über individuelle Strategien, beispielsweise mit einem Freund zu telefonieren, wenn sie frustriert sind (vgl. Thompson & Meyer, 2007); im negativen Falle regulieren Jugendliche ihre Gefühle durch selbstverletzendes Verhalten (Petermann & Winkel, 2009).

2.1 Emotionsregulation im Kontext verschiedener Entwicklungsprozesse

Die Form der Regulation verändert sich im Entwicklungsverlauf. Die Regulationsfähigkeiten formen sich im Kontext der zunehmenden Fähigkeiten eines Kindes. Es treten neurobiologische Veränderungen der Kontrolle der Emotionen, Veränderungen des individuellen Temperaments und einer Vielzahl sozialer Einflüsse auf. Regulationsfähigkeiten entstehen schließlich aus einer zunehmenden Differenzierung und hierarchischen Integration biologischer und psychologischer Systeme, die den gesamten Organismus betreffen. Diese Systeme wirken zusammen und modulieren so die individuellen Reaktionen auf emotional herausfordernde Situationen und Stressoren (Curtis & Cicchetti, 2007; Gross, 1998). So führt die voranschreitende sprachliche Entwicklung beispielsweise dazu, dass ältere Kinder Emotionen besser verstehen können. Außerdem erleichtert sie es dem Kind, emotionale Zustände mitzuteilen und sie zu regulieren; auch Eltern können die Emotionsregulation ihrer Kinder im Zuge dieses Entwicklungsprozesses durch konkrete Aufforderungen (z. B. „Sag mir, wie du dich fühlst.“) unterstützen (Kopp, 1989).

Der Erwerb von Emotionsregulationsfähigkeiten im Kindesalter wird in der Kinderpsychologie als eine Kaskade von Veränderungen verschiedener Rahmenbedingungen diskutiert (Cox, Mills-Koonce, Propper & Gariepy, 2010). Eine „Kaskade" meint das komplexe Zusammenwirken verschiedener Bereiche im Kontext der Entwicklung (vgl. Kasten 6).

Kasten 6: Entwicklungskaskaden

Kaskaden beschreiben Prozesse, durch die sich Funktionen auf einer Ebene oder in einem Bereich des Verhaltens auf Funktionen auf höheren Ebenen oder in sich später entwickelnden Bereichen auswirken (Cox, Mills-Koonce, Propper & Gariepy, 2010). Eine Kaskade der Emotionsregulation gründet auf dem Genotyp eines Kindes, der sich auf die Entwicklung der Regulation durch Eltern und Umfeld auswirkt. Durch die Entwicklungsfortschritte des Kindes differenzieren sich die Emotionsregulationsfähigkeiten aus (Cox et al., 2010).

Ein solcher Ansatz, der bereichsübergreifende Einflüsse und bidirektionale Prozesse berücksichtigt, ermöglicht ein Verständnis davon, wie sich die frühen Entwicklungsbereiche (z. B. kognitive und emotionale Entwicklung) gegenseitig beeinflussen und durch einzelne Prozesse (z. B. elterliches Erziehungsverhalten) modifiziert werden (Blandon, Calkins, Grimm, Keane & O'Brien, 2010). So können beispielsweise die neuronale Entwicklung wie auch das soziale Umfeld und das kindliche Temperament als bedeutende Faktoren für die weitere emotionale Entwicklung benannt werden. Für die Entwicklung der Emotionsregulation verdeutlichen die Kaskaden, dass sich etwa die Entwicklung neurobiologischer Funktionen zunächst auf körperliche oder motorische Fertigkeiten auswirkt, welche wiederum das Anwenden von verhaltensbezogenen Regulationsstrategien (z. B. körperliches Wölben) beeinflussen (Masten & Cicchetti, 2010). Cox et al. (2010) beschreiben eine generelle Kaskade von Kontrollprozessen wie folgt: Eine Kaskade der Kontrolle beginnt im Genotyp des Kindes, verschiebt sich dann auf das mehr oder weniger fürsorgliche Verhalten des elterlichen Umfelds, sowie ferner auf die Mutter-Kind-Interaktion, bis sich schließlich die Kontrolle im Kind selbst zu organisieren beginnt. Abbildung 4 stellt einen Ausschnitt einer möglichen Kaskade der Emotionsregulation dar, wobei dieser keineswegs erschöpfend sein kann. Verschiedene weitere und sich zunehmend ausdifferenzierende Entwicklungsfaktoren, wie etwa die sprachlichen Fähigkeiten oder die soziale Kompetenz, können eine entscheidende Rolle im komplexen Prozess der kindlichen Entwicklung einnehmen.

Die Auswirkungen von Veränderungen in einem System (etwa kognitive Veränderungen durch das Erziehungsverhalten der Eltern) auf andere Bereiche (wie das beobachtbare Verhalten zur Emotionsregulation) sind von Einflüssen anderer Systeme (wie der neurobiologischen Reifung) nur schwer abzugrenzen. Insgesamt wird damit das sehr komplexe und wechselseitige Zusammenwirken verschiedener frühkindlicher Entwicklungsprozesse betont, unter Vorbehalt dessen alle weiteren Betrachtungen zu treffen sind. Die Interaktion verschiedenster Entwicklungsprozesse erschwert die Spezifizierung ihrer Auswirkungen auf die Emotionsregulationsfähigkeiten. Dennoch verlangt die empirische Forschung und klinische Praxis eine Eingrenzung des Konzepts der Emoti-

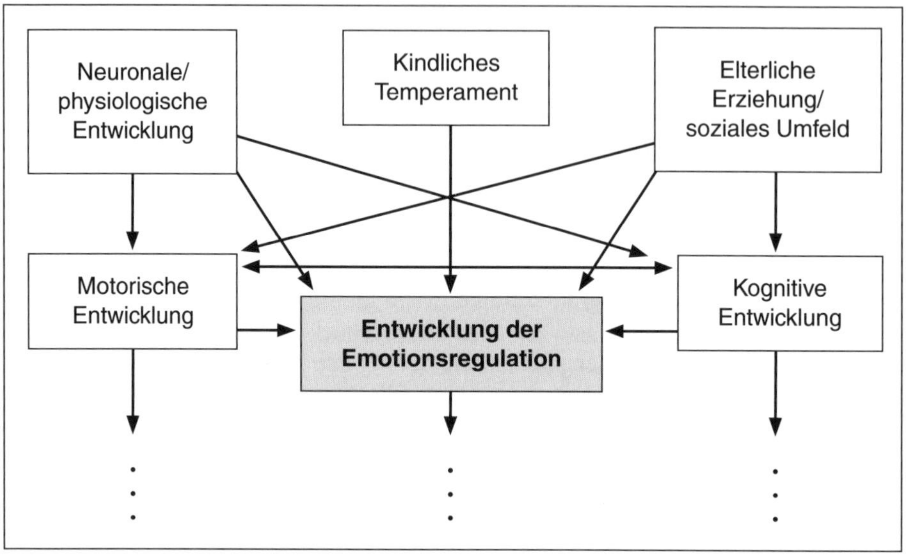

Abbildung 4: Auszug einer Kaskade der Emotionsregulation im Kindesalter

onsregulation, um dessen Bedeutung für die gesunde sowie auffällige Entwicklung zu bestimmen und im Bedarfsfalle frühzeitig intervenieren zu können.

Die ersten Lebensjahre sind eine kritische Zeit für die Entwicklung wichtiger exekutiver Funktionen, wie etwa der Aufmerksamkeit, der Reaktionshemmung, des Arbeitsgedächtnisses (Anderson, 2002; Blair, 2002) und Lese- und Rechtschreibfertigkeiten als notwendige Voraussetzung für den späteren Schulerfolg (vgl. Aram, 2005; Graziano et al., 2007). Die Fähigkeit, die eigenen Emotionen angemessen zu regulieren, zählt zu den wichtigsten Kompetenzen der frühen Kindheit und bildet damit eine grundlegende Entwicklungsaufgabe (Alink, Cicchetti, Kim & Rogosch, 2009; Sroufe, 1995; Thompson & Meyer, 2007). So wirken die Emotionsregulationsfähigkeiten eines Kindes auf viele Dimensionen der späteren Entwicklung, etwa die sozialen Beziehungen oder die soziale Anpassung des Verhaltens (Degnan, Calkins, Keane & Hill-Soderlund, 2008).

Um die eigenen Emotionen zu regulieren, ist es notwendig, gezielte Strategien anzuwenden. Regulationsstrategien sind diejenigen Verhaltensweisen oder Vorstellungen, die in kritischen Situationen für einen effektiven und kontextangemessenen Umgang mit positiven und negativen Emotionen sorgen (vgl. Cole et al., 2009). Insbesondere bei der Betrachtung derartiger Regulationsstrategien ist es erforderlich, das Alter als einen entscheidenden Faktor für die Anwendung spezieller Strategien zu berücksichtigen. So ist es etwa für einen sechs Monate alten Säugling noch nicht möglich, die eigene Angst zu unterdrücken, um so mit der beängstigenden Situation besser umzugehen und sich einer umweltbedingten Erwartung anzupassen. Eine derart entwicklungsorientierte Perspektive soll die folgenden Darstellungen der Regulationsfähigkeiten und -strategien leiten.

2.2 Regulationsstrategien im Säuglings- und Kleinkindalter

Die ersten Lebensjahre sind durch entscheidende Entwicklungsfortschritte und Veränderungen, auch hinsichtlich der Emotionsregulation, gekennzeichnet. Im *ersten Lebensjahr* findet eine Vielzahl sozial-emotionaler Entwicklungsschritte statt (Cox et al., 2010; Petermann & Wiedebusch, 2008). Noch in den ersten Monaten steht die externale Emotionsregulation durch die Eltern im Vordergrund und hilft dem Säugling beim Umgang mit den eigenen Emotionen, die noch ohne jegliche Ursachenzuschreibung wahrgenommen werden (Eisenberg et al., 2010; Fonagy & Target, 2002). So zeigen Einjährige beispielsweise vermehrt negative Gefühle, wenn die Eltern nicht anwesend sind, um sie bei der Regulation zu unterstützen (Bridges, Grolnick & Connell, 1997). Die Eltern können verschiedene Techniken mit dem Ziel anwenden, ihr Kind zu beruhigen. Ablenkungsstrategien können etwa herangezogen werden, um dem Kind nahezubringen, die eigene Aufmerksamkeit so zu kontrollieren, dass gleichzeitig emotionale Erregungszustände moduliert werden (Crockenberg et al., 2008; Muralidharan et al., 2010). Weitere Möglichkeiten stellen taktile oder kinästhetische Beruhigungsstrategien dar, wie das Hochheben, leichte Berührungen, Wippen, Umarmen oder Küssen des Kindes, verbale Beruhigungsstrategien oder das Vorschlagen spielerischer Aktivitäten. Insbesondere auch die Befriedigung von grundlegenden Bedürfnissen (z. B. von Müdigkeit, Hunger, Schutz vor Kälte oder Schmerz) durch die Eltern zählt zur externalen Regulation emotionaler Erfahrungen (Kovacs et al., 2006).

Die Eltern geben in unklaren Entscheidungssituationen eine Orientierung, indem das Kind bei ihnen nach Signalen Ausschau hält. Diese Form der Bezugnahme wird als soziale Rückversicherung bezeichnet (social referencing; Klinnert, Campos, Sorce, Emde & Svejda, 1983; vgl. Kasten 7). Gegen Ende des ersten Lebensjahres wird daher die kindliche Exploration neuer Objekte durch den emotionalen Ausdruck gelenkt, den andere Personen gegenüber diesen Objekten äußern (z. B. Hertenstein & Campos, 2004).

Kasten 7: Das Phänomen der sozialen Rückversicherung („Social Referencing“).

Im letzten Viertel des ersten Lebensjahres entwickeln Säuglinge die Fähigkeit, an einer sozialen (Zwei-Mann-)Kommunikation über Ereignisse bzw. Reize teilzunehmen (Carpenter, Nagel & Tomasello, 1998; Hertenstein & Campos, 2004). Eine solche Entwicklung ermöglicht einen deutlichen Fortschritt im emotionalen Erleben und Verhalten eines Kindes. Die soziale Rückversicherung, zu der die Säuglinge nun in der Lage sind, beinhaltet nach Hoehl und Striano (2010):

- das Suchen nach emotionalen Informationen in einer neuen oder mehrdeutigen Situation,
- das Verknüpfen des emotionalen Ausdrucks mit einer entsprechenden Situation, einem Objekt oder einer Person und
- das Abstimmen des Verhaltens auf den emotionalen Ausdruck.

In den frühesten Lebensmonaten werden Kinder in ihrem emotionalen Erleben und Verhalten durch die Signale Erwachsener beeinflusst und gelenkt, das heißt durch die Art und Weise, wie diese sich neuen Reizen und Situationen annähern (z. B. Campos & Stenberg, 1981; Feinman, 1982). Sorce, Emde, Campos und Klinnert (1985) konnten in einer klassischen Studie zeigen, dass zwölf Monate alte Kinder in mehrdeutigen

Situationen nach dem Gesichtsausdruck von Erwachsenen suchen. So konnten die Autoren in einem Experiment mit einer visuellen Klippe belegen, dass – wenn die Mutter Freude und Interesse ausdrückte – die meisten Kinder die Klippe überquerten. Zeigte die Mutter hingegen Angst oder Wut, überquerten nur sehr wenige Kinder die Klippe. In einer vergleichbaren Situation ohne eine solche Klippe konnte kein so klarer Bezug zum Gesichtsausdruck der Mutter gezeigt werden. Insgesamt stellte sich damit heraus, dass der Gesichtsausdruck der Mutter das Verhalten der Kinder nur in unsicheren Situationen beeinflusste. Ferner konnte in Studien gezeigt werden, dass bereits zwölf Monate alte Säuglinge dazu in der Lage sind, wahrzunehmen, dass sich die sozialen Mitteilungen durch den Gesichtsausdruck eines Erwachsenen auf einen bestimmten Reiz in der Umwelt beziehen (z.B. Moses, Baldwin, Rosicky & Tidball, 2001). Derartige Ergebnisse lassen erkennen, dass Kinder bereits in einem Alter von zwölf Monaten über eine ausgeprägte Fähigkeit zur Einschätzung emotionaler Informationen verfügen (Moses et al., 2001).

Drückt etwa eine Mutter in einer kritischen Situation ihre Wut aus (z. B. durch lautes Verbalisieren oder eine wütende Mimik), so kann ein Kind schlussfolgern, dass der eigene wütende Emotionsausdruck in dieser Situation angemessen ist oder die Situation vermieden werden sollte. Neben einer solchen Rückversicherung kann sich der Bezug zu den Eltern ferner durch ein Hilfesuchen und die selbst initiierte Kontaktaufnahme mit den Eltern ausdrücken.

Es kann also angenommen werden, dass die Art, wie ein Kind Emotionen ausdrückt und reguliert, deutlich vom emotionalen Ausdrucksverhalten der Eltern von Gefühlen wie Wut, Angst oder Freude beeinflusst wird (vgl. Petermann & Wiedebusch, 2008). Bei der Erforschung der sozialen Rückversicherung im Säuglingsalter treten allerdings Probleme auf.

Es ist etwa schwierig zwischen den Reaktionen von Säuglingen auf verschiedene emotionale Ausdrücke der gleichen Qualität (z. B. die Reaktionen auf negative Emotionen wie Wut versus Angst) zu unterscheiden. Dies würde die Annahme unterstützen, dass Säuglinge im ersten Lebensjahr lediglich den Ausdruck negativer vom Ausdruck positiver Emotionen bei anderen Personen unterscheiden können. Und dennoch deuten Ergebnisse teilweise darauf hin, dass es Säuglingen über die Qualität der Emotion hinausgehend gelingt, mehr vom emotionalen Ausdruck der Eltern aufzunehmen (Hoehl & Striano, 2010; Montague & Walker-Andrews, 2001).

Zu den weiteren Entwicklungsfortschritten zählt unter anderem ein sich zwischen dem zweiten und achten Lebensmonat ausbildender und erstmals regelmäßiger Schlaf-Wach-Zyklus. Kinder erlangen außerdem zunehmend Kontrolle über unterschiedliche Verhaltensweisen und es bildet sich eine Regelmäßigkeit im Verhalten ab (vgl. von Salisch, 2000). Darüber hinaus entstehen weitere kognitive Fähigkeiten und Säuglinge sind in der Lage, verschiedene Ereignisse auf der Ebene der Wahrnehmung zu unterscheiden, sich an Erfahrungen in vergleichbaren Situationen zu erinnern sowie Zusammenhänge zwischen den Bedürfnissen und eigenen Zielen sowie den Verhaltensreaktionen der Bezugspersonen zu lernen (Kopp, 1989). Neben den externalen Regulationsressourcen, die typischerweise in den frühesten Lebensmonaten dominieren (Eisenberg et al., 2010), ist es infolgedessen bereits im sehr jungen Alter möglich, eigenständig eine Vielzahl an

Strategien einzusetzen, um emotionale Prozesse zu regulieren (Diener & Manglesdorf, 1999; Kovacs et al., 2006). Diese können jedoch individuell relativ unterschiedlich ausgeprägt sein (Rothbart, 1989a).

Visuelle Blickvermeidung stellt in diesem frühen Alter eine Strategie zur Emotionsregulation dar (Moore, Cohn & Campbell, 2001). So sind Säuglinge zwischen dem zweiten und sechsten Lebensmonat zunehmend in der Lage, ihre Emotionen zu regulieren, indem sie ihren Blick abwenden (Moore et al., 2001). Nach Rothbart, Ziaie und O'Boyle (1992) sind die reifenden Veränderungen in der neurophysiologischen Organisation der visuellen Kontrolle zwischen dem dritten und sechsten Lebensmonat dafür verantwortlich, dass ein Säugling die Aufmerksamkeit zwischen Reizen freiwillig bewegen kann. Der rasant wachsende Schädelumfang (Fischer & Rose, 1994) illustriert vermutlich die Entstehung zentraler Bereiche im Frontallappen der Großhirnrinde, der für eine bewusste Aufmerksamkeitssteuerung verantwortlich gemacht werden kann (Thompson, 1994).

Ab ca. dem zweiten Lebensmonat zeigt sich zudem eine gut entwickelte Kopfkontrolle. Dies ermöglicht es den Säuglingen nicht nur, sich visuell von einem negativen emotionalen Ereignis abzuwenden, sondern es versetzt auch die Eltern als externale Regulatoren in die Lage, die visuelle Ablenkung als eine Regulationsstrategie bei ihren noch sehr jungen Kindern anzuwenden (Rothbart et al., 1992). Kleinkinder sind im Zuge dieser Entwicklung zunehmend in der Lage, ihre Aufmerksamkeit weg von frustrierenden Bedingungen und hin zu neutralen oder positiven Objekten zu lenken, wobei diese immer komplexer werdende Fähigkeit zur Aufmerksamkeitslenkung als durchaus funktional in frustrierenden Situationen angesehen wird (Crockenberg et al., 2008). Eine voranschreitende Verbesserung der Fähigkeit zu greifen unterstützt die Möglichkeit der Aufmerksamkeitsablenkung zusätzlich, indem Kinder Spielzeuge oder andere Objekte zur Ablenkung heranziehen können (Buss & Goldsmith, 1998; Kopp, 1989).

Unabhängig von der Umwelt können sich eigens initiierte distanzschaffende Strategien besonders in frustrierenden Situationen durch körperliches Wölben, Strecken, Wegschubsen von Objekten oder durch eine Blickvermeidung äußern (Weinberg & Tronick, 1994). Zusätzlich können Strategien der körperlichen Selbstberuhigung, die in emotionsauslösenden Situationen Anwendung finden, wie etwa das Nuckeln am Daumen, Schaukeln, sich selbst berühren oder an der eigenen Kleidung zupfen, Klatschen oder eine orale Berührung der Mutter, schon im ersten Lebensjahr der Regulation von Emotionen dienen (Petermann & Wiedebusch, 2008). Schließlich wird es möglich, einen zielgerichteten Rückzug aus der emotionsauslösenden Situation durch sich entwickelnde motorische Fähigkeiten besser umzusetzen; etwa durch Wegkrabbeln oder später Weglaufen (Mangelsdorf, Shapiro & Marzolf, 1995).

Derartige Strategien, die sich schon früh im ersten Lebensjahr zu entwickeln beginnen, wirken sich auf die weitere Entwicklung der Emotionsregulation aus. Dieser Fortschritt resultiert aus der wachsenden Kontrolle über Aufmerksamkeitsprozesse sowie einer zunehmenden Kontrolle über die Hemmung des motorischen Verhaltens und vorherrschender Reaktionstendenzen (Calkins & Fox, 2002; Crockenberg & Leerkes, 2004; Kopp, 2002; Kovacs et al., 2006). Im Laufe der ersten Lebensmonate entstehen darüber hinaus zunehmend neue emotionale Kompetenzen, so wie etwa die Angst als Reaktion auf einen Fremden (Thompson, 2011a). Dadurch steht die Emotionsregulation vor einem wachsenden Aufgabenbereich, der neue Ausmaße und Formen emotionaler Erfahrungen beinhaltet.

Mit dem Übergang vom Säuglings- zum Kleinkindalter erweitert sich auch das Spektrum an Regulationsstrategien (Muralidharan et al., 2010). Schon im *zweiten Lebensjahr* entwickelt sich die Fähigkeit des Kindes, auf elterliche Anweisungen zu reagieren. In der Interaktion zwischen dem Kind und seinen Bezugspersonen, hier insbesondere der Mutter, gewinnen emotionale Erfahrungen zunehmend an Bedeutung (Fonagy & Target, 2002). Diese Tatsache versetzt damit Eltern und andere soziale Interaktionspartner in die Lage, den Kindern selbstregulatorische Verhaltensweisen nahezubringen (Muralidharan et al., 2010). Darüber hinaus wird im Rahmen der sich entwickelnden motorischen Fähigkeiten körperliches Ausagieren (z. B. Stampfen) zunehmend angewandt. Auch eine Vokalisation, ob positiv oder negativ, die mit zunehmenden sprachlichen Kompetenzen an Ausdruck gewinnt, kann der Emotionsregulation dienen. Hierzu wird zudem das Weinen als externalisierende Regulationsstrategie gezählt (Weinberg & Tronick, 1994).

Der Erwerb der Kontrolle über die meistens durch die Situation aktivierten Impulse und Verhaltensweisen schreitet im zweiten und dritten Lebensjahr weiter voran (Calkins & Fox, 2002). Durch die Entwicklung grundlegender Fähigkeiten, wie etwa der motorischen Koordination, der Sprache und der Aufmerksamkeitsfokussierung, verfügen junge Kinder zunehmend über ein Repertoire an Reaktionen, die sie einsetzen können, um ihre eigenen Emotionen zu modulieren (Kovacs et al., 2006). Im Alter von zwei Jahren bietet schließlich die Entwicklung von exekutiven Kontrollfähigkeiten die Möglichkeit, Erregung und emotionales Verhalten zu unterdrücken oder differenziert auszuformen (Rueda et al., 2004).

Ein Beispiel dafür, dass bereits im frühen Säuglingsalter erworbene Regulationsstrategien weiter bestehen, bildet die Aufmerksamkeitslenkung. So konnten Grolnick, Bridges und Connell (1996) etwa zeigen, dass Kleinkinder im Alter von zwei Jahren am häufigsten die Strategie der Aufmerksamkeitslenkung einsetzten, um ihren emotionalen Stress zu regulieren.

Das *dritte Lebensjahr* ist durch die zunehmende Fähigkeit der Reaktionshemmung sowie die Ausbildung von weiteren exekutiven Funktionen gekennzeichnet, die als zentral für die Entwicklung der Emotionsregulation zu bezeichnen sind (Muralidharan et al., 2010; Posner & Rothbart, 2000; Sharon & DeLoache, 2003). Darüber hinaus kann auf Strategien der Situationsmanipulation zurückgegriffen werden, indem etwa ein Spiel initiiert wird, um die Situation zu verändern (Diener & Manglesdorf, 1999). So kann ein Kind in einem es beängstigenden Kontakt mit einem Fremden zum Spielzeug greifen, um so die Interaktion zu verändern. Im Zuge des Erwerbs immer komplexerer Konzepte von Emotionen (vgl. Kap. 1.1.2) beinhalten auch die Regulationsstrategien etwa eine zunehmende eigens initiierte Umlenkung der Aufmerksamkeit (vgl. Thompson, 1994).

Abbildung 5 stellt die Regulationsstrategien für einen Altersabschnitt von null bis drei Jahren dar, die bis heute untersucht und diskutiert werden (Blandon, Calkins & Keane, 2010; Calkins & Fox, 2002; Helmsen & Petermann, 2010; Hoeksma et al., 2004; Petermann & Wiedebusch, 2008). Auf eine genaue Segmentierung der Altersdimension

Alter

Regulationsstrategien

Funktional ⟷ **Dysfunktional**

Geburt

Einschlafen

Visuelle Blickabwendung
- weg vom frustrierenden/ negativen Stimulus

(Körperliche) Selbstberuhigung
- Saugen/Daumennuckeln
- Schaukeln
- sich selbst berühren
- Klatschen
- orale Berührung der Mutter

Fokus auf frustrationsauslösenden Reiz
- Orientierung auf emotionsauslösenden Stimulus
- Absuchen des Reizes

Rückzug aus der emotionsauslösenden Situation
- Wegkrabbeln
- Weglaufen (später)

Aufmerksamkeitslenkung („attention shifting")
- weg von frustrierenden Stimuli (durch Eltern oder selbstgesteuert)
- hin zu neutralen/positiven Objekten

Interaktive Strategien
- Hilfesuchen
- Kontaktaufnahme mit Eltern
- „Social Referencing"

Distanz herstellen
- körperliches Wölben/Krümmen
- Wegschubsen
- Blickvermeidung

Nach außen gerichtete Regulationsstrategien
- körperliches Ausagieren (z.B. Stampfen)
- Vokalisation (positiv/neutral/ negativ/ durcheinander/Weinen)
- Selbststimulation

Situationsmanipulation
- Spielen mit anderen Objekten

3. Lebensjahr

Abbildung 5: Regulationsstrategien in den ersten drei Lebensjahren in Anlehnung an Petermann und Kullik (2011, S. 189)

wurde bewusst verzichtet, da eher fließende Entwicklungsübergänge für den Erwerb einzelner Regulationsstrategien angenommen werden müssen. Eine wichtige, aber nicht unproblematische Unterteilung betrifft die Funktionalität der Strategien (Thompson, 2011a). Hier muss neben der Berücksichtigung der persönlichen Ziele und weiterer Faktoren die zeitliche Orientierung der Emotionsregulation beachtet werden. So kann das Wegstoßen eines frustrierenden Gegenstandes kurzeitig Spannung reduzieren und damit eine funktionale Wirkung zeigen, langfristig jedoch einem sozial angemessenen Verhalten wenig förderlich sein und damit dysfunktional wirken (Barnow, 2012). Insgesamt soll dennoch in Anlehnung an andere Arbeiten (Blandon, Calkins & Keane, 2010; Calkins & Johnson, 1998; Diener & Manglesdorf, 1999) angenommen werden, dass im Sinne einer kulturell sowie sozial angemessenen Anpassung einige Strategien dysfunktionaler wirken als andere.

Die grundsätzlichen Möglichkeiten für Eltern, die Entwicklung der Regulationsfähigkeiten von Kindern zu fördern, bestehen in der Unterstützung des Säuglings bei einem besseren Verständnis des Selbst und seiner Mitmenschen. Die Art und Weise des alltäglichen Umgangs mit der Bedürfnisbefriedigung des Kindes (z. B. zu essen, zu schlafen oder zu spielen) ist für die Förderung der Emotionsregulationsfähigkeiten zentral. Körperliche Nähe oder Distanz sowie das Ausmaß an Face-to-face-Kontakten oder Abwendungen prägen die alltäglichen Ereignisse und Lernbedingungen eines Kindes.

Im Zuge des Entwicklungsprozesses wächst die Fähigkeit, konstruktivere Regulationsstrategien einzusetzen zunehmend während des Kleinkindalters. So lenken sich die Kinder etwa mehr von frustrierenden Ereignissen ab, anstatt sich diesen auszusetzen oder vollständig von der Hilfe der Eltern abhängig zu sein (Blandon, Calkins & Keane, 2010). Obwohl die Fähigkeit der Kinder zunimmt, nützlichere Strategien zur Regulation ihrer Emotionen zu verwenden, zeigt sich jedoch auch, dass Kinder weitergehend eine Vielzahl an Strategien während Anforderungssituationen anwenden, von denen nur einige für die spätere soziale Entwicklung angemessen sind (Blandon, Calkins & Keane, 2010).

2.3 Regulationsstrategien im Kindesalter

Die „spontane" Selbstregulation von Emotionen zeichnet sich, wie gezeigt werden konnte, bereits sehr früh in den ersten Lebensjahren ab (z. B. Rothbart et al., 1992). Die sehr frühen internalen Regulationsbemühungen können dennoch als eher unbewusste und nicht geplante Strategien bezeichnet werden (Eisenberg et al., 2010), die zudem zum Teil von einer geringen Effektivität gekrönt sind (Buss & Goldsmith, 1998). In der frühesten kindlichen Entwicklung stellen demzufolge die grundlegenden biologischen und aufmerksamkeitsbezogenen Prozesse den besten Marker für die Qualität der kindlichen Emotionsregulationsfähigkeiten dar. Im weiteren Entwicklungsverlauf zeichnen sich diese Regulationsfähigkeiten in der mittleren und späten Kindheit jedoch zunehmend durch das emotionale Bewusstsein und die Bewertung von Emotionen aus (Suveg, Jacob et al., 2010).

Die zunehmend erlangte Kompetenz, eine Anzahl an Strategien abrufen zu können, die der Modifikation der eigenen Emotionen dienen, führt schließlich automatisch zu einer Erweiterung der kindlichen Regulationsfähigkeiten (Cole et al., 2009). Ein solcher Entwicklungsprozess von einer grundlegenden und überwiegend automatischen Regulation biologischer Prozesse im frühesten Kindesalter hin zu einer selbstbewussten und intentionalen Regulation in der mittleren und späten Kindheit zeichnet sich unter anderem durch seine Abhängigkeit von der Reifung präfrontaler limbischer Verbindungen ab (Beauregard, Levesque & Paquette, 2004; Ochsner & Gross, 2004). Im Zuge verschiedener Reifungsprozesse kann man annehmen, dass im mittleren Kindesalter ein Erlernen grundlegender Emotionsregulationsfähigkeiten stattgefunden hat (Saarni, 1999).

Werden Kinder also älter, so wächst auch ihr Regulationsrepertoire weiter an und verändert sich von primär externalen hin zu mehr internalen Regulationsstrategien (vgl. Garnefski, Rieffe, Jellesma, Terwogt & Kraaij, 2007). Die Emotionsregulation spielt auch in der mittleren Kindheit eine entscheidende Rolle für eine gelungene Anpassung (Shields & Cicchetti, 1997), indem sie unter anderem für die Entwicklung der sozialen Kompetenz und den Erhalt psychischer Gesundheit wesentlich ist (Petermann & Kullik, 2011; Petermann & Wiedebusch, 2008). Bis heute gibt es weitaus mehr Studien zur Emotionsregulation im frühen Säuglings- und Kleinkindalter als in der mittleren Kindheit. Neben umfangreichen Beobachtungsstudien in der frühesten Entwicklungsperiode tritt die systematische Verhaltensbeobachtung in der mittleren Kindheit deutlich in den Hintergrund und andere Methoden, wie die schriftliche oder mündliche Befragung der Kinder oder ihrer Eltern zu den Regulationsfähigkeiten der Kinder, finden zunehmend Anwendung (vgl. Kap. 3).

Eisenberg und Morris (2002) haben neben dem Übergang von der überwiegend externalen zur internalen Emotionsregulation zwei weitere wesentliche Trends in der Entwicklung der Regulationsstrategien vom frühen Säuglings- bis ins späte Kindesalter identifiziert, die entscheidende Implikationen für ein Verständnis der Emotionsregulation mit sich bringen:

- Die Entwicklung und Ausdifferenzierung der internalen Regulationsstrategien und
- die zunehmende Fähigkeit zur eigenständigen Auswahl angemessener Regulationsstrategien in spezifischen Situationen (vgl. Morris et al., 2011).

Die soziale Umwelt im Kindergarten, den die meisten Kinder ab einem Alter von drei Jahren besuchen, oder in der Vorschule mag viele erregende Emotionen, wie Angst oder Wut, bewirken, die reguliert werden wollen (Graziano et al., 2007). Die *Vorschuljahre* sind nicht zuletzt deswegen eine ideale Lebensphase, in der sich die kindlichen Regulationsfähigkeiten weiterentwickeln und differenzieren können (Flanders et al., 2010; Maughan & Cicchetti, 2002) und in der Kinder lernen, verschiedene Regulationsstrategien in spezifischen Situationen angemessen einzusetzen (Morris et al., 2011). Neben den Bedingungen der neuen sozialen Situation, die die Regulationsentwicklung fördern, ist die Entwicklung auch auf einige wesentliche Reifungsprozesse zurückzuführen, deren rapiden Fortschritte durch die wachsenden Informationsverarbeitungsfähigkeiten gefördert werden und wiederum das emotionale Verständnis sowie eine angemessene Regulation unterstützen (Shields & Cicchetti, 1997). Die Reifungsprozesse des emotionalen Systems sowie unter anderem der Aufmerksamkeitskontrolle, des Gedächtnisses, der Fähigkeit zur Perspektivenübernahme, zu symbolischen Repräsentationen und zum Rollenspiel führen zu einem sich ausweitenden Regulationsrepertoire, das ein Kind in ganz neuen Situationen ausprobiert (Durbin & Shafir, 2008).

Mit dem frühen Kindergartenalter entstehen neue Herausforderungen durch das soziale Umfeld (Denham, 1998), wie der erstmalig intensive Kontakt mit Gleichaltrigen im Gruppensetting. Diese neuen sozialen Situationen verlangen eine Regulation zunehmend differenzierter Emotionen (Petermann & Wiedebusch, 2008). Noch dazu fehlt erstmalig die bislang umfassende Unterstützung durch die Eltern und neue Erziehungspersonen nehmen in Kindergarten und (Vor-)Schule eine zentrale Rolle ein. Der zeitlich begrenzte Rahmen der Interaktion mit den Eltern bedeutet allerdings nicht, dass diese vollständig als externale Regulationsressource entfallen.

Während Eltern im Säuglings- und Kleinkindalter noch überwiegend auf die physische Beruhigung oder die Benennung von Emotionen (vgl. Kap. 2.2) zurückgegriffen haben, fokussieren sie sich im Vorschulalter aufgrund der sich entwickelnden Fähigkeiten des Kindes mehr auf gezieltes Problemlösen und Bewältigungsverhalten (Eisenberg & Morris, 2002). Auch die Kinder nehmen diese elterliche regulative Unterstützung nach wie vor in Anspruch. Kinder im Alter von vier Jahren suchen etwa nach ihren Eltern, um sich Hilfe im Umgang mit den negativen emotionalen Reaktionen ihrer kleinen Geschwister, wie etwa Weinen oder Schreien, in einer Spielsituation einzuholen (Volling, 2001). Allerdings sind Eltern zunehmend weniger bereit, ihrem Kind als externale Regulationsressource zu dienen, da dies als nicht mehr alterskonform angesehen wird (vgl. Friedlmeier & Trommsdorff, 2001). Sie mögen daher bestrebt sein, die internale und damit eigenständige Regulation durch die Kinder selbst zu fördern (vgl. Petermann & Wiedebusch, 2008, Kap. 3).

Bereits ab einem Alter von ca. drei Jahren erfahren Kinder das volle Emotionsrepertoire (Lewis, 2000) und die kindliche Emotionalität gewinnt an Komplexität. Schon gegen Ende des zweiten Lebensjahres beginnen Kinder, die eigenen Gefühlszustände mitzuteilen. Die voranschreitende Aneignung sprachlicher Kompetenzen sowie kognitiver und sozialer Fähigkeiten versetzt Kinder in die Lage, eine Vielzahl zusätzlicher Regulationsaufgaben zu meistern. Sobald Kinder das Sprechen erlernen, beginnen sie etwa damit, ihre eigenen Emotionen verbal zu kommunizieren und erlernen Emotionswörter, um die eigenen Emotionen, wie auch die Emotionen anderer zu beschreiben (Bretherton, Fritz, Zahn-Waxler & Ridgeway, 1986).

Ein sprachlicher Ausdruck der Emotionen zeigt sich demnach bereits im Alter von ca. 18 Monaten und zeigt eine rasante Entwicklung innerhalb der nächsten 18 Monate (Southam-Gerow & Kendall, 2002). Mit einem Alter von ca. vier Jahren können die meisten Kinder ihre Emotionen vergleichbar gut ausdrücken wie Erwachsene (Lewis, Sullivan & Vasen, 1987). Das eigenständige Entwickeln und Wahrnehmen von effektiven Emotionsregulationsstrategien (z. B. dem Verbalisieren von Problemen oder der Selbstablenkung anstatt zu weinen oder sich zerstörerisch zu verhalten) kann es erfordern, dass ein Kind über gut ausgebildete verbale Fähigkeiten verfügt. Ein grundlegendes Verständnis von Regulationsstrategien hängt daher deutlich von der kindlichen Entwicklung sprachlicher Fertigkeiten ab (Cole et al., 2009).

Die Entwicklung zwischen dem dritten Lebensjahr und dem Eintritt in den Kindergarten zeigt des Weiteren bemerkenswerte Fortschritte des Emotionsverständnisses, das sich über die gesamte Lebensspanne hinweg zunehmend ausdifferenziert. Im Zuge der kognitiven Entwicklung entsteht ein zugrundeliegendes Verständnis der Ursachen von Emotionen. In dieser Altersspanne erlangen Kinder ein Verständnis dafür, dass spezifische Situationen bestimmte Emotionen auslösen, dass unterschiedliche Gesichtsausdrücke verschiedene Emotionen signalisieren, und dass Emotionen die behavioralen Reaktionen beeinträchtigen und schließlich auch eingesetzt werden können, um die Emotionen anderer zu beeinflussen (Cole et al., 2009; Lagattuta, Wellman & Flavell, 1997). Dieser Entwicklungsfortschritt fördert die Aneignung von Regulationsstrategien, die darauf zurückgreifen, negative emotionsauslösende Situationen zu vermeiden oder zu beenden (Durbin & Shafir, 2008). Beispielsweise wird ein Kind sich davor scheuen, sich mit einem gleichaltrigen Kind zu verabreden, wenn dieses Kind es beim vergangenen Spielen wütend oder ängstlich gemacht hat.

Kinder sind somit dazu in der Lage, ihre emotionalen Zustände durch Situationsselektion und -modifikation zu verändern, statt Regulationsstrategien erst dann einzusetzen, wenn die Emotionen bereits hervorgerufen wurden. Zwischen dem vierten und sechsten Lebensjahr differenziert sich darüber hinaus das Wissen über die Veränderung des emotionalen Ausdrucksverhaltens weiter aus. So scheint es Kindern mit ca. sechs Jahren bewusst zu sein, dass ihr emotionales Erleben sich nicht zwangsläufig in ihrem Gesichtsausdruck widerspiegeln muss und mit einem verstellten Gesichtsausdruck andere Personen getäuscht werden können (von Salisch, 2000).

Ebenfalls mit diesem Fortschritt verbunden entwickelt sich in etwa zwischen dem dritten und fünften Lebensjahr zudem ein explizites Bewusstsein für Regulationsstrategien (Cole et al., 2009; Denham, 1998; Denham & Kochanoff, 2002). Ab einem Alter von ca. fünf Jahren können die meisten Kinder Emotionen identifizieren, die durch emotional herausfordernde Situationen ausgelöst wurden. Darüber hinaus können Kinder Mittel und Wege beschreiben, die Eltern vornehmen, um den kindlichen Stress zu verringern und sie begreifen Strategien, die sie selbst verwenden können, um mit dem alltäglichen Stress umzugehen (Cole et al., 2009; Denham, 1997; Rossman, 1992). Dabei tendieren Vorschüler dazu, angemessene *und* unangemessene Strategien zu identifizieren (z. B. Aggression), um negative emotionale Zustände zu regulieren (Eisenberg & Fabes, 1992). Allerdings ist nur wenig darüber bekannt, *wie* sich ein Verständnis davon entwickelt, wie die Emotionen reguliert werden können und ob ein solches Verständnis die kindliche Selbstregulation beeinflusst (Lemerise & Arsenio, 2000).

Zusammenfassend stehen in der Vorschulzeit vom ca. dritten bis sechsten Lebensjahr schließlich im Vergleich zu gezielten Modifikationen des emotionalen Erlebens vor allem Strategien der Situationsveränderung im Vordergrund (Cole et al., 2009; Falvell, Flavell & Green, 2001). Jedoch erlangen Kinder zwischen dem Alter von drei und vier Jahren eine Vielzahl an neuen Fähigkeiten. Zu diesen zählen etwa die Entwicklung einer *Theory of Mind* (Rieffe, Terwogt & Cowan, 2005), das Erlernen, in sozial angemessener Art und Weise eine nichtdominante Reaktion aufrechtzuhalten (Carlson, 2005) und das spontane Bemühen, den Ausdruck von Emotionen ohne die elterliche Unterstützung zu regulieren (Cole, 1986).

Mit der kognitiven Reifung wird schließlich die Entwicklung internaler Regulationsstrategien möglich, wie Gedankenstoppen, Ablenkung oder positives Denken (Altshuler, Genevro, Ruble & Bornstein, 1995; Eisenberg & Morris, 2002; Morris et al., 2011). Damit werden Regulationsstrategien angewendet, die explizit Kognitionen verändern und folglich bestimmte Emotionen verstärken oder abschwächen (Durbin & Shafir, 2008). Spielt ein Kind mit einem anderen Kind, das es gezielt ärgert, so kann es diese Emotion bewusst abschwächen, indem es sich etwa ablenkt und denkt „Heute Abend kann ich mit Papa Fußball spielen!“ oder die Situation mit positiven Gedanken begleitet „Ich kann das Spiel sowieso besser!“.

Im Schulalter werden Kinder weitergehend mit ganz neuen Anforderungen konfrontiert (Graziano et al., 2007). Insbesondere sind sich Kinder in dieser Lebensphase mehr der kulturellen Verhaltensregeln und damit auch der Diskrepanzen zwischen ihrem Emotionsausdruck und internalen Erfahrungen bewusst. So konnten Underwood, Hurley, Johanson und Mosley (1999) etwa zeigen, dass Kinder aus einer sechsten Klasse häufiger als Kinder aus einer zweiten Schulklasse einen neutralen Gesichtsausdruck auf eine Provokation Gleichaltriger beibehielten. Außerdem sind sie geschickter darin, komplexe Hinweise bezüglich der Emotionen anderer zu integrieren und können ihren eigenen emotionalen Ausdruck der Situation entsprechend managen (Shields & Cicchetti, 1997). Mit dem Schulalter beginnen Kinder des Weiteren damit, die Verbindungen zwischen Emotionen und persönlichen Erwartungen, Standards und Zielen zu verstehen (Lagattuta & Thompson, 2007). Diese Reifungsprozesse bieten eine Grundlage für ein besseres Verständnis von Regulationsstrategien und für eine kompetentere Ausübung der erlernten Strategien (Thompson & Meyer, 2007). Insbesondere eine bewusste Emotionsregulation ist eine Errungenschaft des späten Kindesalters (Campos et al., 2004). Bei der bewussten Emotionsregulation erfährt ein Kind die Emotion, reflektiert den emotionalen Zustand und entscheidet freiwillig, wie es darauf reagiert.

Ab ca. dem achten und neunten Lebensjahr haben Kinder gelernt, die eigenen Emotionen durch Vorstellungen und Gedanken über ihre eigene Person, über die eigenen Gefühle oder über andere zu regulieren. So kann ein Kind, wenn es eine negative Erfahrung macht (z. B. einen Streit der Eltern mitbekommt), sich gedanklich selbst die Schuld dafür zuschreiben, während ein anderes Kind bei der gleichen Erfahrung eine andere Person dafür beschuldigt. Beispielhaft für eine langfristig dysfunktionale Emotionsregulation lässt sich das Verhalten eines Kindes beschreiben, das sich durch beständiges Grübeln auf seine Traurigkeit über den Streit der Eltern fokussiert (Garnefski et al., 2007). Schließlich kann ein Kind seine ängstliche Reaktion verstärken, indem es ein angstauslösendes Ereignis gedanklich katastrophisiert und denkt: „Meine Eltern werden sich scheiden und mich alleine lassen.“ Derartige kognitive Emotionsregulationsstrategien nehmen folglich im mittleren und späten Kindesalter eine ganz zentrale Rolle ein. Zudem erhalten im späten Kindesalter darüber hinaus Gleichaltrige zunehmend die Aufgabe der „sozialen Regulatoren“ (Kovacs et al., 2006). Diese können etwa in einer frustrierenden Spielsituation Unterstützung leisten, oder ein Kind ablenken, wenn es um einen persönlichen Verlust trauert. Haben im frühesten Kindesalter somit noch die Eltern eine ganz entscheidende Funktion als externale Regulatoren eingenommen, so lösen Gleichaltrige einen Teil dieser Funktion im höheren Kindesalter ab.

Zusammenfassend können Kinder somit im Entwicklungsverlauf die eigenen Gedanken, strategische Redewendungen und gezielte Interaktionen mit den Eltern und Gleichaltrigen zur Regulation heranziehen sowie eine gezielte Manipulation der Um-

Tabelle 1: Neu erlernte Emotionsregulationsstrategien im mittleren und späten Kindesalter

Externale Regulation durch die Eltern	Ab dem Vorschulalter liegt der Fokus der Regulation durch die Eltern auf dem gezielten Problemlösen und Bewältigungsverhalten, etwa indem Eltern das Kind dabei unterstützen, zu erkennen, was es in einer gegebenen Situation wütend macht, und diese Situation dann zu verändern.
Gleichaltrige als soziale Regulatoren	Mit zunehmendem Sozialkontakt im Kindergarten und in der (Vor-) Schule gewinnt auch die externale Regulation durch die Gleichaltrigen an Bedeutung. Trauert ein Kind etwa um einen persönlichen Verlust, so können Gleichaltrige im Schulsetting versuchen, das Kind bewusst von seinen Emotionen durch Spielen abzulenken.
Verbale Kommunikation der eigenen Emotionen	Mit voranschreitenden sprachlichen Kompetenzen kann ein Kind die eigenen Emotionen benennen und beschreiben, so kann ein Kind seine „Gefühle" an Gleichaltrige oder die Eltern kommunizieren und sich damit Unterstützung bei der Regulation einholen.
Verbale Regulation	Das verbale Ausagieren emotionaler Zustände kann für deren Regulation förderlich sein. Beispielsweise kann ein Kind seine Gefühle in der emotionalen Situation leise aussprechen, oder mit seinem Gegenüber intensiv argumentieren, um die empfundene Frustration zu mildern.
Situationsselektion	Hat ein Kind ein grundlegendes Verständnis für die Ursachen von Emotionen herausgebildet, so kann es Strategien entwickeln, emotionsauslösende Situationen zu vermeiden. Hat ein Kind verinnerlicht, dass ein Freund aus dem Kindergarten es immer wieder frustriert und wütend macht, dann wird es das Spielen mit diesem Freund in Zukunft vermeiden wollen.
Situationsmodifikation	Neben der gezielten Auswahl von Situationen können diese im Sinne der Emotionsregulation auch modifiziert werden. Lässt es sich beispielsweise nicht vermeiden, sich in eine Spielsituation mit einem Gleichaltrigen zu begeben, der ein Kind wütend macht, dann kann es etwa ein anderes Spiel auswählen, bei dem es nicht ums Verlieren oder Gewinnen geht.
Kognitive Strategien	Mit der Reifung kognitiver Prozesse entwickeln sich die internalen Regulationsstrategien wie kognitive Ablenkung, Gedankenstoppen oder positives Denken. So kann ein Kind, das eine Rüge vom Lehrer erhalten hat, sich innerlich sagen „Denk einfach an etwas anderes, wie den bevorstehenden Kinobesuch am Abend!".
Bewusste Steuerung des Emotionsausdrucks	Mit dem zunehmenden Emotionsverständnis sind Kinder dazu in der Lage, den eigenen Emotionsausdruck normgerecht anzupassen. Verlangt die Situation etwa, dass die eigene Trauer über den Verlust des Haustieres nicht gegenüber dem Lehrer gezeigt werden sollte, so kann ein Kind versuchen, die eigene Mimik bewusst zu neutralisieren.

welt vornehmen (Kovacs et al., 2006). Darüber hinaus verfestigen sich die über das Säuglings-, Kleinkind- und Vorschulalter ausgebildeten Regulationsmuster und werden schwerer veränderbar als noch in früheren Jahren (Blandon, Calkins & Keane, 2010). Insgesamt kann also angenommen werden, dass es eine Hauptaufgabe von Kindern im Vorschul- und Schulalter ist, Emotionsregulationsstrategien sowie deren Effektivität in verschiedenen Situationen zu lernen und sich diese langfristig anzueignen; eine optimale Erziehung und unterstützende externale Regulation durch die Eltern in frühesten Lebensjahren sollte diesen Prozess fördern (Morris et al., 2011). Tabelle 1 veranschaulicht die neu erlernten Regulationsstrategien in der mittleren und späten Kindheit. Auf eine altersspezifische Perspektive bei der Aneignung der Regulationsstrategien wurde bewusst verzichtet. In dieser Hinsicht ermöglicht der derzeitige Stand der Forschung keine klaren Angaben über einen normgerechten Entwicklungsverlauf. Bereits im frühesten Säuglings- und Kleinkindalter erworbene Strategien, die nicht nochmals in Tabelle 1 dargestellt werden, können zum Teil dennoch auch im weiteren Entwicklungsverlauf Bestand haben. Zu den weiterhin vorhandenen Regulationsstrategien zählen etwa die Aufmerksamkeitslenkung und -fokussierung, (körperliche) Selbstberuhigungsstrategien (z. B. tiefes Einatmen) sowie nach Außen gerichtete Strategien (z. B. körperliches Ausagieren).

Kapitel 3

Diagnostik der Emotionsregulation

Das Scheitern bei der Aneignung angemessener Regulationsstrategien kann Vorläufer für die Entwicklung psychopathologischer Probleme im späteren Kindes- und Erwachsenenalter sein (z. B. Calkins, Dedmon, Gill, Lomax & Johnson, 2002; Ladouceur et al., 2005) sowie zu Schwierigkeiten der sozialen Kompetenz und der schulischen Anpassung führen (Eisenberg & Fabes, 2006; Graziano et al., 2007). Um derartigen negativen

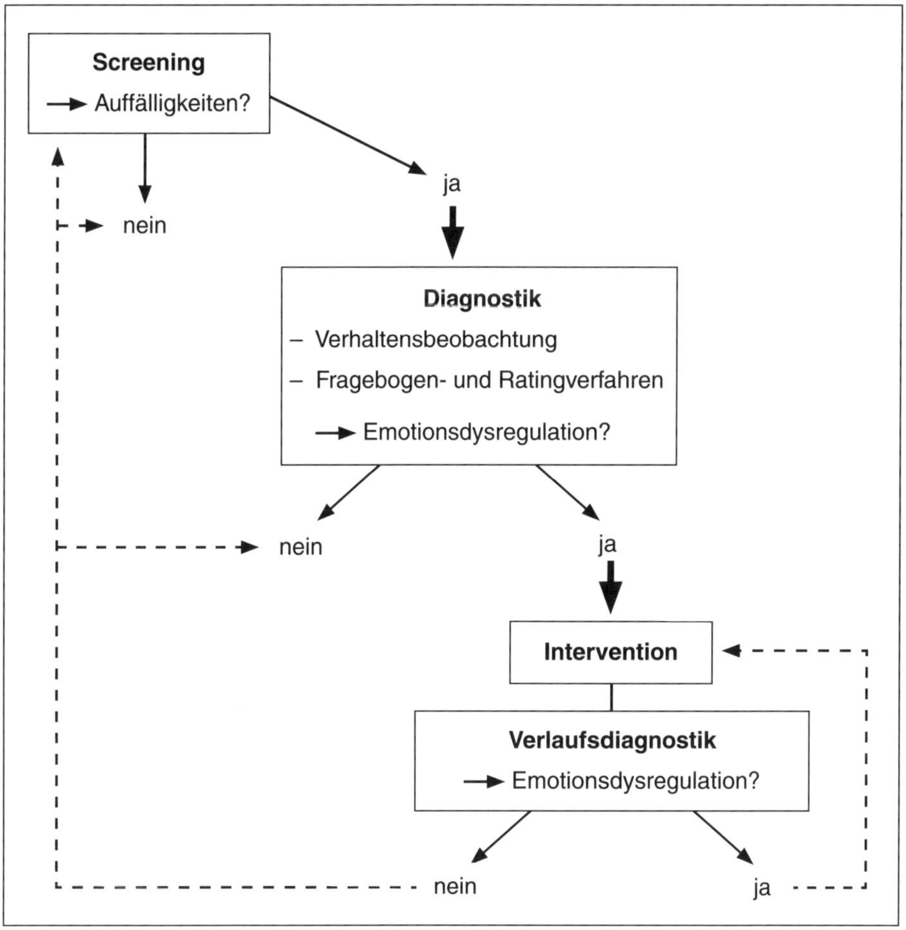

Abbildung 6: Erfassung der Emotionsregulation im diagnostischen Prozess (modifiziert nach Petermann & Wiedebusch, 2008)

Konsequenzen frühzeitig vorzubeugen, ist es wichtig, Emotionsregulationsfähigkeiten als Vorläuferkompetenzen bereits im frühen Kindesalter zu erkennen. Eine Frühdiagnostik ist zudem für gezielte entwicklungsorientierte Therapieansätze entscheidend und bettet sich damit in ein grundlegendes Vorgehen klinisch-psychologischer Diagnostik- und Interventionsprozesse ein (vgl. Abb. 6).

Ganz gezielt widmet sich die Diagnostik in empirischen Studien zur Emotionsregulation insbesondere drei Aspekten, die als zentral für eine effektive Emotionsregulation angenommen werden. Zu diesen zählen:

- der emotionale Ausdruck und dessen Management (z. B. die Hemmung eines unangemessenen Ausdrucks von negativen Emotionen),
- das emotionale Bewusstsein als Fähigkeit, die eigene emotionale Erfahrung zu identifizieren und
- die Emotionsregulationsstrategien, die verwendet werden, um negative wie positive emotionale Erfahrungen effektiv zu beeinflussen (Zeman et al., 2002).

Die zuvor dargestellte entwicklungsspezifische Betrachtung von Emotionsregulation wirkt sich auch auf ihre Erfassung aus. Mit dem Ziel, neue Erkenntnisse über die Funktion der Emotionsregulation im Kindesalter zu gewinnen (Thompson & Meyer, 2007), wird von Erhebungsverfahren gefordert, die Regulationsfähigkeiten von Kindern in verschiedenen Altersabschnitten zu bestimmen. Hier gilt es einen gezielten und gesonderten Blick auf das frühe Säuglings- und Kleinkindalter sowie das mittlere und spätere Kindesalter zu werfen, da sich die methodischen Ansätze deutlich unterscheiden. Während noch im Säuglings- und Kleinkindalter, in dem die jungen Kinder noch keine verlässliche Informationsquelle darstellen (Morris et al., 2011), das Verfahren der systematischen Verhaltensbeobachtung dominiert, kommen im mittleren und späteren Kindesalter hauptsächlich Fragebögen zur Erfassung der Emotionsregulation zum Einsatz, die auf den eigenen Angaben der Kinder oder denen ihrer Eltern bzw. Lehrkräfte basieren.

Eine grundlegend einschränkende Voraussetzung, die es bei der Diagnostik von Emotionsregulation stets zu berücksichtigen gilt, ist, dass Emotionsregulation nur im Falle emotionaler Zustände stattfindet. Dies setzt also voraus, dass ein Kind emotional erregt ist bzw. eine emotionale Erregung erwartet und intendiert, diese Erregung abzuschwächen oder zu verstärken. Befindet sich ein Kind und dessen Mutter beispielsweise in einem Wartezimmer und die Mutter verlässt den Raum, so kann diese Situation das Kind emotional beängstigen oder aber zu keiner emotionalen Reaktion beim Kind führen. Zeigt ein Kind Spielverhalten so kann dies im ersten Fall bedeuten, dass es sich von der Angst abzulenken versucht, im zweiten Fall würde dieses Verhalten jedoch keine Emotionsregulation anzeigen. An dieser Stelle wird daher erneut die Zielorientierung als wichtige Eigenschaft der Emotionsregulation deutlich (Eisenberg & Spinrad, 2004).

3.1 Diagnostik im Säuglings- und Kleinkindalter

Zwei Untersuchungsmethoden finden in der Säuglings- und Kleinkinddiagnostik zur Emotionsregulation Anwendung. Hierzu zählen zum einen das verbreitete Verfahren der systematischen Verhaltensbeobachtung sowie zum anderen die Elternfragebögen (z. B. Hill, Degnan, Calkins & Keane, 2006; Putnam, Gartstein & Rothbart, 2006). Bis dato

Tabelle 2: Erhebungsverfahren zur Erfassung der Emotionsregulation in den ersten drei Lebensjahren

Erhebungsverfahren		Autor, Jahr	Alter der Kinder	Bereich
Beobachtungsverfahren	Emotionsregulationsverhalten: Drei standardisierte Situationen zur Konfrontation mit fremden Personen und neuen Objekten	Glöggler, 2005	30 Monate	Erfassung der Emotionsregulation nach Situationsmanipulation
	Erfassung der globalen Emotionsregulation und einer speziellen Strategie der „Ablenkung“	Hill, Degnan, Calkins & Keane, 2006	24 Monate	Messungen der globalen Regulation sowie der „Ablenkung“ als spezielle Strategie bei Frustrationsaufgaben
	Emotionsregulationsstrategien und Verhalten	Calkins, Smith, Gill & Johnson, 1998	24 Monate	Erfassung der Emotionsregulation: Strategien und Verhaltensweisen
	Erfassung regulatorischen Verhaltens	Calkins, Gill, Johnson & Smith, 1999	24 Monate	Erfassung regulatorischer Verhaltensstrategien während zwei frustrierenden Aufgaben
	Kodierung von Verhaltensstrategien während emotionsauslösenden Situationen	Diener & Mangelsdorf, 1999	18–24 Monate	Erfassung von Verhaltensstrategien im Umgang mit angst- oder ärgerauslösenden Situationen
	Kodierung von Emotionsregulationsstrategien	Bridges, Grolnick & Connell, 1997	12.5–14 Monate	Erfassung von Emotionsregulationsstrategien über verschiedene Kontexte mit Müttern und Vätern
	Kodierschema für Emotionsregulationsstrategien	Mangelsdorf, Shapiro & Marzolf, 1995	6–18 Monate	Erfassung von Emotionsregulationsstrategien; Interaktion mit drei weiblichen Fremden
	Infant Regulatory Scoring System (IRSS; im Still-face-paradigm)	Tronick & Weinberg, 1990; Weinberg & Tronick, 1994	6 Monate	Erfassung von Verhaltensweisen zur emotionalen Selbstregulation

Tabelle 2: (Fortsetzung)

Erhebungsverfahren		Autor, Jahr	Alter der Kinder	Bereich
	Behaviorales Kodieren von Emotionsregulationsstrategien	Haley & Stansbury, 2003	5–6 Monate	Erfassung von Verhaltensweisen, die der Emotionsregulation dienen
	Aufmerksamkeitsregulation in Angst- und Wutsituationen	Braungart-Rieker, Hill-Soderlund & Karrass, 2010	4–16 Monate	Erfassung der Aufmerksamkeitslenkung in drei verschiedenen Situationen
	Erfassung der Emotionsregulation in emotionalen Situationen	Manian & Bornstein, 2009	5 Monate	Erfassung der Emotionsregulation: Kodiersystem basiert auf IRSS und AFFEX
Elternfragebogen	Infant Behavior Questionnaire-Revised (IBQ-R)	Gartstein & Rothbart, 2003	3–12 Monate	Erfassung des Temperaments von Säuglingen. Spezielle Skalen zur teilweisen Erfassung von Emotionsregulation
	Infant-Toddler Social & Emotional Assessment (ITSEA)	Briggs-Gowan & Carter, 1998, 2007	12–36 Monate	Erfassung von sozial-emotionalen Problemen, Verhaltensproblemen und Kompetenzen. Spezieller Problembereich: Dysregulation
	Early Childhood Behavior Questionnaire (ECBQ)	Putnam, Gartstein & Rothbart, 2006	12–36 Monate	Erfassung des Temperaments. Spezieller Problembereich: „Effortful Control“

Anmerkung: AFFEX = System for identifiying affect expression by holistic judgements (Izard & Dougherty, 1980).

existiert eine Vielzahl an empirischen Studien, die unterschiedliche Methoden zur Messung der Emotionsregulation einsetzen. Tabelle 2 stellt die verschiedenen Verfahren zur Erfassung der Emotionsregulation in den ersten Lebensjahren zusammen.

3.1.1 Verhaltensbeobachtung

Studien zur Emotionsregulation im Säuglings- und Kleinkindalter setzen größtenteils die systematische Verhaltensbeobachtung ein; ein voraussetzungsreiches Verfahren, das sich durch einen hohen Grad an Strukturiertheit bewährt hat (Spinath & Becker, 2011) und eine präzise Erfassung von Emotionsregulationsfähigkeiten anstrebt. Kasten 8 veranschaulicht die wichtigsten Kriterien einer systematischen Verhaltensbeobachtung, die diese vom nichtwissenschaftlichen Beobachten unterscheidet.

Kasten 8: Kriterien der systematischen Verhaltensbeobachtung nach Martin und Wawrinowski (2006)

Kriterium 1: Es müssen Verfahrensregeln und Registriertechniken bestimmt werden, um maximale Beobachtergenauigkeit zu gewährleisten. Schließlich ist eine genaue Definition des Auswertungsvorgehens und der verbalen Kodierung der Beobachtungsprotokolle notwendig, indem etwa Videoaufzeichnungen erfolgen. Damit sollte eine maximale Beobachterobjektivität angestrebt werden.

Kriterium 2: Die Beobachtungsinhalte müssen im Sinne der Zielsetzung aussagekräftig sein. Das bedeutet, dass die Beobachtung die Emotionsregulation erfassen soll und nicht etwa nebensächliches Spielverhalten, das ohne die bewusste oder unbewusste Intention zur Regulation emotionaler Erregung stattfindet.

Kriterium 3: Verschiedene Beobachter sollten unter vergleichbaren Bedingungen oder bei der gleichen Person zu identischen Ergebnissen kommen. Die Beobachtungssituation sollte so weit wie möglich standardisiert sein. Schließlich sollte die Reihenfolge und Beziehung einzelner Verhaltensweisen über die Protokolle verschiedener geschulter Beobachter auch im Nachhinein nachvollzogen und eindeutig identifiziert werden können.

In standardisierten Laborsituationen werden die Kinder in Begleitung ihrer Eltern, meist der Mütter, unter der Manipulation verschiedener Emotionen beobachtet. Ein sehr bekanntes Verfahren ist hier das „Frustrationsparadigma“ (vgl. Calkins, Gill, Johnson & Smith, 1999). Mit dem Vorgehen soll Frustration bei Kindern hervorgerufen werden, um so anhand des beobachtbaren Verhaltens deren Regulationsfähigkeiten zu erfassen. Eine der bekanntesten experimentellen Laborsituationen, die emotionale Erregung von Säuglingen intendiert, ist das „Still-face-Paradigma“ von Cohn und Tronick (1983; vgl. Kasten 9). Weitere Ansätze, die durch eine gezielte Situationsmanipulation das Hervorrufen von Wut oder Frustration anstreben, sind der „Strange Approach“ bzw. die „Strange Situation“ (Braungart & Stifter, 1991; Mangelsdorf et al., 1995). Bei dieser Methode werden die Säuglinge und Kleinkinder mit der Interaktion mit einer ihnen fremden Person konfrontiert, wobei eine solche Situation in dieser frühen Lebensphase deutlich Emotionen hervorruft. Alle derartigen Paradigmen führen emotionale Reaktionen mittels geringer oder mittelmäßiger Stressoren hervor, da andernfalls ethische Bedenken auftreten könnten (Hubbard, 2005). Die Verhaltensbeobachtung beginnt schließlich mit dem Eintreten der manipulierten und intendiert emotionsauslösenden Situation.

Kasten 9: Das „Still-face-Paradigma" nach Cohn und Tronick (1983)

Nachdem einige Kodierungssysteme entwickelt wurden, die Verhaltensweisen und Gesichtsausdrücke von Säuglingen zu affektiven Zuständen gruppierten (z.B. Beebe & Gerstman, 1980; Gaensbauer, Mrazek & Emde, 1979), war es möglich, regulatorisches Verhalten bereits in den frühen Lebensmonaten zu beobachten, da Säuglinge schon ab einem Alter von ca. drei Monaten dazu in der Lage sind, in Face-to-face-Situationen mit ihren Müttern verschiedene emotionale Ausdrücke zu zeigen (Fogel et al., 1997).

Das „Still-face-Paradigma" wurde ursprünglich von Cohn und Tronick (1983) entwickelt, um den Effekt eines depressiven mütterlichen Gesichtsausdrucks auf das Verhalten von Säuglingen während einer Face-to-face-Situation systematisch zu beobachten. In der Still-face-Situation wird der mütterliche Gesichtsausdruck daher experimentell manipuliert, indem die Mutter eine teilnahmslose Mimik zeigt und damit ihren Säugling in eine stressige Situation bringt. Cohn und Tronick (1983) waren die ersten, die mit einem systematischen Kodierungssystem eine sequenzielle Technik entwickelt haben, mit der die Struktur des emotionalen Verhaltens in Abhängigkeit vom veränderten Gesichtsausdruck der Mutter erfasst werden konnte. In experimentellen Sequenzen mit normalen Mutter-Kind-Interaktionen sowie simulierten depressiven Interaktionen haben die Autoren zeigen können, dass die Säuglinge der Mütter mit einem simulierten depressiven Ausdruck (das heißt „Still-face") im Vergleich zu einer Kontrollgruppe ganz spezifische negative Reaktionen zeigten (z.B. regulatives Protestverhalten).

Phase 1: normale Mutter-Kind-Interaktion	**Phase 2:** Still-face-Interaktion	**Phase 3:** Wiedervereinigung/ normale Mutter-Kind-Interaktion

Auch Weinberg und Tronick (1994) haben das „Still-face-Paradigma" in ihrer Studie herangezogen, um grundlegende Zusammenhänge zwischen den Modalitäten des Gesichts, der Stimme, der Gestik, der Mimik und dem selbstregulatorischen Verhalten zu untersuchen. Sie wählten dieses Paradigma, um eine Bandbreite an emotionalen Verhaltensweisen bei den Säuglingen auszulösen. Das Verhalten des Kindes wurde mit dem *Infant Regulatory Scoring System* erhoben (IRSS; Tronick & Weinberg, 1990; s. Tab. 3), wobei sich zeigte, dass der emotionale Ausdruck der Säuglinge in einem systematischen Zusammenhang mit dem Verhalten ihrer Mütter stand. Weinberg und Tronick (1994) identifizierten schließlich vier Kategorien von Ausdrucks- und Verhaltensweisen, die unterschiedliche Regulationsstrategien anzeigen: 1. Soziale Zuwendung, 2. Objektzuwendung, 3. passiver Rückzug und 4. aktiver Protest.

Folglich stellt das „Still-face-Paradigma" eine Operationalisierungsmöglichkeit dar, mit der Säuglinge mit alterstypischen Entwicklungsaufgaben (Face-to-face-Interaktionen mit der Mutter), altersangemessenem Stress („Still-face“ der Mutter, die nicht ansprechbar ist) und einer Wiedervereinigungsphase, in der Mutter und Kind wie zuvor normal interagieren, konfrontiert werden können. Das „Still-face-Paradigma“ wird auch in neueren Studien angewendet und liefert wichtige Erkenntnisse zur frühkindlichen Entwicklung des emotionalen Ausdrucks- und Regulationsverhaltens (z. B. Bigelow & Power, 2012). Schließlich lässt sich der Effekt des „Still-face-Paradigmas“ etwa gleichermaßen bei Müttern wie bei Vätern belegen (Braungart-Rieker, Garwood, Powers & Notaro, 1998; Kisilevsky et al., 1998).

Grundsätzlich ist das Vorgehen bei Studien, die auf der Beobachtung von Regulationsstrategien basieren, sehr divergent. Es sind uns keine veröffentlichten Manuale bekannt, die ein einheitliches Vorgehen bei der Verhaltensbeobachtung von Emotionsregulation zugrunde legen oder eine standardisierte Anzahl von Regulationsstrategien definieren. So unterscheiden sich die Studien hinsichtlich der gewählten Zeitintervalle zur Kodierung der Verhaltensweisen, der Anzahl der beobachteten Verhaltensstrategien, der An- oder Abwesenheit von Eltern oder Testleiter sowie der Anzahl an standardisierten Situationen (vgl. Kullik & Petermann, 2011). Im Folgenden sollen exemplarisch drei frühe Ansätze vorgestellt werden, die bis dato als Grundlage systematischer Verhaltensbeobachtungen der Emotionsregulation im Säuglingsalter dienen.

1. Studien von Braungart und Stifter. Eine frühe Studie, auf die sich einige spätere Arbeiten beziehen, stammt von Braungart und Stifter (1991). Sie wählten die „Strange Situation“ als standardisierte Laborsituation, in der die teilnehmenden Säuglinge beobachtet wurden. Die „Strange Situation“ beinhaltete sieben dreiminütige Episoden, die ein erhöhtes Level an emotionaler Erregung bei den Säuglingen hervorrufen sollen (vgl. Kasten 10).

Kasten 10: Die sieben Episoden der „Strange Situation“ nach Braungart und Stifter (1991)

Episode 1:	Mutter und Säugling sind alleine in einem Raum (3 Min.).
Episode 2:	Ein Fremder betritt den Raum, spricht mit der Mutter und spielt mit dem Säugling (3 Min.).
Episode 3:	Während der ersten Trennungsepisode verlässt die Mutter den Raum und lässt ihren Säugling und den Fremden alleine (3 Min.).
Episode 4:	Die Mutter kommt zurück und der Fremde verlässt den Raum (1. Wiedervereinigungsepisode; 3 Min.).
Episode 5:	Die zweite Trennungsepisode beinhaltet, dass die Mutter den Raum verlässt und den Säugling alleine zurücklässt (3 Min.).
Episode 6:	Der Fremde kehrt in den Raum zurück (3 Min.).
Episode 7:	Die zweite Wiedervereinigungsepisode erfolgt und die Mutter kehrt zurück (3 Min.).

Für die Beobachtung der Regulationsstrategien von zwölf Monate alten Kindern, die von einem unabhängigen Beobachter an einem Computer kodiert wurden, kamen Braungart und Stifter (1991) zu einer Liste von zehn regulatorischen Verhaltensweisen, wobei deren genaue Auswahl weitgehend unklar bleibt:

1. Die Umwelt anschauen,
2. die Mutter anschauen,
3. die fremde Person anschauen,
4. die Tür anschauen,
5. die Spielzeuge anschauen,
6. Selbstberuhigung,
7. Spielzeug erkunden,
8. die Nähe zum Fremden suchen,
9. Blickvermeidung von der Mutter und
10. Blickvermeidung vom Fremden.

Auf der Basis von Augenscheinvalidität ordneten Braungart und Stifter (1991) diese Verhaltensweisen vier Kategorien zu:

- der Orientierung zu Menschen,
- der Orientierung zu Objekten,
- selbstberuhigendem Verhalten und
- Spielzeugexploration.

Nur vier Jahre später veröffentlichten die beiden Autorinnen eine Studie, die mehr Aufschluss über die Grundlagen ihres Beobachtungsverfahrens bot. Für ihre Untersuchung verwendeten sie zwei experimentelle Situationen: Zum einen wurde die Prozedur des *Arm Restraint* eingesetzt, bei der den Säuglingen im Alter von fünf Monaten für zwei Minuten die Armbeweglichkeit eingeschränkt wurde, indem deren Mütter diese leicht festhielten. Zum anderen gab es die Aufgabe des *Toy Removal*, bei der die Mütter nach einer kurzen Spielepisode ein attraktives Spielzeug für 90 Sekunden außer Reichweite ihres Kindes hielten. Die während der experimentellen Episoden beobachteten emotionalen Verhaltensweisen wurden aufgrund von Korrelationsanalysen und Augenscheinvalidität ausgewählt. Fünf der zehn zuvor genannten Regulationsverhaltensweisen, die teilweise anders benannt wurden, lassen sich noch vier überarbeiteten Skalen („Vermeidung", „Aufmerksamkeitsstrategien", „selbstberuhigendes Verhalten" und „kommunikatives Verhalten") zuordnen. Insgesamt beobachteten Stifter und Braungart (1995) acht regulatorische Verhaltensweisen (vgl. Kasten 11).

Kasten 11: Die acht Regulationsstrategien nach Stifter und Braungart (1995)

1. Objektorientierung,
2. Orientierung zur Mutter,
3. Orientierung zum Spielzeug,
4. Scan-Verhalten,
5. Fluchtverhalten,
6. nichtnegative Vokalisationen,
7. selbstberuhigendes Verhalten und
8. kommunikative Gestik.

2. Das Infant Regulatory Scoring System (IRSS). Dieses System von Tronick und Weinberg (1990; vgl. Tab. 3) stellt ein Beobachtungsverfahren dar, das noch heute breite und teilweise modifizierte Anwendung findet (Manian & Bornstein, 2009). In experimentellen Situationen wie dem „Still-face-Paradigma“ (vgl. Kasten 9) dient das IRSS damit einer standardisierten Erfassung der regulatorischen Verhaltensweisen von Säuglingen. Die Konstruktion des IRSS basiert nach den Angaben der Autoren auf dem frühen *Modified Monadic Phase Scoring System* (Tronick, Als & Brazelton, 1980). Insgesamt ermöglicht das Verfahren in seiner englischen Version die Kodierung einer Vielzahl von Verhaltensweisen, wie etwa „die Augen schließen“ oder „negative Vokalisation äußern“.

Tabelle 3: Das *Infant Regulatory Scoring System* (IRSS) von Tronick und Weinberg (1990)

Skala/Verhaltenskategorie	Zu kodierende Verhaltensweisen des Säuglings
Mimik/Blickverhalten	– schaut das Gesicht des Erwachsenen an – schaut ein neues Objekt an – schaut das gleiche Objekt an – schaut weg – schließt die Augen
Vokalisation	– neutral/positiv – negativ/meckert – weint
Gestik	– greift mit zwei Händen – greift mit einer Hand – berührt Objekte – lehnt sich vor – stereotypische/andere Gesten
Selbstberuhigung	– berührt sich selbst oral – berührt Objekte oral – berührt die Mutter oral – berührt sich selbst – klatscht – schaukelt/wackelt
Distanz	– zeigt Fluchtverhalten – wölbt sich – drückt oder zieht sich weg – klettert/steigt aus
Automatische Indikatoren	– spuckt – hat Schluckauf – gähnt
Unkodierbar/andere	—

3. Studie zur Darbietung verschiedener emotionaler Reize. Rothbart et al. (1992) präsentierten den Säuglingen in ihrer Studie eine Vielzahl an potenziell emotionsauslösenden Stimuli und nahmen die Reaktionen der Säuglinge dabei auf Video auf. Bei den Reizen handelte es sich etwa um eine läutende Glocke, Masken oder Seifenblasen. Insgesamt gelangen die Autoren in ihrer Arbeit zu acht Regulationsverhaltensweisen (vgl. Kasten 12).

Kasten 12: Die acht Regulationsstrategien nach Rothbart et al. (1992)

1. Aktive Vermeidung,
2. Orientierung zur Mutter,
3. Abwendung der Aufmerksamkeit,
4. Annäherung,
5. Angriff,
6. körperliche Selbststimulation,
7. taktile Selbstberuhigung und
8. Atmung.

Diese Verhaltensweisen zeigen einige Überlappungsbereiche – wenn auch keine vollständige Übereinstimmung – mit dem IRSS von Tronick und Weinberg (1990). Wie genau die Verhaltensweisen bestimmt wurden, bleibt dennoch unklar. Die Autoren verweisen diesbezüglich lediglich auf eine frühere Arbeit (Rothbart & Derryberry, 1981). Trotz bestehender Unklarheiten stützen sich auch neuere Arbeiten auf diese frühe Studie (z. B. Glöggler, 2005).

Zusammenfassung. Die drei ausgewählten Ansätze der Verhaltensbeobachtung von Emotionsregulation im Säuglingsalter bilden neben wenigen anderen (z. B. Eisenberg et al., 1993) die Basis aktueller Studien. Ihnen ist trotz der teilweise sehr unterschiedlichen Erhebungsbereiche, experimentellen Vorgehensweisen und einer nicht eindeutigen Konstruktionsgrundlage ein Set an grundlegenden regulatorischen Verhaltensweisen gemeinsam. Zu diesen übergreifend beobachtbaren Regulationsstrategien zählen insbesondere:

- das Blickverhalten,
- die Aufmerksamkeitslenkung und
- die körperliche Selbstberuhigung.

Aktuelle empirische Studien zur Emotionsregulation im Säuglings- und Kleinkindalter stützen die Konstruktion ihrer Verhaltensbeobachtungssysteme größtenteils auf die frühen Quellen (z. B. Manian & Bornstein, 2009). Diesbezüglich muss jedoch kritisch bemerkt werden, dass ein solches Vorgehen nicht ohne Konsequenzen bleiben kann. So haben sich Calkins et al. (1999) bei der Konstruktion ihres Beobachtungssystems auf frühere Studien gestützt, die entweder deutlich jüngere (Braungart & Stifter, 1991; Stifter & Braungart, 1995) oder ältere Kinder (Eisenberg et al., 1993, 1995; Eisenberg, Fabes, Nyman, Bernzweig & Pinuelas, 1994) untersucht haben. Aufgrund der rasanten Entwicklungen im frühen Kindesalter ist die Gleichsetzung von Regulationsverhaltensweisen über Entwicklungsperioden hinweg jedoch ein Vorgehen, das deutliche Risiken für die Güte und insbesondere die Validität eines Verfahrens birgt.

Bei dem generellen Einsatz von Regulationsskalen wird wie folgt verfahren: Zunächst wird ein Zeitfenster für die Beobachtung bestimmt. Dieses kann deutlich unterschiedlich ausfallen und variiert über verschiedene Studien von ca. sechs (Weinberg & Tronick, 1994) bis hin zu 90 Minuten (Braungart-Rieker, Hill-Soderlund & Karrass, 2010). Ein solch generelles Zeitfenster wird für die Operationalisierung der Verhaltensstrategien weiterhin in feinstufigere formale Segmente untergliedert und so in gleichmäßige Zeitabschnitte aufgeteilt. Beispielsweise kodierten Weinberg und Tronick (1994) in ihrer Studie die Verhaltensweisen in Zeitintervallen von einer Sekunde. Anhand einer meist auf Video aufgezeichneten systematischen Verhaltensbeobachtung werden den Säuglingen dann Emotionsregulationswerte zugewiesen, die personenbezogen interpretiert werden können.

Kritik an der Verhaltensbeobachtung. In der Regel ist es möglich, mit einer Verhaltensbeobachtung die Häufigkeit der gezeigten Verhaltensweisen sowie die Dauer des Verhaltens zu bestimmen. Erfolgt eine kontinuierliche Erfassung dieser beiden Kennwerte, ist das umfassendste Bild mit der Verhaltensbeobachtung gewährleistet (Mangelsdorf et al., 1995; Papoušek, 2000).

Für das Säuglingsalter muss die Kinderpsychologie zukünftig jedoch beachtliche methodische Herausforderungen meistern. Ein ganz entscheidender Kritikpunkt an bisherigen Arbeiten bezieht sich auf die Interpretation der Beobachtungen. Tritt hier eine Regulationsstrategie (z. B. Ablenkung) mit den Indikatoren einer emotionalen Erregung (z. B. im Gesichtsausdruck) gleichzeitig auf, so belegt dies noch nicht, dass die angewandte Strategie in der Tat regulatorisch wirkt. Es kann vielmehr bedeuten, dass diese Indikatoren lediglich eine erhöhte emotionale Intensität anzeigen und damit Teil der Emotion selbst darstellen. Des Weiteren können sie den Versuch der Emotionsregulation abbilden, der sich in Wirklichkeit als nicht effektiv erweist.

Die Studie von Buss und Goldsmith (1998) kann das mögliche Artefakt der Annahme zur Emotionsregulation augenscheinlich aufdecken. Die Autoren haben in ihrer Studie an Säuglingen untersucht, ob der Einsatz von Regulationsstrategien tatsächlich eine Veränderung der emotionalen Intensität herbeiführt. Ein solcher Nachweis konnte in der Studie jedoch nur begrenzt aufgezeigt werden. Die Ergebnisse unterstützen teilweise die Annahme, dass Regulationsstrategien mehr noch eine größere Intensität der emotionalen Reaktion von Angst oder Wut markierten und daher besser als Teil der Emotion selbst anzusehen waren. Derartige Befunde stellen nicht nur die Methode der Verhaltensbeobachtung einer zukünftig zu bewältigenden Aufgabe gegenüber: Der konzeptuellen Trennung von Emotion und Emotionsregulation. Die Studie von Buss und Goldsmith (1998) unterstützt die Annahmen von Campos et al. (2004), die davon ausgehen, dass Emotion und Emotionsregulation Bestandteil des gleichen Sets von Prozessen sind. Hier kehrt die Forschung zu dem grundsätzlichen Problem zur Bestimmung des Konzepts von Emotionsregulation zurück. Bislang liefert jedoch nur die Studie von Buss und Goldsmith (1998) die Möglichkeit, Emotion und Emotionsregulation voneinander zu trennen. Zukünftig wäre es erstrebenswert, derartige Befunde gezielt zu replizieren (Durbin & Shafir, 2008).

Leider kann die Aussagekraft beobachteter Regulationsstrategien bislang noch nicht beurteilt werden; es muss offenbleiben, ob eine solche Erfassung die Definition der Emotionsregulation hinreichend berücksichtigt. Beobachtete Verhaltensänderungen, die den Einfluss der Emotionsregulation spezifizieren, können etwa durch verschiedenste Einflüsse bestimmt sein. Zudem ist es schwierig, emotionale Reaktionen von Emotionsregulationsstrategien im Verhalten zu unterscheiden (Morris et al., 2011; Thompson & Meyer, 2007). Darüber hinaus überprüfen verschiedene Studien nicht die Gültigkeit der Messungen, indem die Verhaltensbeobachtung etwa mit anderen Methoden zur Erfassung der Emotionsregulationsfähigkeiten verglichen wird. Dies kann wohl auch dem Mangel an geeigneten Erfassungsmethoden angelastet werden. Daher fehlen bislang fundierte Aussagen zur Gültigkeit der diagnostischen Verfahren. Hier können nur wenige

Ausnahmen vermerkt werden, wie etwa eine Längsschnittstudie von Braungart-Rieker und Kollegen (2010), die die Objektorientierung (als eine Emotionsregulationsstrategie) als signifikanten Prädiktor für emotionale Reaktivität (als ein indirektes Maß für emotionsreguliertes Verhalten) aufdecken konnten.

3.1.2 Fragebogenverfahren für Eltern

Eine zeit- und kostensparende Alternative zur Verhaltensbeobachtung bilden Fragebogenverfahren für Eltern oder andere Bezugspersonen. Trotz des besonders ökonomischen Vorzugs hat sich dieses Verfahren bislang für das Säuglings- und Kleinkindalter nicht durchsetzen können (vgl. Kullik & Petermann, 2011). Durch die existierenden Fragebogenverfahren wird Emotionsregulation bestenfalls als Teil des Temperaments oder Verhaltens von Kindern erfasst (z. B. Putnam et al., 2006). Das bedeutet, dass die Eltern oder andere Bezugspersonen auf unterschiedlich abgestuften Ratingskalen anhand einzelner Subskalen Aussagen über das Kind treffen. Diese Aussagen beziehen sich generell auf Verhaltensweisen, die nicht lange zurückliegen (Gartstein & Rothbart, 2003), um so mögliche Effekte der sozialen Erwünschtheit durch abstrakte Vergleiche mit anderen Kindern oder auch Erinnerungsfehler ausschließen zu können. Drei Fragebogenverfahren sollen im Folgenden dargestellt werden.

Infant Behavior Questionnaire-Revised (IBQ-R; Gartstein & Rothbart, 2003). Dieses Verfahren erfasst das Temperament eines Kindes. Insgesamt verfügt der leicht modifizierte englischsprachige IBQ-R aktuell über 14 Subskalen bestehend aus 191 Items, die auf einer Sieben-Punkte-Skala zu beantworten sind (1 = „nie", 2 = „sehr selten", 3 = „weniger als die Hälfte der Zeit", 4 = „die Hälfte der Zeit", 5 = „mehr als die Hälfte der Zeit", 6 = „fast immer", 7 = „immer"; Parade & Leerkes, 2008). Da bis heute eine klare Abgrenzung von Temperament und Emotionsregulation nicht eindeutig geklärt ist (vgl. Rothbart & Sheese, 2007), sind nur einige Skalen des Fragebogens für die mehr oder weniger umfassende Erhebung der Emotionsregulation relevant (vgl. Tab. 4).

In einer Validierungsstudie mit 360 Eltern von Säuglingen im Alter von drei bis zwölf Monaten wurden aufgrund der Tatsache, dass sich einige Items im ursprünglichen IBQ (Rothbart, 1981) aufgrund der schnellen Entwicklung der Kinder in diesem frühen Lebensabschnitt nicht für alle Altersabschnitte eignen, drei Altersgruppen gebildet (Gruppe 1: drei bis sechs Monate, Gruppe 2: sechs bis neun Monate und Gruppe 3: neun bis zwölf Monate). Es fand eine rationale Skalenkonstruktion statt, die sich in mehrere Phasen unterteilte. Nach präziser Definition der Dimensionen des Temperaments wurden diesbezüglich konsistente Items konstruiert. Jedes Item wurde von den Autoren erneut hinsichtlich dessen Übereinstimmung mit den Definitionen eingeschätzt und schließlich wurden Items, die zu einem konzeptuellen Überlappen der Dimensionen beitrugen, eliminiert (Gartstein & Rothbart, 2003). Eine zweite Phase der Analyse betrachtete die Übereinstimmung zwischen den Definitionen der Skalen und den Items. Es wurden weitere Items eliminiert, die zu Überlappungen der Skalen führten. Eine Skala wurde entfernt (*Aufmerksamkeitslenkung*) und zwei weitere zusammengefügt (*Angst* und *soziale Angst*). In dieser ersten Konstruktion des IBQ-R gelangen Gartstein und Rothbart (2003) zu einem Item Set von 184 Items.

Tabelle 4: Die 14 Skalen des *Infant Behavior Questionnaire-Revised* (IBQ-R; Gartstein & Rothbart, 2003)

Skalen des IBQ-R	Bedeutung der Skalen
1. Annäherung	Schnelle Annäherung, Aufregung und positive Antizipation freudiger Ereignisse.
2. Vokale Reaktivität	Ausmaß der Vokalisation, die ein Säugling in alltäglichen Aktivitäten zeigt.
3. Freude bei hoch intensiven Reizen	Freude und Vergnügen in Beziehung zu hoher Reizintensität, -rate, -komplexität, -neuheit und -inkongruenz.
4. Lächeln und Lachen	Lächeln und Lachen während genereller elterlicher Fürsorge und Spiel.
5. Aktivitätsniveau	Gesamtmotorische Aktivität, die die Bewegung der Arme und Beine, körperliche Drehungen und lokomotorische Aktivität beinhaltet.
6. Wahrnehmungssensitivität	Bemerken von leichten, wenig intensiven Umweltreizen.
7. Traurigkeit	Gesenkte Stimmung und Aktivität in Bezug zu persönlichem Leid, physischem Zustand, Objektverlust oder der Unfähigkeit, ein erwünschtes Verhalten zu zeigen; generell gesenkte Stimmung.
8. Distress bei Einschränkungen/Grenzen	Lärmen, Weinen oder Ausdruck von Distress während (a) dem Verbleib in einem einschränkenden Platz/einer einschränkenden Position; (b) Aktivitäten mit Erziehungspersonen; (c) der Unfähigkeit, ein gewünschtes Verhalten zu zeigen.
9. Angst	Aufschrecken oder Distress bei plötzlichen Veränderungen der Stimulation, neuen physischen Objekten oder sozialen Reizen; gehemmte Annäherung an neue Reize.
10. Erholungsrate bei Distress	Rate der Erholung vom höchsten Distress, Aufregung und genereller Erregung; Leichtigkeit einzuschlafen.
11. Freude bei gering intensiven Reizen	Ausmaß der Freude/des Vergnügens in Bezug zu einer geringen Reizintensität, -rate, -komplexität,-neuheit und -inkongruenz.
12. Anschmiegsamkeit	Ausdruck der Freude und Formung des Körpers, um von einer Bezugsperson gehalten zu werden.
13. Dauer der Orientierung	Aufmerksamkeit auf ein/oder Interaktion mit einem einzigen Objekt über eine ausgedehnte Zeitperiode.
14. Beruhigbarkeit	Reduktion des Lärmens, Weinens oder Distress, wenn Beruhigungstechniken von einer Bezugsperson angewendet werden.

Unter anderem konnte ein Faktor gefunden werden, der als *Orientierung/Regulation* benannt wurde. Diesem Faktor wurden die folgenden vier Subskalen zugeordnet:

- *Freude bei gering intensiven Reizen* (13 Items),
- *Anschmiegsamkeit* (17 Items),
- *Dauer der Orientierung* (12 Items), und
- *Beruhigbarkeit* (11 Items; Gartstein & Rothbart, 2003).

Tabelle 5 (s. S. 58) präsentiert ein Beispielitem und informiert über die psychometrischen Eigenschaften dieses Faktors und seiner Skalen.

Infant-Toddler Social & Emotional Assessment (ITSEA; Briggs-Gowan & Carter, 1998). Dieser Elternfragebogen ermöglicht die Erhebung sozial-emotionaler Probleme, Verhaltensprobleme und Kompetenzen im Alter von zwölf bis 36 Monaten. Insgesamt umfasst der ITSEA 16 Subskalen bestehend aus 107 Items (Kurzversion: Brief-ITSEA, Screening mit 42 Items). Neuere Untersuchungen kommen zu einem überarbeiteten Set von 169 Items, die sich 17 Skalen zuordnen lassen (Briggs-Gowan & Carter, 2007; vgl. Kasten 13), wobei nach eigenen Angaben der Autorinnen die aktuell veröffentlichte Version wiederum 166 Items umfasst. Die Items werden auf einer Drei-Punkte-Skala beantwortet (0 = „trifft nicht zu/ selten“, 1 = „trifft etwas zu/ manchmal“, 2 = „trifft zu/ oft“). Die Gesamtbearbeitungszeit des Fragebogens nimmt laut Autoren ca. 30 Minuten in Anspruch (Briggs-Gowan & Carter, 2007).

Kasten 13: Die Skalen des *Infant-Toddler Social & Emotional Assessment* (ITSEA; Briggs-Gowan & Carter, 1998)

1. Depression/Rückzug,
2. generelle Angst,
3. Hemmung gegenüber Neuem,
4. Trennungs-Distress,
5. Aktivität/Impulsivität,
6. Aggression/Trotz,
7. Aggression gegenüber Gleichaltrigen,
8. Essprobleme,
9. Schlafprobleme,
10. negative Emotionalität,
11. sensorische Sensibilität,
12. Aufmerksamkeit,
13. Folgsamkeit,
14. Empathie,
15. Imitation/Spiel,
16. Machtmotivation,
17. prosoziale Beziehungen zu Gleichaltrigen.

Die Konstruktion des Fragebogens erfolgte rational und basiert auf unterschiedlichsten Literaturquellen und Beobachtungen. Ein anfängliches Set von 200 Items wurde von einem Gremium aus 15 Experten aus den Bereichen psychischer Gesundheit von Säuglingen sowie kindlicher Entwicklung hinsichtlich ihrer Aussagekraft eingeschätzt (Briggs-Gowan & Carter, 1998). Schließlich lagen 214 Elternfragebögen für eine erste

Validierungsstudie der Autorinnen vor. Eine Faktorenanalyse zeigte hier 16 Skalen, die schließlich in einem weiteren Schritt vier globalen Faktoren zuzuordnen waren: *Externalisierend*, *Internalisierend*, *Dysregulierend* sowie einem *Kompetenz*-Faktor (Briggs-Gowan & Carter, 1998).

Der für die Emotionsregulation relevante Problembereich der *Dysregulation* erfasst nach eigenen Angaben der Autorinnen Symptome bezüglich verschiedener Ess- und Schlafprobleme, negativer Emotionalität und sensorischer Aktivitäten. Der Faktor ermöglicht schließlich die Abdeckung von Symptomen, die in den Kriterien für Regulationsstörungen im Klassifikationssystem Zero-to-Three (DC: 0-3R; Zero To Three, 2005) bestehen, wie etwa Schlaf- und Fütter- sowie Regulationsstörungen, die Probleme der Stimmungsregulation beinhalten. Der Faktor *Dysregulation* besteht aus den Subskalen *Schlafprobleme* (sieben Items) und *Essprobleme* (vier Items; Briggs-Gowan & Carter, 1998). In neueren Analysen ergänzen sich diese beiden Skalen um zwei Items bzw. ein Item und es ordnen sich zwei weitere Skalen dem Faktor *Dysregulation* zu: *negative Emotionalität* (13 Items) und *sensorische Sensibilität* (sieben Items; Briggs-Gowan & Carter, 2007). Tabelle 5 veranschaulicht weitere Angaben zu den psychometrischen Eigenschaften des Faktors *Dysregulation*. Zusätzlich zu den klassischen psychometrischen Gütekriterien des Inventars wurde dessen Akzeptanz differenziert erhoben. Insgesamt fällt diese deutlich positiv aus, so berichten beispielsweise 94.4 % bzw. 96.9 % der Eltern eine positive Stimmung während der Beantwortung des ITSEA (Briggs-Gowan & Carter, 1998, 2007).

Early Childhood Behavior Questionnaire (ECBQ; Putnam et al., 2006). Dieser Fragebogen stellt einen weiteren Elternfragebogen dar, der vorgibt, das Temperament im Klein-

Kasten 14: Die 18 Skalen des *Early Childhood Behavior Questionnaire* (ECBQ; Putnam et al., 2006)

1. Unbehagen,
2. Angst,
3. motorische Aktivierung,
4. Traurigkeit,
5. Wahrnehmungssensibilität,
6. Schüchternheit,
7. Beruhigbarkeit,
8. Frustration,
9. Impulsivität,
10. Aktivitätsniveau,
11. Freude bei hoch intensiven Reizen,
12. Geselligkeit,
13. positive Antizipation,
14. inhibitorische Kontrolle,
15. Aufmerksamkeitslenkung,
16. Freude bei gering intensiven Reizen,
17. Anschmiegsamkeit,
18. Aufmerksamkeitsfokussierung.

Tabelle 5: Skalen der Elternfragebögen zur Erfassung der Emotionsregulation im Säuglings- und Kleinkindalter und ihre psychometrischen Eigenschaften

Inventar	Faktor/Items/ Skalen	Beispiel	Stich-proben-größe (N)	Reliabilität	Validität
IBQ-R (Gartstein & Rothbart, 2003; Parade & Leerkes, 2008)	*Orienting/Regulation* (2003: 53 Items; vier Skalen; 2008: vier Skalen)	„Wie oft hat Ihr Baby während der letzten Woche ein Fahrzeug, ein Flugzeug oder ein Bild für länger als 5 Minuten angestarrt?“	2003: 360 2008: 194	2003: Interne Konsistenz: α = .77–.87 (über die drei Altersgruppen) Inter-Rater-Übereinstimmung (N = 26): .31 (für keine der vier Skalen signifikant) 2008: Interne Konsistenz: α = .74–.88 (für Mütter) und α = .73–.82 (für Väter)	2003: – Diskriminante Validität → Korrelationen der Subskalen berichtet – Signifikante Alterseffekte für drei der vier Subskalen gezeigt 2008: – Kriteriumsvalidität: keine bis geringe Korrelationen des IBQ-R mit Verhaltensbeobachtungen von Angst und Wut
ITSEA (Briggs-Gowan & Carter, 1998; 2007)	*Dysregulierend* (1998: zwei Skalen; elf Items; 2007: 4 Skalen; 34 Items)	„Wacht schreiend auf und reagiert einige Minuten nicht auf Sie (nächtliches Aufschrecken)“	1998: 214	1998: Test-Retest (zwei Wochen): r = .75–.91 Test-Retest (ein Jahr): r = .24–.67 Interne Konsistenz: α = .78; Itemladungen: r = .35–.51	1998: – Beide Subskalen korrelieren signifikant miteinander ($r = .34$, $p < .001$) und nur gering mit Subskalen anderer Faktoren – mittlere Korrelationen mit der *Difficult Child Domain* des PSI ($r = .36$, $p < .001$; $r = .20$, $p < .01$) – mittlere Korrelation mit der Skala *Emotionality* des CCTI ($r = .27$, $p < .001$)

Tabelle 5: (Fortsetzung)

Inventar	Faktor/Items/ Skalen	Beispiel	Stichprobengröße (N)	Reliabilität	Validität
			2007: 192	2007: Interne Konsistenz $\alpha = .87$ Itemladungen: $r = .16–.71$	– mittlere Korrelation mit der Skala *Externalisierend* der CBCL 2/3 ($r = .27$, $p < .01$) 2007: – geringe bis hohe Korrelationen mit anderen Skalen des ITSEA und BITSEA ($r = -.17–.81$) – Hohe Korrelationen mit Skalen der CBCL 1 ½–5 (Achenbach & Rescorla, 2000; $r = .49–.58$, $p < .001$) – Hohe Korrelation mit der *Difficult Child Domain* des PSI ($r = .58$, $p < .001$) – geringe bis hohe Korrelationen mit *Evaluator ratings of Child Problems and Competencies* ($r = .18–.45$)
ECBQ (Putnam, Gartstein & Rothbart, 2006)	*Effortful Control* (fünf Skalen; 59 Items)	„Wenn sich Ihrem Kind eine fremde Person auf einem öffentlichen Platz annäherte (z.B. im Lebensmittelgeschäft), wie oft ist es dabei ruhig geblieben?“	Querschnitt: 317 Längsschnitt: 165	Interne Konsistenz $\alpha = .62–.90$ Inter-Rater-Übereinstimmung: .36, $p < .01$	– Stabilität: .56–.75, $p < .01$ (primäre Bezugspersonen) und .51–.77, $p < .05$ (sekundäre Bezugspersonen) – Alters- und Geschlechtseffekte der Beurteilungen der primären und der sekundären Bezugspersonen

Anmerkungen: PSI = *Parenting Stress Index* (Abidin, 1990); CCTI = *Colorado Child Temperament Inventory* (Rowe & Plomin, 1977); CBCL = *Child Behavior Checklist 2/3* (Achenbach, Edelbrock & Howell, 1987); *Evaluator Ratings of Child Problems and Competencies* (Carter, Briggs-Gowan, Jones & Little, 2003)

kindalter von ein bis drei Jahren zu erfassen. Der Fragebogen besteht aus 18 Skalen mit 201 Items, die teilweise an den *Child Behavior Questionnaire* (CBQ; Rothbart, Ahadi, Hersey & Fisher, 2001) und den IBQ-R (Gartstein & Rothbart, 2003) angelehnt sind (vgl. Kasten 14). Insgesamt bezieht sich der Fragebogen mit seinen 18 Skalen auf Beobachtungen der letzten zwei Wochen.

Wie schon beim IBQ-R (Gartstein & Rothbart, 2003) berichtet, so wurden auch hier Items gesammelt, die die Aspekte des Temperaments präzise erfassen. Eine erste Itemauswahl fand nach einem erstmaligen Einsatz in einer Stichprobe von Eltern und deren Säuglingen statt. Mit dieser Zusammenstellung erfolgte dann eine Faktorenanalyse, um die Zusammenhänge der 18 Skalen des ECBQ aufzudecken. Drei Faktoren konnten auf diese Weise bestimmt werden, wobei der Faktor *Effortful Control* von besonderem Interesse für die Emotionsregulation im frühen Säuglings- und Kindesalter erscheint. Dieser Faktor umfasste die Skalen *Inhibitorische Kontrolle*, *Aufmerksamkeitslenkung*, *Freude bei gering intensiven Reizen*, *Anschmiegsamkeit* und *Aufmerksamkeitsfokussierung*. Insgesamt zeigte der Faktor eine Varianzaufklärung von 21 % und 17 % in zwei unabhängigen Stichproben. Tabelle 5 stellt die wichtigsten psychometrischen Kennwerte des Faktors *Effortful Control* dar.

Zusammenfassung. Fragebogenverfahren für Eltern zur Erfassung kindlicher Emotionsregulationsfähigkeiten stellen eine deutlich kosten- und zeitökonomische Alternative zur Verhaltensbeobachtung dar. Bereits in vergangenen Studien konnte gezeigt werden, dass die Eltern eine reliable Informationsquelle darstellen (Shields & Cicchetti, 1998, 2001). Allerdings beinhaltet auch dieses Verfahren einen Rückgriff auf die externalen Aspekte der Emotionsregulation, wie etwa den Emotionsausdruck. Internale, subjektive Regulationsprozesse müssen nach wie vor vernachlässigt werden (Betts, Gullone & Allen, 2009). Darüber hinaus mangelt es an spezifischen Fragebogenverfahren, die die Emotionsregulation von Säuglingen ganz gezielt erfragen. Lediglich einzelne Subskalen bestehender Fragebögen ermöglichen eine teilweise Erfassung regulationsrelevanter Items.

3.2 Diagnostik im Kindesalter

In der Klinischen Kinderpsychologie besteht keine eindeutige Präferenz, welche die beste Methode darstellt, um Emotionsregulationsfähigkeiten in verschiedenen Phasen des Kindesalters zu erfassen (Cole et al., 2004; Morris, Silk, Steinberg, Myers & Robinson, 2007). Trotz der zentralen Bedeutung der Emotionsregulation für eine gesunde Entwicklung, hat sich die Forschung bis dato vorwiegend auf die Entwicklungsperioden des Säuglings- und frühen Kindesalters konzentriert (Jaffe, Gullone & Hughes, 2010). Diese Entwicklungsperiode markiert die Zeit, in der Temperament, Reifungsprozesse und soziale Faktoren die Grundlage für die beobachtbaren individuellen Unterschiede bilden, die die Entwicklung der Regulationsfähigkeiten beeinflussen (Gullone & Taffe, 2011). Obwohl dieser Forschungsfokus wichtige Erkenntnisse zum Konzept der Emotionsregulation erbracht hat und immer noch liefert (vgl. Adrian, Zeman & Veits, 2011), ist er dennoch auf die Aspekte der externalen und verhaltensbezogenen Emotionsregulation eingegrenzt (Gullone & Taffe, 2011). Die Jahre der mittleren Kindheit wurden in den frühen Untersuchungen mehr oder minder vernachlässigt, sodass ein Mangel an

Tabelle 6: Erhebungsverfahren zur Emotionsregulation im Kindesalter

Erhebungsverfahren		Autor, Jahr	Alter der Kinder	Bereich
Verhaltensbeobachtung	Frustrationsregulation	Stansbury & Sigma, 2000	ca. 3–4 Jahre	Beobachtung der kindbezogenen Emotionsregulation und der externalen Regulation durch die Mutter
	Emotionsregulationsbeobachtung	Shields, Cicchetti & Ryan, 1994	ca. 6–12 Jahre	Beobachtung angemessener und unangemessener Emotionsregulation
	Emotionsregulationsmuster (EPMR)	Maughan, Cicchetti, Toth & Rogosch, 2007	ca. 4 Jahre	Messung spezifischer Emotionsregulationsmuster, die die kindbezogenen Regulationsfähigkeiten widerspiegeln
Fragebogenverfahren – Selbstbericht	Children's Emotion Management Scale: Sadness and Anger (CEMS; CSMS; CAMS)	Zeman, Shipman & Penza-Clyve, 2001	ca. 9–11 Jahre	Erfasst den kindbezogenen Umgang mit emotionalen Erfahrungen von Traurigkeit und Wut
	Children's Worry Management Scale (CWMS)	Zeman, Cassano, Suveg & Shipman, 2010	ca. 6–12 Jahre	Messung des kindbezogenen Umgangs mit Sorgen
	Emotion Regulation Questionnaire for Children and Adolescents (ERQ-CA)	Gullone & Taffe, 2011	ca. 9–18 Jahre	Erhebung der Emotionsregulationsstrategien der kognitiven Neubewertung und der Unterdrückung des Emotionsausdrucks
	Fragebogen zu den kindlichen Ärgerregulierungsstrategien (KÄRST)	Von Salisch & Pfeiffer, 1998; von Salisch, 2000	ca. 6–10 Jahre	Untersuchung der Strategien der Regulation von Wut auf eine/n bestimmte/n Gleichaltrige/n
	Emotion Dysregulation Scale for Children (EDS-C)	Morrongiello, Kane, McArthur & Bell, 2012	ca. 8–10 Jahre	Messung der Emotionsdysregulation
	Cognitive Emotion Regulation Questionnaire – kids Version (CERQ-k)	Garnefski, Rieffe, Jellesma, Terwogt & Kraaij, 2007	ca. 9–11 Jahre	Untersuchung kognitiver Emotionsregulationsstrategien

Tabelle 6: (Fortsetzung)

Erhebungsverfahren		Autor, Jahr	Alter der Kinder	Bereich
	Emotion Regulation Index for Children and Adolescents (ERICA)	MacDermott, Gullone, Allen, King & Tonge, 2010	ca. 9–16 Jahre	Messung der wichtigen Emotionsregulationsfähigkeiten
	Emotion Expression Scale for Children (EESC)	Penza-Clyve & Zeman, 2002	ca. 9–12 Jahre	Erfasst das Fehlen von emotionalem Bewusstsein und von Motivation, negative Emotionen auszudrücken
Fragebogenverfahren – Fremdbericht	Emotion Regulation Checklist (ERC)	Shields & Cicchetti, 1997	ca. 6–12 Jahre	Erfassung der kindbezogenen Selbstregulation: affektive Labilität, Intensität, Valenz, Flexibilität, Situationsangemessenheit, Empathie und emotionales Bewusstsein
	Parent Version: Children's Emotion Management Scale: Sadness and Anger (CEMS; CSMS; CAMS)	Zeman, Shipman & Penza-Clyve, 2001	ca. 9–11 Jahre	Erfasst den kindbezogenen Umgang mit emotionalen Erfahrungen von Traurigkeit und Wut aus Sicht der Eltern
Interviewverfahren	Emotion Management Interview – Child Version (EMI-C)	Shipman & Zeman, 2001	ca. 5–12 Jahre	Erfasst die Emotionsregulation und die Erwartung des Kindes, welche Reaktion die Mutter auf den kindbezogenen Emotionsausdruck zeigt
	Affect Regulation Interview (ARI)	Zeman & Garber, 1996	ca. 6–12 Jahre	Untersucht die kindbezogenen Entscheidungen, die eigenen Emotionen auszudrücken oder zu regulieren
	Emotion Regulation Interview (ERI)	Suveg & Zeman, 2004	ca. 8–12 Jahre	Messung der Emotionsregulation anhand von Fallvignetten
	Abner Emotions Interview	Kidwell, Young, Hinkle, Ratliff, Marcum & Martin, 2010	ca. 4 Jahre	Erhebung der emotionalen Fähigkeiten zur Emotionsregulation und zum emotionalen Verständnis

validen altersangemessenen Erhebungsverfahren verzeichnet wurde (Gullone & Taffe, 2011). Dieser Tatbestand wurde als problematisch angesehen, da sich gerade in dieser Phase kognitive, soziale und emotionale Fähigkeiten entwickeln (Cole, Michel & Teti, 1994; Gross & Munoz, 1995). In jüngster Forschung lässt sich jedoch ein zunehmender Einsatz von Messverfahren verzeichnen, die gezielt für die Erhebung der Emotionsregulationsfähigkeiten im mittleren und späten Kindesalter entwickelt wurden.

Bei den spezifischen Verfahren für das mittlere Kindesalter dominieren Fragebogen- und Beurteilungsverfahren. So hat sich etwa die *Emotion Regulation Checklist* (ERC; Shields & Cicchetti, 1997) als Fremdbeurteilungsverfahren bis dato in vielen Studien durchgesetzt (z. B. Batum & Yagmurlu, 2007; Blandon, Calkins & Keane, 2010; Flanders et al., 2010). Tabelle 6 gibt eine Übersicht zu den derzeit am häufigsten eingesetzten Verfahren im mittleren und späten Kindesalter.

3.2.1 Verhaltensbeobachtung

Mit zunehmendem Alter nimmt der Einsatz systematischer Verhaltensbeobachtungsverfahren (vgl. Kap. 3.1.1) deutlich ab. Es existieren nur wenige Verfahren, die über das Kleinkindalter hinaus die Verhaltensbeobachtung einsetzen.

Beobachtung von Emotionsregulationsmustern (EPMRs; Maughan, Cicchetti, Toth & Rogosch, 2007). In einer Längsschnittstudie von Maughan et al. (2007) mit Vierjährigen und deren Müttern wurde die Methode der Verhaltensbeobachtung herangezogen. Auf diese Weise sollten die Effekte mütterlicher Depressivität auf die kindlichen Emotionsregulationsfähigkeiten untersucht werden. Die Kinder im Alter von vier Jahren wurden dazu einer experimentellen Situation ausgesetzt, in der Wut zwischen Erwachsenen simuliert wurde. Diese Situation diente der Beobachtung der emotionalen Reaktionen und Regulationsstrategien der Kinder. Die Emotionsregulationsmuster (EMPRs) wurden auf Video aufgenommen und in Anlehnung an Cummings (1987) Klassifikationssystem kodiert. Dieses Klassifikationssystem beinhaltete, dass zunächst 16 diskrete emotionale Verhaltensreaktionen (z. B. Weinen, verbale Aggression oder Lächeln) kodiert wurden; anhand dieser emotionalen Reaktionen wurden anschließend drei Aspekte der Emotionsregulation kodiert:

- Latenz zum Einsetzen der emotionalen Reaktivität,
- Anstiegszeit bis zum Höhepunkt der emotionalen Erregung und
- verbale Regulation der Emotionen.

Zuletzt wurden die Videos ein zweites Mal angeschaut, um die kindbezogenen Regulationsprofile zu erfassen, indem die emotionale Reaktivität und die selbstregulatorischen Fähigkeiten vor, während und nach der Wutäußerung bewertet wurden. Schließlich wurden die Kinder anhand von drei EPMRs klassifiziert:

- adaptive Regulation,
- unterkontrollierte Regulation und
- überkontrollierte Regulation.

Maughan et al. (2007) konnten unter anderem in ihrer Studie zeigen, dass nahezu 73 % der Kinder von Müttern mit früh eingetretener Depression längsschnittlich dysfunktionale Emotionsregulationsmuster aufwiesen im Vergleich zu 43 % der Kinder von Müttern ohne Depression.

Beobachtung der Frustrationsregulation (Stansbury & Sigma, 2000). Auch Stansbury und Sigma (2000) untersuchten in ihrer Studie die Emotionsregulation von jungen Kindern im Alter zwischen drei und vier Jahren. Sie wählten zwei Frustrationssituationen im Kontext einer Eltern-Kind-Interaktion, um emotionale Reaktionen bei den Kindern hervorzurufen:

- eine zeitbegrenzte Aufgabe, etwas aufzuräumen bzw. zu gehorchen und
- eine Situation, in der die Kinder eine Süßigkeit vom Studienleiter erhielten, die Mutter es aber verbot, diese Süßigkeit zu essen.

Beide Situationen wurden systematisch beobachtet und auf Video aufgezeichnet, wobei das Material vollständig transkribiert wurde. Schließlich verwendeten die Autoren vier Kategorien, in die sich die beobachteten Verhaltensweisen der Kinder und der Eltern einordnen ließen (vgl. Tab. 7).

Insgesamt konnten die Autoren die Regulationsstrategien bereits im frühen Alter von drei Jahren nachweisen. So zeigten etwa 84 % der Dreijährigen bereits Strategien der Ablenkung und 79 % kognitive Regulation, auch wenn diese nicht häufig auftrat (Stansbury & Sigma, 2000).

Beobachtung der Emotionsregulation (Shields, Cicchetti & Ryan, 1994). Die Beobachtung fand während zwei semistrukturierten Spielsituationen statt. Während dieser Situationen nahmen die Kinder an Freizeitaktivitäten mit Gleichaltrigen und Autoritätspersonen teil, wobei die Kinder die Spielsituation oft selbst bestimmen konnten. Es wurden keine spezifischen sozialen oder emotionalen Anforderungen gestellt. Der affektive Ausdruck jedes Kindes wurde in drei zehnminütigen Perioden beobachtet, während denen der emotionale Gesichtsausdruck, Tonfall und Körperhaltung hinsichtlich ihrer Valenz, Intensität, Flexibilität und situationsbezogener Empfindlichkeit beurteilt wurden. Der emotionale Ausdruck wurde dahingehend beurteilt, ob er der Situation angemessen oder unangemessen war. Ein Emotionsregulations-Beobachtungskennwert wurde letztendlich wie folgt berechnet:

- Es wurden die Mittelwerte für sieben Kategorien des Emotionsausdrucks über die drei Beobachtungsperioden berechnet.
- Zudem wurden Mittelwerte aller angemessenen sowie unangemessenen affektiven Ausdrücke jeweils summiert.
- Die Summe des Wertes der unangemessenen Ausdrücke wurde dann von der Summe der Werte der angemessenen Ausdrücke subtrahiert. Dies bildete den Gesamtwert zur Kennzeichnung der Emotionsregulation.

Höhere Werte bei der Emotionsregulation zeigten eine angemessenere Selbstregulation an. Unter anderem besteht ein enger Zusammenhang mit anderen Beurteilungsratings der Emotionsregulation (Shields & Cicchetti, 1997).

Zusammenfassung. Die Methode der systematischen Verhaltensbeobachtung ist für die Erfassung der Emotionsregulation von großer Bedeutung, da sie einem ganz entscheidenden Nachteil von Selbstberichtsverfahren entgegentreten kann: Der Entwicklungsstand eines Kindes ist auch nach dem Säuglings- und Kleinkindalter entscheidend

Tabelle 7: Kategorien und Codes der Emotionsregulation nach Stansbury und Sigma (2000)

Beispiele für Regulationsstrategien und Kategorien der Kinder	Kategorie 1: Selbstberuhigung	– Kind sucht die Beruhigung durch den Elternteil. – Kind verwendet oder fordert Lieblingsspielzeug/-objekt. – Kind umarmt oder tätschelt sich selbst oder nuckelt am Daumen.
	Kategorie 2: Instrumentelle Regulation	– Kind drückt (erneut) eine Forderung aus. – Kind widerspricht den Begründungen der Mutter. – Kind wirft Begründungen auf, warum die Mutter die Forderung erlauben sollte. – Kind bekommt das gewünschte Objekt oder zeigt das gewünschte Verhalten.
	Kategorie 3: Ablenkung	– Kind fängt alternative Aktivität an, oder nimmt an einer teil.
	Kategorie 4: Kognitive Regulation	– Kind fragt nach Erklärungen für die verneinte Forderung. – Kind handelt oder geht Kompromisse ein. – Kind definiert die Situation neu.
Beispiele für Regulationsstrategien und Kategorien des Elternteils	Kategorie 1: Beruhigung	– Mutter beruhigt das Kind physisch. – Mutter beruhigt das Kind verbal.
	Kategorie 2: Instrumentelle Regulation	– Mutter gibt den Forderungen des Kindes nach. – Mutter schlägt Wege vor, die Situation zu korrigieren. – Mutter handelt oder geht Kompromisse ein.
	Kategorie 3: Ablenkung	– Mutter lenkt das Kind hin zu alternativen Aktivitäten.
	Kategorie 4: Kognitive Regulation	– Mutter begründet, warum sie die Forderung des Kindes ablehnt. – Mutter droht dem Kind mit schlimmen Folgen. – Mutter lenkt das Kind hin zu einer Neudefinition der Situation. – Mutter bemerkt ihre eigene Autorität oder die des Studienleiters.

dafür, ob ein Kind in der Lage ist, den eigenen emotionalen Zustand genau zu berichten (Kazdin & Weisz, 2003). Hinsichtlich des Entwicklungsstandes ist bis in die mittlere Kindheit die Verhaltensbeobachtung wohl als „Gold-Standard" bei der methodischen Erfassung zu betrachten (vgl. Jacob, Thomassin, Morelen & Suveg, 2011).

3.2.2 Fragebogenverfahren: Selbstratings

Verfügen die Kinder über hinreichende Lese- und Rechtschreibfähigkeiten, so sind Fragebogenverfahren das Mittel der Wahl, insbesondere wenn es um die Erfassung von kognitiven Strategien geht.

Children's Emotion Management Scale: Sadness and Anger (CEMS; Zeman et al., 2001). Der CEMS stellt einen Fragebogen zur Erhebung der adaptiven Methoden des Emotionsmanagements dar. Der CEMS verfügt über zwei Skalen, die sich jeweils auf eine spezifische Emotion beziehen: Die *Children's Sadness Management Scale* (CSMS) und die *Children's Anger Management Scale* (CAMS). Der Fragebogen erfasst den Umgang eines Kindes mit den Emotionen *Traurigkeit* und *Wut* im Selbstbericht, wobei die Kinder zwölf Items zum Management ihrer Traurigkeit und elf Items zu ihrem Umgang mit Wut beantworten. Diese Antworten geben sie auf einer Drei-Punkte Skala (eins = „so gut wie nie", zwei = „manchmal" und drei = „oft"). CSMS und CAMS sind jeweils in drei Skalen untergliedert: *Hemmung, dysregulierter Ausdruck* und *Emotionsregulations-Coping* (vgl. Tab. 8).

Alle Skalen der CEMS zeigen moderate bis gute Reliabilitätswerte. Ferner konnten für die Skalen signifikante Korrelationen zu anderen Verfahren bestimmt werden, mit denen

Tabelle 8: Die drei Skalen der *Children's Emotion Management Scale: Sadness and Anger* (CEMS; Penza-Clyve & Zeman, 2002; Zeman et al., 2001, 2002)

Skala	Beschreibung	Beispiel
Hemmung	Beschreibt die Unterdrückung oder Maskierung des Emotionsausdrucks; d.h. ein Nach-Innen-Richten der Emotion (jeweils vier Items).	*CSMS:* – „Ich behalte meine Traurigkeit für mich." *CAMS:* – „Ich bin innerlich wütend, zeige es aber nicht nach außen."
Dysregulierter Ausdruck	Erfasst den kulturell unangemessenen und nichtkonstruktiven Emotionsausdruck (jeweils drei Items).	*CSMS:* – „Wenn ich traurig bin, höre ich nicht auf zu weinen." *CAMS:* – „Wenn ich wütend bin, sage ich fiese Dinge zu anderen."
Emotions-regulations-Coping	Misst das Ausmaß, in dem ein Kind die Emotion konstruktiv managen kann; d.h. die Kapazität, die Intensität und die Dauer der Emotion auf eine Art und Weise zu modulieren, so dass eine optimale Funktionalität für das Kind in einem gegebenen Kontext verstärkt wird (fünf Items CSMS; vier Items CAMS).	*CSMS:* – „Ich kann nicht damit aufhören, die Kontrolle über meine traurigen Gefühle zu verlieren." *CAMS:* – „Ich versuche, ruhig mit Dingen umzugehen, die mich wütend machen."

Emotionsregulation erfasst werden kann (z.B. Affect Regulation Interview [ARI]; Zeman et al., 2001). Penza-Clyve und Zeman (2002) konnten etwa zeigen, dass das Einhalten sozialer Ausdrucksregeln, das über das *Affect Regulation Interview* (ARI; Zeman & Garber, 1996) gemessen wurde, positiv mit einer vermehrten Unterdrückung des Emotionsausdrucks von Ärger und Traurigkeit korrelierte (Subskala *Hemmung* des CEMS). Neben dem in der ursprünglichen Form als Selbstberichtsversion entwickelten CEMS wird der Fragebogen auch als Instrument in einer Fremdrating-Version eingesetzt, indem etwa die Mütter diesen für ihre Kinder ausfüllen (Feng et al., 2009).

Children's Worry Management Scale (Zeman et al., 2010). In Anlehnung an die CEMS (Zeman et al., 2001) haben Zeman et al. (2010) nach eigenen Angaben erstmals eine Skala entwickelt, die ganz spezifisch den Umgang des Kindes mit Sorgen erfasst. Der Fragebogen für Kinder in einem Alter von ca. acht bis zwölf Jahren umfasst zehn Items, die auf einer Drei-Punkte-Skala beantwortet werden (eins = „so gut wie nie", zwei = „manchmal", drei = „oft"; vgl. Tab. 9).

Tabelle 9: Die drei Skalen und Beispiele der *Children's Worry Management Scale* (CWMS; Zeman et al., 2010)

Skala	Beispiel
Hemmung	„Ich behalte meine Sorgen für mich."
Dysregulierter Ausdruck	„Wenn ich mir Sorgen mache, höre ich nicht auf zu weinen."
Emotionsregulations-Coping	„Ich passe auf, dass ich nicht die Kontrolle über meine Sorgen verliere."

Unter anderem konnten Zeman, Cassano, Suveg und Shipman (2010) zeigen, dass Kinder mit diagnostizierter Angststörung signifikant mehr dysregulierte Sorgen ausdrückten – im Vergleich zu Kindern ohne die Diagnose einer Angststörung.

Emotion Regulation Questionnaire for Children and Adolescents (ERQ-CA; Jaffe et al., 2010). Bei dem ERQ-CA handelt es sich um eine Revision des ERQ für Erwachsene. Der Fragebogen basiert auf dem Prozessmodell der Emotionsregulation von Gross (1998), das fünf Regulationsstrategien für das Erwachsenenalter spezifiziert. Zu diesen zählen die *vorangehenden Strategien* der

- Situationsselektion,
- Situationsmodifikation,
- des Aufmerksamkeitseinsatz und
- der kognitiven Veränderung sowie die
- *reaktionsbezogene Strategie* der Reaktionsmodulation.

Mit dem Ziel, eine theoriebasierte und valide Erfassung der Emotionsregulation für das Kindes- und Jugendalter zu realisieren, haben Gullone und Taffe (2011) ihrem Fragebogen zwei Regulationsstrategien zugrundegelegt; die *kognitive Neubewertung* und die *Unterdrückung des Ausdrucks* (vgl. auch den ERQ; John & Gross, 2004).

In Anlehnung an den Fragebogen für Erwachsene (ERQ) umfasst der ERQ-CA zehn Fragen, von denen sechs der Strategie der *kognitiven Neubewertung* und vier der *Unterdrückung des Ausdrucks* zugeordnet werden (vgl. Tab. 10). Für die Überarbeitung des ERQ-CA wurden diese Fragen vereinfacht (z. B. „Ich kontrolliere meine Emotionen, indem ich sie nicht zum Ausdruck bringe." wurde in „Ich kontrolliere meine Gefühle, indem ich sie nicht nach außen hin zeige." umformuliert). Außerdem wurde die für die Beantwortung der Fragen anfänglich siebenstufige Likert-Skala in ihrer Länge reduziert (eins = „stimme überhaupt nicht zu", zwei = „stimme nicht zu", drei = „stimme teilweise zu", vier = „stimme zu" und fünf = „stimme voll zu").

Tabelle 10: Die Skalen des *Emotion Regulation Questionnaire for Children and Adolescents* (ERQ-CA; Jaffe et al., 2010)

Skala	Beschreibung	Beispiel
Kognitive Neubewertung	Strategie der kognitiven Veränderung, die eine Neudefinition einer potenziell emotionsauslösenden Situation beinhaltet. Diese Neubewertung führt zu einer Veränderung des emotionalen Einflusses der Situation.	„Wenn ich mich glücklicher fühlen möchte, denke ich an etwas anderes." „Ich kontrolliere meine Gefühle gegenüber Dingen, indem ich die Art und Weise verändere, in der ich über diese nachdenke."
Unterdrückung des Ausdrucks	Eine Form der Reaktionsmodulation, die die Hemmung des Ausdrucksverhaltens bei einer emotionalen Erfahrung beinhaltet.	„Ich behalte meine Gefühle für mich." „Ich kontrolliere meine Gefühle, indem ich sie nicht nach außen zeige."

Die interne Konsistenz des ERQ-CA zeigt größtenteils gute Werte. Aufgrund der wenigen Fragen fällt die Reliabilität jedoch insbesondere für die Skala zur *Unterdrückung des Ausdrucks* niedrig aus (Gullone & Taffe, 2011). In einer ersten Validierungsstudie konnten Gullone und Taffe (2011) die Zweifaktorenstruktur des Fragebogens belegen und weitere Nachweise für seine gute konvergente Validität erbringen.

Fragebogen zu den kindlichen Ärgerregulierungsstrategien (KÄRST; von Salisch, 2000; von Salisch & Pfeiffer, 1998; engl. Strategies of Anger Regulation Questionnaire for Children; SAR-C). Unter anderem legt der Fragebogen, der für Kinder im Grundschulalter (ca. sechs bis zehn Jahre) konzipiert wurde, einen Schwerpunkt auf die intrapsychischen Formen der Verarbeitung von Ärger (z. B. Rachephantasien, kognitive Umdeutungen und Aufmerksamkeitslenkung). Zudem erfasst der KÄRST auch handlungsbezogene Regulationsformen, wie etwa die Suche nach sozialer Unterstützung oder vermeidende Handlungen. Insgesamt besteht der Bogen aus 25 Fragen, die sich zwölf Regulationsstrategien zuordnen lassen und jeweils mit dem Satz „Wenn ich auf … sauer bin, …" eingeleitet werden (vgl. Tab. 11). Damit nimmt der KÄRST Bezug auf die Ärgerregulation innerhalb einer bestimmten Freundschaft. Er existiert aufgrund der meist gleichgeschlechtlichen Freundschaften in dieser frühen Lebensphase in einer Version für Mädchen und einer für Jungen. Die Fragen werden auf einem vierstufigen Skalenniveau beantwortet (null = „nie“, eins = „selten“, zwei = „manchmal“ und drei = „fast immer“).

Tabelle 11: Die Strategien des *Fragebogens zu den kindlichen Ärgerregulierungsstrategien* (KÄRST; Fassung für Mädchen; von Salisch, 2000; von Salisch & Pfeiffer, 1998)

Strategie	Beispiel (Stamm: „Wenn ich auf ... sauer bin, ...“)
Konfrontierendes Verhalten	„dann brülle oder meckere ich sie an.“
Aufmerksamkeitslenkung – Handlung	„dann gehe ich weg, um mich nicht mehr so doll zu ärgern.“
Ersatzbefriedigung	„dann hole ich mir was Schönes zu essen oder zu trinken.“
Soziale Unterstützung suchen	„dann frage ich ein anderes Kind, ob es mir helfen kann oder mit mir spielen will.“
Erklären und Verhandeln	„dann gehe ich zu ihr hin und erkläre ihr ohne Vorwürfe, warum ich sauer bin.“
Sich abwenden (vom Verursacher)	„dann rede ich erstmal eine ganze Weile nicht mit ihr.“
Intrige mit Dritten	„dann sage ich den anderen Kindern, dass sie nicht mehr mitmachen soll.“
Aufmerksamkeitslenkung – Gedanken	„dann versuche ich die Sache möglichst schnell zu vergessen.“
Rachegedanken	„dann denke ich mir aus, wie ich ihr eins auswischen kann.“
Humor	„dann fange ich bald an zu lachen, weil das Ganze doch eigentlich lustig ist.“
Seinen eigenen Anspruch zurücknehmen	„dann fällt mir sofort ein, dass sie eigentlich recht hatte.“
Abwertende Gedanken (über den Verursacher)	„dann denke ich mir, dass man sie eigentlich gar nicht so ernst nehmen kann.“

Faktorenanalysen zeigten, dass sich neun der zwölf Strategien vier Faktoren zuordnen lassen (vgl. Tab. 12): (1) *Konfrontation und Verletzen/ Schädigen*, (2) *Distanzierung*, (3) *Erklärung und Neubewertung* und (4) *Humor*. Nach Angaben der Autoren beinhalten drei der vier Faktoren internale Strategien zur Wutregulation (besonders kognitive Strategien). Alle vier Faktoren erfassen Strategien, die den Ausdruck der Wut gegenüber Gleichaltrigen beinhalten (von Salisch & Pfeiffer, 1998). Tabelle 12 veranschaulicht die inhaltliche Interpretation der vier Faktoren.

Tabelle 12: Die Ordnung der inhaltlichen Interpretation der vier Faktoren des *Fragebogens zu den kindlichen Ärgerregulierungsstrategien* (KÄRST; nach von Salisch, 2000)

Faktoren	Gegenüber Freund/Freundin	Gegenüber unbeteiligten Kindern	Innerhalb der eigenen Person
Konfrontieren und schädigen	Konfrontierendes Verhalten	Intrige	Rachegedanken
Sich distanzieren	Sich abwenden	Soziale Unterstützung suchen	Aufmerksamkeitslenkung
Erklären und sich zurücknehmen	Erklären und sich vertragen		Den eigenen Anspruch zurücknehmen
Humor	= Strategie und Faktor		

Die Validität des Selbstbeurteilungsfragebogens wurde durch Berichte von Gleichaltrigen bestätigt. Der Fragebogen ist in einer Selbst- und Fremdberichtsversion vorhanden (von Salisch & Pfeiffer, 1998).

Emotion Dysregulation Scale for Children (EDS-C; Morrongiello, Kane, McArthur & Bell, 2012). Die Entwicklung dieses Fragebogens basierte auf einem früheren Fragebogen zu Emotionsregulationsproblemen im Erwachsenenalter (Gratz & Roemer, 2004) sowie im Jugendalter zwischen elf und 17 Jahren (Neumann, Van Lier, Gratz & Koot, 2010). Der Bogen umfasst drei Skalen (vgl. Tab. 13) und besteht aus 19 Fragen, die die Kinder auf einer Fünf-Punkte-Skala beantworten (von eins = „fast nie“ bis fünf = „fast immer“). Höhere Werte stehen für eine stärkere Emotionsdysregulation. Die drei Skalen lassen sich darüber hinaus zu einem Emotionsdysregulationswert zusammenfassen.

Nach einem ersten Einsatz des Fragebogens bei Sieben- bis Zwölfjährigen konnten die Autoren zeigen, dass die Emotionsdysregulation mit einem größeren Ausmaß an riskantem Verhalten einherging (Morrongiello et al., 2012).

Tabelle 13: Die drei Skalen der *Emotion Dysregulation Scale for Children* (EDS-C; Morrongiello et al., 2012)

Skala	Beispiel
Schwierigkeiten, sich zielgerichtet zu verhalten	„Wenn ich aufgebracht bin, fällt es mir schwer, die Hausaufgaben fertig zu machen.“
Schwierigkeiten der Impulskontrolle	„Wenn ich mich aufrege, ist es schwer für mich, zu kontrollieren, was ich tue und sage.“
begrenzter Zugang zu Emotionsregulationsstrategien	„Wenn ich mich aufrege, fällt mir nichts ein, was ich tun kann, damit ich mich besser fühle.“

Cognitive Emotion Regulation Questionnaire – kids Version (CERQ-k; Garnefski et al., 2007). Der CERQ-k wurde entwickelt, um die Gedanken von Kindern nach einem negativen Lebensereignis zu erfassen. Aufbau, Skalen und Items des CERQ-k wurden von der Erwachsenenversion des CERQ (Garnefski, Kraaij & Spinhoven, 2002; einsetzbar ab dem zwölften Lebensjahr) hergeleitet, die ursprünglich entwickelt wurde, um zu bestimmen, wie Menschen stressreiche Lebensereignisse bewerten. Die 36 Items des CERQ wurden sprachlich vereinfacht und gekürzt, um sie Neun- bis Elfjährigen anzupassen. Wie das Original, besteht auch der CERQ-k aus neun Skalen, die jeweils vier Items umfassen, die auf einer Fünf-Punkte-Skala beantwortet werden (eins = „(fast) nie" bis fünf = „(fast) immer"; vgl. Tab. 14).

Tabelle 14: Die neun Skalen des *Cognitive Emotion Regulation Questionnaire – kids Version* (CERQ-k; Garnefski et al., 2007)

Skala	Beschreibung der Skala	Beispiel
Selbst-beschuldigung	Gedanken, die die Schuld der negativen Erfahrung einem selbst zuschreiben.	„Ich denke, dass ich dumm gewesen bin."
Akzeptanz	Bezieht sich auf Gedanken der Akzeptanz dessen, was passiert ist.	„Ich glaube, dass ich nichts dagegen tun kann."
Grübeln	Über Gefühle und Gedanken, die mit dem negativen Ereignis in Beziehung stehen, nachdenken.	„Immer wieder denke ich darüber nach, wie ich mich deswegen fühle."
Positives Neufokussieren	Über die erfreulichen Aspekte nachdenken anstatt über das tatsächliche Ereignis.	„Ich denke an schönere Dinge, die nichts damit zu tun haben."
Planen	Darüber nachdenken, welche Schritte vorgenommen werden können, um mit dem Ereignis umzugehen.	„Ich denke darüber nach, wie ich damit umgehen kann."
Positive Neubewertung	Bezieht sich auf Gedanken, die mit dem Ereignis eine positive Bedeutung verknüpfen.	„Ich denke, dass ich daraus lernen kann."
Relativieren	Bezieht sich auf Gedanken, die die Ernsthaftigkeit des Ereignisses herunterspielen und die Relativität im Vergleich zu anderen Ereignissen betonen.	„Ich denke, dass es schlimmere Dinge auf der Welt gibt."
Katastrophisieren	Umfasst Gedanken, die den Schrecken eines Ereignisses betonen.	„Ich denke oft daran, wie schrecklich die Situation war."
Andere beschuldigen	Gedanken, die die Schuld der negativen Erfahrung anderen zuschreiben.	„Ich denke, dass andere dumm gewesen sind."

Garnefski et al. (2007) konnten in einer ersten Validierungsstudie zeigen, dass sich die Neun-Faktoren-Struktur des CERQ auch für die Kinderversion bestätigen ließ. Zudem wurde ein beachtlicher Anteil der Varianz depressiver sowie ängstlicher Symptome der Kinder durch die kognitiven Regulationsstrategien aufgeklärt.

Emotion Regulation Checklist for Children and Adolescents (ERICA; MacDermott, Gullone, Allen, King & Tonge, 2010). Der ERICA stellt einen Selbstbericht zur Erfassung der wichtigsten Emotionsregulationsfähigkeiten von Kindern und Jugendlichen dar. Das Verfahren resultiert aus einer altersangemessenen Überarbeitung der *Emotion Regulation Checklist for Adolescents* (ERCA; Biesecker & Easterbrooks, 2001), die ursprünglich für Jugendliche ab 16 Jahren entwickelt wurde und sich an die beiden Skalen der *Emotion Regulation Checklist* (ERC; Shields & Cicchetti, 1997) anlehnte. Der ERICA, der für eine Altersgruppe von neun bis 16 Jahren entwickelt wurde, umfasst drei Skalen und 16 Items, die auf einer Fünf-Punkte-Likert Skala beantwortet werden (eins = „stimme überhaupt nicht zu“ bis fünf = „stimme deutlich zu“). Tabelle 15 fasst die Skalen zusammen (Hughes, Gullone & Watson, 2011).

Tabelle 15: Die drei Skalen der *Emotion Regulation Checklist for Children and Adolescents* (ERICA; MacDermott et al., 2010)

Skala	Beschreibung der Skala	Beispiel
Emotionale Kontrolle	Mittels sieben Items wird die Fähigkeit zur Regulation negativen Affekts erhoben. Zudem erfasst die Subskala die Hemmung von unangemessenem emotionalem Ausdruck.	„Wenn die Dinge nicht so laufen, wie ich mir das vorstelle, rege ich mich schnell auf.“
Emotionales Selbstbewusstsein	Fünf Items messen das Erkennen und die Modulation von Emotionen.	„Ich bin ruhig und schüchtern und zeige meine Gefühle nicht.“
Situative Empfindlichkeit	Erhebt die angemessenen emotionalen Reaktionen auf den affektiven Ausdruck anderer mittels vier Items.	„Wenn andere sich aufregen, werde ich traurig oder mache mir Sorgen um sie.“

Studien zeigen unter anderem signifikante Beziehungen des ERICA mit inhaltlich in Beziehung stehenden Konzepten, wie dem affektiven Erleben oder depressiven Symptomen (MacDermott et al., 2010).

Emotion Expression Scale for Children (EESC; Penza-Clyve & Zeman, 2002). Der EESC ist ein Fragebogen, der entwickelt wurde, um zwei Aspekte eines mangelhaften Emotionsausdrucks zu erfassen: Fehlendes emotionales Bewusstsein und fehlende Motivation, negative Emotionen auszudrücken (vgl. Tab. 16). Der Fragebogen wurde von der *Thoronto Alexithymia Scale*, bestehend aus 30 Fragen, hergeleitet (Bagby, Taylor & Ryan, 1986). Dieses Verfahren für das Erwachsenenalter misst die Unfähigkeit, Emotionen auszudrücken. Die Fragen des EESC wurden an das Kindesalter angepasst. Sie werden auf einer Fünf-Punkte-Likertskala beantwortet (eins = „trifft überhaupt nicht zu", zwei = „trifft ein wenig zu", drei = „trifft etwas zu", vier = „trifft deutlich zu" und fünf = „trifft extrem zu"), wobei die Werte für jede Frage angeben, wie gut diese die individuellen Erfahrungen mit den Ausdruckschwierigkeiten beschreibt.

Tabelle 16: Die beiden Skalen der *Emotion Expression Scale for Children* (EESC; Penza-Clyve & Zeman, 2002)

Skala	Beschreibung	Beispiel
Fehlendes emotionales Bewusstsein	Beschreibt Schwierigkeiten, internale emotionale Erfahrungen zu benennen.	„Wenn ich mich aufgeregt fühle, weiß ich nicht, wie ich darüber sprechen soll."
Fehlende Motivation, negative Emotionen auszudrücken	Beschreibt die fehlende Motivation oder den fehlenden Willen, negative Emotionen anderen gegenüber auszudrücken oder zu kommunizieren.	„Ich zeige nicht, wie ich mich wirklich fühle, um die Gefühle anderer nicht zu verletzen."

Die Autorinnen konnten in einer ersten Validierungsstudie belegen, dass die Bewusstheit der eigenen Emotionen eine grundlegende Beziehung zu den Fähigkeiten eines Kindes zeigt, negativen Affekt zu regulieren (Penza-Clyve & Zeman, 2002).

Zusammenfassung. Eine Befragung der Kinder selbst ist die einzige Methode, die es ermöglicht – über das beobachtbare Verhalten und Einschätzungen der Eltern hinaus – innere Zustände, Gedanken, subjektive Prozesse und Einstellungen zu erfassen (Amelang & Schmidt-Atzert, 2006; Gross & John, 2003; Zeman et al., 2002). Ein solcher Ansatz ist zudem wichtig, da die kognitive Reife im mittleren Kindesalter zunehmend voranschreitet und die Emotionsregulation im Zuge dessen mehr an internaler und subjektiver Qualität gewinnt (MacDermott et al., 2010). Grundlegend richtet sich ein Kritikpunkt bei Selbstbericht-Fragebögen an den meist fehlenden Kontextbezug. Bei einem Großteil der Verfahren werden die Kinder entweder aufgefordert, sich vorzustellen, dass eine stressige und emotionale Erfahrung gerade eingetreten ist, oder sie werden angehalten, eine solche Erfahrung zu benennen, die sie während der letzten Wochen oder Monate erlebt haben. Mit dieser gedanklichen Vorstellung einer erlebten Emotion beantworten die Kinder schließlich eine Reihe an Fragen darüber, wie sie in einer solch emotionalen Situation reagieren würden, oder wie sie reagiert haben. Es muss dennoch unklar bleiben, ob genannte Regulationsstrategien das tatsächliche Verhalten des Kindes in den emotionalen Situationen widerspiegeln. Bereits Silk, Steinberg und Morris (2003) haben kritisiert, dass die gegebenen Antworten lediglich das Verhalten reflektieren, von dem Kinder denken, dass sie dieses in einer solchen Situation zeigen sollten. Dieses Verhalten kann sich allerdings deutlich von den Regulationsstrategien unterscheiden, die in einer tatsächlichen Situation angewendet werden. Einen solchen Kritikpunkt hat bereits die Coping-Forschung aufgegriffen, die retrospektive Berichte von Coping-Verhalten mit „Real-time" Berichten verglichen hat. Hier konnte ein deutlicher Bias für die retrospektiven Coping-Berichte aufgedeckt werden (Silk et al., 2003; Stone et al., 1998).

Ein Vorteil der Verhaltensbeobachtung ist gleichzeitig deutlicher Nachteil von Selbstberichten: Voraussetzung für die Befragung von Kindern ist das Entwicklungsniveau, das es ermöglichen muss, über die eigenen emotionalen Erfahrungen nachzudenken (Jacob et al., 2011). Sind Kinder nicht in der Lage, ihre eigenen Emotionen zu erkennen, so können sie auch keine zuverlässigen Berichterstatter ihrer Regulationsfähigkeiten sein.

3.2.3 Fragebogenverfahren: Fremdratings

Neben den Selbstberichtsverfahren existieren Fragebogen, die die Einschätzungen der Emotionsregulationsfähigkeiten von Kindern durch die Eltern oder andere Bezugspersonen erfassen. So wird der CEMS auch als Fremdbericht eingesetzt, indem etwa die Mütter diesen für ihre Kinder ausfüllen (Feng et al., 2009).

Emotion Regulation Checklist (ERC; Shields & Cicchetti, 1997). Der ERC stellt einen 24 Fragen umfassenden Fremdbericht dar. Die Checkliste existiert in einer Eltern- und Lehrer-Version und erfragt die Wahrnehmung der kindlichen Emotionalität und Regulation (Batum & Yagmurlu, 2007; Blandon, Calkins, Grimm et al., 2010). Der ERC dient der Erhebung der Emotionsregulation des Kindes, das heißt es werden Prozesse der affektiven Labilität, Intensität, Valenz, Flexibilität und Situationsangemessenheit erfasst. Die Fragen werden auf einer vierstufigen Likert-Skala (eins = „selten/niemals", zwei = „manchmal", 3 = „oft" und vier = „immer") von Eltern oder Lehrern dahingehend eingestuft, wie typisch sie für den Emotionsregulationsstil des Kindes sind. Damit kennzeichnen die Fragen, die sich auf die zwei Skalen *Labilität/Negativität* und *Emotionsregulation* verteilen, wie häufig ein Verhalten bei einem Kind auftritt (Shields & Cicchetti, 1997; vgl. Tab. 17). Die Checkliste kann bei Sechs- bis Zwölfjährigen eingesetzt werden, wobei sie auch in Studien mit deutlich jüngeren Kindern verwendet wurde (z. B. Chang, Schwartz, Dodge & McBride-Chang, 2003; Miller et al., 2006).

Tabelle 17: Die zwei Skalen der *Emotion Regulation Checklist* (ERC; Shields & Cicchetti, 1997)

Skala	Beschreibung	Beispiel
Labilität/Negativität	Umfasst 15 Fragen, die mangelnde Flexibilität, Stimmungslabilität, wütende Reaktivität und *dysregulierten* negativen sowie positiven Affekt erfassen.	„Weist breite Stimmungsschwankungen auf" „Neigt zu Wutausbrüchen" „Ist leicht frustriert"
Emotions-regulation	Die acht Fragen beschreiben das *adaptive* und der Situation angemessene Ausdrucksverhalten, Empathie, Emotionsverständnis sowie das emotionale Selbstbewusstsein.	„Ist anderen gegenüber empathisch" „Kann sagen, dass sie/er traurig, wütend oder ängstlich ist" „Ist ein fröhliches Kind"

Die ERC gilt als valide, da sie unter anderem positive Korrelationen mit Beobachtungsratings der Regulationsfähigkeiten eines Kindes aufweist (Shields & Cicchetti, 1997). Es zeigt sich zudem, dass der Fragebogen mit anderen Erhebungen der kindlichen Emotionsregulation und des Problemverhaltens bei gut angepassten Kindern sowie in Stichproben von misshandelten Sechs- und Zwölfjährigen in Beziehung steht (Shields & Cicchetti, 1997, 1998). Die Checkliste mit ihren Skalen wurde und wird bis dato in einer Vielzahl empirischer Studien eingesetzt. Der ERC stellt damit ein verbreitetes und beliebtes Fremdrating-Verfahren zur Erfassung der Emotionsregulation dar (z. B. Blandon, Calkins, Grimm et al., 2010; Blandon, Calkins & Keane, 2010; Borelli et al., 2010; Curtis & Cicchetti, 2007; Flanders et al., 2010; Gilleland, Suveg, Jacob & Thomassin, 2009; Gratz et al., 2009; Graziano et al., 2007; Kliewer et al., 2004; Ramsden & Hubbard, 2002; Shipman et al., 2007; Suveg, Jacob et al., 2010; Yagmurlu & Altan, 2010).

Zusammenfassung. Über das Säuglings- und Kleinkindalter hinaus, in dem eine direkte Befragung der Kinder aufgrund ihres Entwicklungsstandes noch nicht möglich ist, werden auch in späteren Jahren die Eltern oder Lehrer als Informationsquelle für die Emotionsregulationsfähigkeiten von Kindern herangezogen. Diese durchaus ökonomische Methode birgt jedoch denselben Nachteil wie die Beobachtungsverfahren in sich: Mit dem Rückgriff auf Eltern- oder Lehrerfragebögen im Kindesalter stehen ebenfalls die von außen beobachtbaren Aspekte der Emotionsregulation im Vordergrund.

3.2.4 Interviewverfahren

Emotion Management Interview – Child Version (EMI-C; Shipman & Zeman, 2001). Das halbstrukturierte EMI-C wurde entwickelt, um die Emotionsregulation von Kindern im Grundschulalter zu untersuchen. Darüber hinaus erfasst das Interview die Erwartungen der Kinder, wie ihre Mütter auf die Emotionen ihrer Kinder reagieren. Während des Interviews werden den Kindern neun Fallvignetten vorgelesen, von denen sich jeweils drei auf das Gefühl „Wut", „Traurigkeit" und „Freude" beziehen. In jeder dieser Vignetten ist die Mutter für die Auslösung des Gefühls verantwortlich:

- z. B. Wut, indem sie das Spielzeug des Kindes kaputt macht;
- Traurigkeit, indem sie dem Kind bei einem bestimmten Anlass keine Aufmerksamkeit schenkt;
- Freude, indem sie dem Kind ein Geschenk überreicht.

Jede Geschichte wird in der ersten Person erzählt und spezifiziert die Emotion, die das Kind als Ergebnis der Geschichte erfahren hat. Entsprechend jeder einzelnen Vignette werden den Kindern Fragen gestellt (vgl. Tab. 18), die sie auf einer vierstufigen Ratingskala einschätzen sollen (1 = „würde ich definitiv nicht zeigen" bis 4 = „würde ich definitiv zeigen").

Die Fragen zu den Folgen des emotionalen Ausdrucks werden als Regulation durch die Mütter kodiert, während die Fragen zu den Strategien der Emotionsregulation dahingehend ausgewertet werden, ob effektive Regulationsstrategien angewendet werden (Shipman & Zeman, 2001). Für jede Emotion wird schließlich ein Summenwert gebildet.

Tabelle 18: Beispielfragen und Antwortkategorien des *Emotion Management Interview – Child Version* (EMI-C; Shipman & Zeman, 2001)

Emotionsausdruck des Kindes	Kind trifft Entscheidung, Emotionen auszudrücken oder zu verbergen.	„Würdest du deiner Mutter deine [Emotion] Gefühle zeigen oder nicht?“	
Erwartete Unterstützung durch die Mutter	Kind nimmt die Konsequenzen vorweg, wenn es sich emotional der Mutter gegenüber äußert.	„Was würde deine Mutter tun, wenn du deine [Emotion] Gefühle zeigen würdest?“ *(Verhaltensreaktion)*; „Wie würde sich deine Mutter fühlen, wenn du deine [Emotion] Gefühle zeigen würdest?“ *(emotionale Reaktion)*	*Unterstützung:* z. B. Erwartung, dass die Mutter das Kind tröstet *(Verhaltensreaktion)* oder sich dem Kind gegenüber schuldig fühlt (emotionale Reaktion) *Keine Unterstützung:* z. B. Erwartung, dass die Mutter das Kind anschreit *(Verhaltensreaktion)* oder auf das Kind wütend ist *(emotionale Reaktion)*
Emotionsregulation	Strategien, die die Kinder verwenden würden, um die emotionalen Zustände zu verändern oder beizubehalten.	„Wenn du etwas unternehmen möchtest, um dich besser zu fühlen, was würdest du tun?“; „Wenn du dich gerne weiterhin glücklich fühlen möchtest, was würdest du tun?“	*Effektive Strategien:* z. B. Lächeln, um Gefühle der Freude zu verstärken *Ineffektive Strategien:* z. B. Warten und darauf hoffen, dass man sich besser fühlt

Affect Regulation Interview (ARI; Zeman & Garber, 1996; Zeman & Shipman, 1996). In dem ARI werden die Kinder befragt, ob sie ihre Emotionen – in Abhängigkeit von bestimmten Kontextbedingungen – offen ausdrücken oder kontrollieren würden. Das Interview, das ca. ab dem siebten Lebensjahr eingesetzt werden kann, beinhaltet zwölf Vignetten, die unterschiedliche Ereignisse beschreiben. Die den Kindern vom Interviewer vorgelesenen Ereignisse sollen emotionale Erfahrungen der Wut, Traurigkeit und des Schmerzes in jeweils einem von vier Szenarien hervorrufen (1. Szenario: Geburtstagsparty, 2. Szenario: Austausch von Geschenken, 3. Szenario: Sportereignis, und 4. Szenario: Lieblingsspielzeug; Zeman & Garber, 1996). Die Bedingungen innerhalb der Geschichten können hinsichtlich der Anwesenheit von Mutter, Vater oder Gleichaltrigen variieren oder ein Einzelsetting umfassen. Jede Geschichte wird in der ersten Person Singular vorgelesen und spezifiziert die Emotion, die das Kind als Ergebnis des Ereignisses erleben würde. Nach dem Vorlesen der Geschichte wird das Kind aufgefor-

Tabelle 19: Vignetten, Interviewfragen und Antwortformate des *Affect Regulation Interview* (ARI; Zeman & Garber, 1996)

Vignette „Geburtstags-party – Wut“ (Anwesenheit der Mutter)	Du gehst zu einer Geburtstagsparty, bei der du viel Spaß hast und bei der du einen Preis bekommst. Du willst nach Hause gehen, aber kannst deine Tasche mit dem Preis, auf der dein Name steht, nicht finden. Während deine Mutter bei dir ist, siehst du dann einen anderen Jungen (anderes Mädchen), der (die) deine Tasche mit dem Preis nimmt und in sein (ihr) Auto steigt. Das macht dich wütend.
Vignette „Geburtstags-party – Traurigkeit“ (Anwesenheit der Mutter)	Deine Großmutter hat Geburtstag. Du hast viel Zeit damit verbracht, ihr ein besonderes Geburtstagsgeschenk zu machen, und hart daran gearbeitet. Später auf der Geburtstagsparty sehen du und deine Mutter, wie deine Großmutter das Geschenk öffnet. Es scheint, als möge sie es ganz und gar nicht. Das macht dich traurig.
Vignette „Geburts-tagsparty – Schmerz“ (Anwesenheit der Mutter)	Du gehst zu einer Halloweenparty. Es gibt dort eine Menge gutes Essen, wie Süßigkeiten, Pizza, Chips, Popcorn und Eis. Du und die anderen Kinder haben viel zu essen. Als deine Mutter dich abholt, beginnt sich dein Bauch sehr, sehr voll anzufühlen und du wünschst dir, du hättest nicht so viel gegessen. Dir ist übel und dein Bauch tut dir weh.
Interviewfragen und Rating-skalen	1. „Würdest du zeigen, oder nicht zeigen, wie (wütend, traurig, viel Schmerz) du (dich) fühlst?“ *Ratingskala:* 1 = „würde ich definitiv nicht zeigen“, 2 = „würde ich wahrscheinlich nicht zeigen“, 3 = „würde ich wahrscheinlich zeigen“ und 4 = „würde ich definitiv zeigen“ 2. „Warum würdest du deine/n (Wut, Traurigkeit, Schmerz) zeigen/nicht zeigen?“ *offenes Antwortformat* 3a. „Wie würde dein/e (Mutter, Vater, Freund/in) wissen, dass du (Wut, Traurigkeit, Schmerz) empfindest?“ *offenes Antwortformat* 3b. „Wie würdest du deiner/deinem (Mutter, Vater, Freund/in) verheimlichen, dass du (Wut, Traurigkeit, Schmerz) empfindest?“ *offenes Antwortformat* 4. „Würde dein/e (Mutter, Vater, Freund/in) es in Ordnung finden/nicht in Ordnung finden, dass du zeigst, wie (wütend, traurig, viel Schmerz) du (dich) fühlst?“ *Ratingskala:* 1 = „wirklich nicht in Ordnung“, 2 = „eigentlich nicht in Ordnung“, 3 = „eigentlich in Ordnung“ und 4 = „wirklich in Ordnung“ 5. „Denkst du, dass dein/e (Mutter, Vater, Freund/in) es verstehen würde/es nicht verstehen würde, wie (wütend, traurig, viel Schmerz) du (dich) fühlst?“ *Ratingskala:* 1 = „wirklich nicht verstehen“, 2 = „eigentlich nicht verstehen“, 3 = „eigentlich verstehen“, 4 = „wirklich verstehen“

dert, das Gehörte zu wiederholen. Der Interviewer korrigiert gegebenenfalls auftretende Verständnisfehler, wobei er insbesondere auf die Fehler achtet, die sich auf die Anwesenheitsbedingung oder die Art der Emotion beziehen. Nach jeder Geschichte werden den Kindern fünf Fragen gestellt, die sie auf unterschiedlichen Ratingskalen bzw. offen beantworten (vgl. Tab. 19).

Zeman und Garber (1996) konnten in ihrer Studie zeigen, dass die Entscheidungen der Kinder, ihr emotionales Ausdrucksverhalten (nicht) zu regulieren, von der Anwesenheitsbedingung sowie der Art der Emotion abhängig war, die ausgelöst wurde. In weiteren Arbeiten wurde das ARI leicht modifiziert, indem etwa die Vignetten in der dritten Person erzählt wurden (z. B. Zeman & Shipman, 1996) oder die Anzahl der Vignetten und Interviewfragen reduziert wurde (z. B. Zeman et al., 2001). Zusammenfassend zeigen sich signifikant positive Korrelationen des ARI mit den Skalen der Hemmung des emotionalen Ausdruckverhaltens des CAMS und CSMS sowie negative Korrelationen mit der Skala des Emotionsregulation-Coping (Penza-Clyve & Zeman, 2002).

Emotion Regulation Interview (ERI; Suveg & Zeman, 2004). Dieses Interview dient dazu, Kinder im Alter zwischen acht und zwölf Jahren zu ihrer emotionalen Intensität und Selbstwirksamkeit zu befragen. Den Kindern werden sechs Vignetten vorgelesen, die entwickelt wurden, um Sorge, Wut und Traurigkeit in Anwesenheit der Mütter auszulösen. Nach jeder Vignette werden den Kindern drei Fragen gestellt, um ihren emotionalen Ausdruck, ihre emotionale Intensität sowie ihre wahrgenommene Selbstwirksamkeit zu erfassen (vgl. Tab. 20).

Suveg und Zeman (2004) konnten in ihrer Studie zeigen, dass, verglichen mit Kindern ohne Angststörungen, Kinder mit Angststörungen über alle drei Emotionen hinweg eine geringere Selbstwirksamkeit im Umgang mit der emotionalen Erregung wahrnahmen.

Abner Emotions Interview (Kidwell et al., 2010). Bei diesem Interview werden dem Kind Bilder von einem Hund namens Abner präsentiert, der sechs verschiedene Emotionen zeigt (Freude, Ruhe, Aufregung, Wut, Traurigkeit und Angst). Zu jedem Bild wird eine Geschichte erzählt, in der Abner die jeweilige Emotion empfindet. Das Kind kann sich aussuchen, welche Emotion es zuerst wählen möchte und wird dann aufgefordert, diese Emotion im Gesichtsausdruck darzustellen. Anschließend wird das Kind gebeten, eine Zeit zu beschreiben, als es selbst die Emotion erfahren hat. Wenn ein Kind beispielsweise „Freude“ als erste Emotion gewählt hat, wird es aufgefordert:

1. „Zeige, wie dein Gesicht aussieht, wenn du dich freust.“
2. „Erzähle von einer Zeit, als du dich gefreut hast.“

Die Interviews werden per Video aufgenommen, wörtlich transkribiert und anhand eines Manuals hinsichtlich der Emotionsregulation kodiert. Das Manual zur Emotionsregulation umfasst eine Vier-Punkte-Ratingskala zur Beurteilung einer angemessenen Emotionsregulation (*Beziehungsqualität* und *affektive Angemessenheit*) sowie *internalisierender* und *externalisierender Symptome*. Die *Qualität der Beziehung* zeigt an, wie engagiert das Kind ist, während die *affektive Angemessenheit* erfasst, ob das Gesicht, der Körper und die Stimme des Kindes die gegenwärtige Emotion ausdrückten. *Internalisierende* Symptome beschreiben ängstliche und zurückgezogene Kinder, wohingegen das *externalisierende* Rating das Aktivitätsniveau und die Aufmerksamkeit erfasst. Die Ra-

Tabelle 20: Beispiel für eine Vignette sowie die drei Subskalen, Fragen und Antwortskalen des *Emotion Regulation Interview* (ERI; Suveg & Zeman, 2004)

Vignette „Sport-Sorgen“	Da du sehr gerne zum Fußballteam gehören möchtest, entscheidest du dich, es zu probieren. Deine Mutter geht mit dir zu den Probetrainings. Während dieser Trainings denkst du, dass dort wirklich viele Kinder sind, die sehr gut Fußball spielen können. Du bist dir nicht sicher, ob du gut genug bist, in dem Team zu spielen. Dies macht dir Sorgen.		
Vignette „Sport-Traurigkeit“	Da du sehr gerne zum Fußballteam gehören möchtest, entscheidest du dich, es zu probieren. Am nächsten Morgen kommt deine Mutter mit dir zum Aushang am Brett, an dem die Liste mit den Namen der Kinder aushängt, die in das Team aufgenommen wurden. Als du dort ankommst, stellst du fest, dass du es nicht ins Team geschafft hast, deine Freunde jedoch aufgenommen wurden. Dies macht dich traurig.		
Vignette „Sport-Wut“	Da du sehr gerne zum Fußballteam gehören möchtest, entscheidest du dich, es zu probieren. Deine Mutter geht mit dir zu den Probetrainings. Während der Probetrainings übst du das Vor- und Zurückschießen des Balles mit einem anderen Kind, das den Ball absichtlich von dir wegschießt, so dass du ihn nicht zurückschießen kannst. Dies macht dich wütend.		
Skala	Entscheidungen bezüglich des emotionalen Ausdrucks	Emotionale Intensität	Selbstwirksamkeit
Frage	„Würdest du deiner Mutter zeigen, wie *besorgt, traurig* oder *wütend* du dich fühlst?“	Den Kindern wird ein Bild mit einem Thermometer gezeigt und gefragt: „Wie *besorgt, traurig* oder *wütend* würdest du dich in dieser Situation fühlen?“	„Wie gut wärst du in der Lage, dir selbst zu helfen, dich in dieser Situation besser zu fühlen?“
Antwortskala	1 = „würde ich auf jeden Fall“ bis 4 = „würde ich auf keinen Fall“	1 = „gar nicht“ bis 10 = „sehr“	1= „ein wenig“ bis 4 = „sehr gut“

tings wurden jeweils für jede Kategorie aufsummiert (u. a. Beziehungsqualität, affektive Angemessenheit verdeutlichen), wobei höhere Werte eine bessere Regulation anzeigten. Insgesamt konnten die Autoren belegen, dass die Interviewratings zur Emotionsregulation eine signifikante Beziehung mit den Eltern- und Lehrerratings von Verhaltensproblemen der Kinder aufwiesen (Kidwell et al., 2010).

Zusammenfassung. Interviews finden erstmals Anwendung ab einem Alter von ca. vier bis fünf Jahren. Im Eins-zu-Eins-Kontakt mit dem Interviewer ist es im Gegensatz zur schriftlichen Befragung möglich, dass der Interviewer bei Verständnisproblemen (insbesondere bei jüngeren Kindern) nachfragt und so die Selbstbeurteilung der Emotionsregulationsfähigkeiten besser kontrollieren kann. Gerade bei Interviews mit Kindern kann es jedoch problematisch sein, wenn diese in einer solchen Interaktion zunächst verschreckt oder weniger antwortbereit reagieren. Darüber hinaus müssen die befragten Kinder – wie auch bei den Fragebogenverfahren – dazu in der Lage sein, eigene emotionale Erfahrungen und Verhaltensweisen reflektieren zu können (Jacob et al., 2011).

3.3 Psychophysiologische Methoden: Corticale Aktivität des Frontallappens

Über die schriftliche und mündliche Erfassung subjektiver Erfahrungen sowie die Beobachtung des emotionsregulatorischen Verhaltens hinaus kann sich die Diagnostik der Emotionsregulation einen weiteren Marker zunutze machen: Die Messung von Veränderungen in der zentralen oder peripheren Physiologie (Borelli et al., 2010). Solche *psychophysiologischen Methoden* können die emotionale Verarbeitung in verschiedener Weise kennzeichnen (z. B. Cortisollevel, parasympathische Aktivität, vagaler Tonus, cortico-limbisches System; vgl. Kap. 4.1), wobei sich hier noch längst kein erschöpfendes Bild ergibt. Obwohl die Neurowissenschaften mittlerweile große Fortschritte erzielt haben, befinden sie sich derzeit noch in ihrer Entwicklung und bedürfen zukünftig weiterer Untersuchungen der Emotionsregulation (Jacob et al., 2011). Dennoch erscheint es uns relevant, einen neurowissenschaftlichen Ansatz zur Emotionsregulationsdiagnostik auszuführen, der sich über verschiedene Studien als bedeutsam erwiesen hat.

Obwohl es eine Vielzahl an diversen Methoden gibt, die Emotionen und Emotionsregulation indizieren, ermöglicht die Messung corticaler Aktivitäten einen potenziellen direkten und biologisch fundierten Indikator emotionaler Erfahrungen (Curtis & Cicchetti, 2007; Davidson, 2004). Die Forschung zu neuronalen Korrelaten der Emotionsregulation hat insbesondere die Rolle des präfrontalen Cortexes betont (z. B. Dennis & Solomon, 2010; Johnstone, van Reekum, Urry, Kalin & Davidson, 2007; Wager, Davidson, Hughes, Lindquist & Ochsner, 2008). Eine Struktur, die von wesentlicher Bedeutung für die Regulationsprozesse von Emotionen zu sein scheint, ist der ventrolaterale präfrontale Cortex (VLPFC). Dies zeigt sich unter anderem darin, dass die Amygdala – als zentraler Kern für emotionale Prozesse – Reaktionen hervorruft, die wiederum durch den VLPFC moduliert werden (Taylor, Lerner, Sage, Lehman & Seeman, 2004). Studien, die Erkenntnisse zur hemisphärischen Aktivierung der Emotionsregulation beisteuern, verwenden Messungen mittels Elektroencephalographie (EEG) und leiten von diesen ereignisbezogene Potenziale ab (z. B. Hajcak & Dennis, 2009). Ein großer Vorteil dieser Methode liegt in ihrem nichtinvasiven Charakter und ihrer schnellen Anwendung, die eine millisekundengenaue Messung ermöglicht (Lamm, Granic, Zelazo & Lewis, 2011).

Bei der Ableitung dieser sogenannten *ereigniskorrelierten Potenziale* (EKP) durch die Kopfhaut konnte einerseits festgestellt werden, dass unterschiedliche Emotionen, die Kinder über ihren Gesichtsausdruck oder ihr Verhalten zeigen, mit einer asymmetrischen Aktivierung der Vorderlappen der Großhirnrinde einhergingen (Dawson, 1994; Fox, 1994). So zeigte es sich, dass der rechte VLPFC während der Benennung von negativen Emotionen aktiviert ist (Baumgartner, Lutz, Schmidt & Jäncke, 2006; Hariri, Bookheimer & Mazziotta, 2000; Lieberman, Hariri, Jarcho, Eisenberger & Bookheimer, 2005). Darüber hinaus geht eine stärkere rechtsfrontale verglichen mit einer linksfrontalen Aktivität mit einer schlechteren Regulation von Emotionen einher (Kim & Bell, 2006). Dawson (1994) schlussfolgerte, dass die frontalen Areale der beiden Hirnhälften neben dem emotionalen Ausdruck auch bei der Regulation von Emotionen eine Rolle spielen. Demnach ist die linksfrontale Region für Regulationsstrategien relevant, die Verhaltensschemata zur Beibehaltung der Stabilität einer Organismus-Umwelt-Beziehung beinhalten. Zudem ist diese Region für motorische Strategien wichtig, wie etwa sprachliche Strategien und Ausdruckskontrolle. Die rechtsfrontale Region hingegen erscheint für Regulationsstrategien bedeutsam, die bei der Verarbeitung neuer und überraschender Reize beteiligt sind, wie sie bei Angst, Ekel oder Stress eintreten können (Dawson, 1994). Auch neuere Arbeiten schließen sich derartigen Erkenntnissen an und unterstützen den Befund, dass die EEG-Potenziale Regulationsfähigkeiten emotionaler Zustände anzeigen (vgl. Lamm et al., 2011). Die Methode der EEG-Messung einer hemisphärischen Asymmetrie des Frontallappens lässt sich vom frühen Säuglingsalter (z. B. Fox, Bell & Jones, 1992) bis hin in die spätere Kindheit nachweisen (z. B. Kim & Bell, 2006).

Auch wenn bereits einschlägige Erkenntnisse zur Relevanz der Messung hemisphärischer Asymmetrien vorliegen, gibt es allerdings auch Befunde, die ein asymmetrisches Aktivitätsmuster des frontalen Cortex nicht nachweisen können (Dennis & Solomon, 2010). Gillihan et al. (2011) kritisieren zudem, dass neurophysiologische Studien zur Emotionsregulation unterschiedlichste Messansätze wählen, die eine einheitliche Interpretation bis heute schwierig machen. Daher sind zukünftig gezielte Studien wünschenswert, die weiteren Aufschluss für ganz spezifische Regulationsstrategien bei unterschiedlichen Emotionen bieten können. Abschnitt 4.1 berichtet weitere Erkenntnisse zu neurophysiologischen Faktoren der Emotionsregulation. Ist es in Zukunft möglich, hier replizierbare und altersspezifische Ergebnisse zu berichten, so mag die psychophysiologische Diagnostik zu einem vielversprechenden Bereich in der Diagnostik der Emotionsregulation aufkeimen.

3.4 Zusammenfassung

Die verschiedensten Ansätze zur Erfassung der Emotionsregulation verdeutlichen die umfassenden Aktivitäten in diesem Feld (vgl. Thompson, 2011b). Die Studien zur Emotionsregulation im Säuglings- und Kindesalter haben die Emotionsregulation auf eine Art und Weise operationalisiert, die sich von einer verbreiteten Definition deutlich unterscheidet. So fokussieren viele Studien darauf, die Regulation negativer Emotionen im Kontext von Umweltstressoren zu untersuchen (z. B. Zeman & Garber, 1996). Ein solcher Ansatz lässt sich definitionsgemäß jedoch mehr noch dem Coping-Konzept zuordnen als der Messung der Emotionsregulation (z. B. Stansbury & Sigma, 2000; Zeman et al., 2001; vgl. Kap. 1.2.2). Insbesondere bei den Fragebögen orientiert sich die Erfassung der Emotionsregulation an Verfahren, die etwa als Messungen des Temperaments

(z. B. Gumora & Arsenio, 2002) oder des allgemeinen kindlichen Problemverhaltens (z. B. *Child Behavior Checklist*; Achenbach, 1991a) bezeichnet werden können.

Für die Zukunft ist es wünschenswert, einen *Multi-Methoden*-Ansatz bei der Erfassung der Emotionsregulation zu bevorzugen (wie die parallele Erhebung von Lehrer-, Eltern- und Selbstberichten). Dies würde in jedem Fall zu einem besseren Verständnis der Güte des Konzepts der Emotionsregulation beitragen (Jacob et al., 2011). Aufgrund des bestehenden Mangels an Routineverfahren ist es zukünftig wünschenswert,

- eine begrenzte Anzahl an Verhaltensstrategien für verschiedene Emotionen (vgl. Buss & Goldsmith, 1998) und ausgewählte Kontexte (vgl. Mangelsdorf et al., 1995) sowie Altersabschnitte zu erheben. Ein umfassendes Konzept an regulatorischen Verhaltensweisen im jungen Säuglingsalter bietet etwa das *Infant Regulatory Scoring System* (IRSS; Tronick & Weinberg, 1990),
- ein einheitliches Verfahren kultur- und altersübergreifend anzuwenden, um so zu differenzierten Aussagen zu gelangen und die Vergleichbarkeit von Studien zu gewährleisten sowie
- neben der Regulation negativer auch die Regulation positiver Emotionen gleichermaßen zu erheben. Positive Emotionen können entwicklungsspezifische Ressourcen darstellen und sind daher auch aus klinischer Perspektive überaus bedeutsam (Petermann & Schmidt, 2009).

Kapitel 4

Faktoren der Emotionsregulation

Die Emotionsregulationsfähigkeiten eines Kindes entwickeln sich nicht frei von äußeren Einflüssen. Im Kontext individueller Entwicklungskaskaden (vgl. Kap. 2) sind unterschiedliche Prozesse, wie die soziale Umwelt oder biologische Reifung für die Entwicklung der Regulationsstrategien von zentraler Bedeutung. So wie sich etwa die sprachlichen Fähigkeiten eines Kindes nicht unabhängig davon entwickeln, wie viel und in welcher Qualität Eltern mit ihrem Kind sprechen oder ob sich das auditive System störungsfrei entwickelt, so hängt auch die Emotionsregulation von der körperlichen Entwicklung, den Eigenschaften des Kindes sowie einigen Umweltfaktoren ab. Mittlerweile liegen so viele Ergebnisse vor, dass einige bedeutsame Faktoren identifiziert werden können. Kasten 15 stellt eine Auswahl potenzieller Einflussfaktoren der Regulation emotionaler Prozesse dar, von denen wir im Folgenden einige wesentliche behandeln wollen.

Kasten 15: Faktoren der Emotionsregulation

- Alter
- Neuronale Reifungsprozesse
- Intelligenz
- Geschlecht
- Temperament
- Erziehungsverhalten
- Responsivität von Bezugspersonen
- Bindung zu Bezugspersonen
- Beziehung zu Gleichaltrigen
- Umweltbezogene/kontextuelle Einflüsse
- Sozioökonomischer Status
- Beziehung zu Geschwistern
- Sozialkontakt

4.1 Die neurophysiologische Entwicklung

Das Gehirn eines Kindes weist bei der Geburt nur rund 23 % des Volumens eines Erwachsenengehirns auf. Mit zunehmender Zahl an Synapsen und Axomen sowie durch eine sich differenzierende Verästelung der Dendriten vergrößert sich auch der Umfang des kindlichen Gehirns. Die Herausbildung von Nervenbahnen und die folgende Umorganisation des Nervensystems führen bereits im ersten Lebensjahr zu entscheidenden Fortschritten (Edelman, 1987; von Salisch, 2000), die dem Kind eine anspruchsvollere Interaktion mit seiner Umwelt ermöglichen. Für das Erleben und Verhalten des Kindes bildet damit die neurobiologische Reifung verschiedener neuronaler Systeme sowie deren Vernetzung eine entscheidende Basis (Lewis & Todd, 2007).

Im Rahmen der Emotionsregulationsforschung können erste wichtige corticale sowie subcorticale Strukturen mittels unterschiedlicher Methoden benannt werden, die mit den Emotionsregulationsprozessen von Kindern in Beziehung stehen. Kasten 16 benennt die für die Emotionsregulation zentralen Hirnstrukturen (Davidson, Putnam & Larson, 2000; Lewis & Stieben, 2004):

Kasten 16: Neuronale Strukturen der Emotionsregulation

- präfrontaler Cortex
- Amygdala
- Hippocampus
- Hypothalamus
- anterior cingulärer Cortex
- Insular-Cortex
- ventrales Striatum

Corticale und subcorticale Systeme, die die emotionale Erregung beeinflussen, sind eng miteinander, aber auch mit anderen neurophysiologischen Systemen (z. B. Strukturen, die die vegetative Regulation lenken) vernetzt (Thompson, 1994). Damit sind auch diejenigen Strukturen des Nervensystems für die Emotionsregulation relevant, die sich entwickeln, um etwa physiologische Erregung durch ein Zusammenspiel von stimulierenden und hemmenden Mechanismen zu regulieren. Diesen Prozess kann man als *neurophysiologische Regulation* bezeichnen. Ein Großteil dieser Systeme ist angeboren. Ihre Reifung trägt nicht nur zu einer besseren verhaltensbezogenen und emotionalen Selbstkontrolle in den ersten Lebensjahren bei, sondern führt auch zu einer verstärkten Sensibilität für externale regulatorische Einflüsse, wie die Emotionsregulation durch die Eltern. Einige wesentliche psychophysiologische Strukturen sollen im Folgenden vorgestellt werden.

4.1.1 Amygdala

Die Methode zur Erfassung von Schreckreaktionen – die durch die Amygdala unterstützt werden – ist eine Möglichkeit, mit der die Neurowissenschaften Erkenntnisse über die Prozesse der Emotionsregulation gewinnen können. Diese Methode ist frei von Versuchsleitereinflüssen und erweist sich als sensibel für kurzzeitige emotionale Zustände (Dillon, Deveney & Pizzagalli, 2011). Eine erste Reflexstudie zur Emotionsregulation wurde von Jackson, Malmstadt, Larson und Davidson (2000) durchgeführt. Die Teilnehmer betrachteten negative und neutrale Bilder, wobei sie einige Sekunden während der Phase, in der sie die Bilder anschauten, Emotionsregulationswörter hörten (z. B. „verstärken“ oder „abschwächen“). Diese Hinweise forderten die Teilnehmer auf, ihre emotionalen Reaktionen bei den negativen Bildern zu verstärken oder abzuschwächen. Die Schreckreflexe wurden einmal vor den Regulationshinweisen und dreimal nach diesen Hinweisen erfasst. Die Autoren konnten zweierlei Ergebnisse berichten:

- Die Schreckreflexamplitude, die vor den Regulationshinweisen erfasst wurde, war größer bei negativen im Vergleich zu neutralen Bildern, was folglich negative Emotionen aufzeigt.
- Die Schreckreflexamplitude nach den Regulationshinweisen veränderte sich jeweils in die erwartete Richtung (Verstärken > Beibehalten > Hemmen), was wiederum verdeutlicht, dass die Teilnehmer die negativen Emotionen, die durch die Bilder hervorgerufen wurden, modulieren konnten (vgl. Dillon et al., 2011).

fMRI-Studien konnten den Befund unterstützen, dass die Aktivität der Amygdala (als beteiligte Struktur der Schreckreflexe) in deutlichem Zusammenhang mit der Emotionsregulation steht und durch die Regulationsstrategien beeinflusst wird (Eippert et al., 2007; Ochsner et al., 2004; Schaefer et al., 2002). Zudem konnten verschiedene Studien zeigen, dass die Regulation von positiven wie negativen Emotionen gleiche Amygdala-Aktivitäten auslöst, womit dieser Zusammenhang unabhängig von der Qualität von Emotionen und eher spezifisch für emotionale Erregung erscheint (Beauregard, Lévesque & Bourgouin, 2001; Kim & Hamann, 2007). Dillon et al. (2011) betonen zudem, dass die Amygdala-Aktivität in einem engen Zusammenhang mit frontalen Hirnregionen steht, was zu einem weiteren wichtigen Erkenntnisspektrum der affektiven Neurowissenschaften überleitet.

4.1.2 Frontallappen

Durch die voranschreitende Entwicklung des frontalen Neocortexes ist ein Kind zunehmend dazu in der Lage, gezielt Informationen über Zustände und Aktivitäten, die in der Vergangenheit vorkamen, im Gedächtnis zu speichern. Eine derartige Fähigkeit ist auch für die Emotionsregulation wesentlich (Fischer & Rose, 1994). Die noch nicht vollständige Reife des Frontallappens ist für eine mangelhafte Fähigkeit zur inhibitorischen Kontrolle emotionaler Erregung und damit für ein Scheitern bei der Anwendung selbst einfacher Regulationsstrategien verantwortlich (Mangelsdorf et al., 1995). So ist etwa davon auszugehen, dass eine dysfunktionale Aufmerksamkeitskontrolle (als Regulationsstrategie) im Kindesalter mit einer Loslösung präfrontaler Hirnregionen, die für diese Strategie von zentraler Bedeutung sind, von anderen Hirnarealen einhergeht (Cox et al., 2010). Die Loslösung von Arealen, die mit emotionalen Reaktionen verbunden sind, kann folglich die Regulationsfähigkeiten (hier die Aufmerksamkeitskontrolle) deutlich beeinflussen. Damit stellt der Frontallappen der Großhirnrinde einen Bereich dar, in dem zentrale emotionsregulatorische Prozesse stattfinden. Grundlegende Reifungsprozesse des Frontallappens gehen zudem mit einer Spezialisierung sowie der Verbindung der beiden Hirnhälften einher. Dieser Prozess macht flexiblere Regulationsmechanismen möglich, die unter anderem auch das Langzeitgedächtnis in Anspruch nehmen (vgl. von Salisch, 2000).

Ein Befund, der im Kontext der Aktivität des frontalen Cortexes zunehmend aufgezeigt wird, ist die *hemisphärische Asymmetrie des Frontallappenbereichs*. Keine anderen Bereiche des Gehirns weisen bislang derart eindeutige asymmetrische Aktivitätsmuster im Zusammenhang mit der Emotionsregulation auf, wie der Frontallappen (Hannesdóttir, Doxie, Ann Bell, Ollendick & Wolfe, 2010). Schnell und nichtintrusiv ablaufende Messungen mittels Elektroencephalographie (EEG) und die von ihnen abgeleiteten ereigniskorrelierten Potenziale (EKP) dienen insbesondere der Erfassung der selbstregulatorischen Fähigkeiten von Kindern (z. B. Hajcak & Dennis, 2009; Jonkman, Lansbergen & Stauder, 2003; Lewis, Lamm, Segalowitz, Stieben & Zelazo, 2006). Die erfassten Regulationsfähigkeiten beziehen sich sowohl auf das Verhalten als auch die Regulation emotionaler Zustände (vgl. Lamm et al., 2011).

Eine geringere Fähigkeit zur Regulation von Stress steht mit einer rechtsfrontalen Asymmetrie, das heißt einer stärkeren rechts- als linkshemisphärischen Aktivierung, in Beziehung (Kim & Bell, 2006). Eine reduzierte linksfrontale Aktivität wurde darüber hinaus mit der Fähigkeit zur *Verhaltenshemmung* bei Vorschülern in Zusammenhang gebracht (Davidson, 1998; Fox et al., 1995) und konnte bei jüngeren Kindern depressiver Mütter beobachtet werden (Dawson, Frey, Panagiotides, Osterling & Hessl, 1997). Hannesdóttir et al. (2010) haben eine Längsschnittstudie mit Kindern im Alter von viereinhalb (t_1) und neun (t_2) Jahren mittels EEG-Messungen durchgeführt. Zu t_1 erfassten sie die EEG-Aktivität der Kinder und zu t_2 wurden unter anderem die Emotionsregulationsfähigkeiten der Kinder mittels Elternbericht durch die *Emotion Regulation Checklist* (ERC; Shields & Cicchetti, 1997) erhoben. Die Autoren konnten zeigen, dass die Kinder mit einer größeren linksfrontalen Asymmetrie bessere Regulationsfähigkeiten mit neun Jahren entwickelten. Für Kinder mit rechtsfrontaler Asymmetrie traf das Gegenteil zu.

Bei derartigen Studien, die die Rolle des frontalen Cortexes untersuchen, konnte auch gezeigt werden, dass eine ganz bestimmte EEG-Komponente – die mediofrontale N2 (vgl. Lamm & Lewis, 2010) – mit den regulatorischen Prozessen verknüpft ist. Lewis et al. (2008) haben die Emotionsregulation von Acht- bis Zwölfjährigen mit internalisierenden und externalisierenden Problemen sowie eine Kontrollstichprobe mittels EEG-Messungen vor und nach einer 14-wöchigen Intervention untersucht. Die Amplituden der EEG-Potenziale präfrontaler Regionen wurden für die N2-Komponente (200 bis 400 Millisekunden nach einem Reiz) erfasst. Diese Messungen wurden zwischen der Kontrollgruppe, den Kindern, die sich nach der Behandlung verbessert hatten, sowie den Kindern, die sich nicht verbesserten, verglichen. Die Ergebnisse zeigten, dass die Kinder, die sich nach der Behandlung verbessert hatten, eine verringerte ventrale präfrontale Aktivierung aufwiesen und damit mit den Kontrollkindern vergleichbar waren. Für diejenigen Kinder, die sich nicht verbessert hatten, blieb die ventral-präfrontale Aktivität gleich hoch. Zusätzliche Analysen konnten belegen, dass nur die ventral-präfrontalen Regionen – und nur innerhalb des N2-Zeitfensters – eine verringerte Aktivität nach der Behandlung abbildeten. Lewis et al. (2008) interpretierten dies als Hinweis darauf, dass sich nicht die emotionale Erregung veränderte, sondern sich die Regulationskompetenz der Kinder verbesserte.

Da die N2-Amplitude von einer Vielzahl von corticalen Strukturen generiert werden kann (z. B. Lamm & Lewis, 2010), ist es zudem wichtig, diejenigen corticalen Regionen genauer zu betrachten, die für die Emotionsregulation von Interesse sind. Die sogenannten *Source-Space*-Analysen ermöglichen eine gezielte Betrachtung einzelner Hirnregionen. So konnte mittels derartiger Analysen unter anderem nachgewiesen werden, dass eine erhöhte ventral-präfrontale Aktivität mit mehr negativen Emotionen (z. B. Baumgartner et al., 2006) und insbesondere mit Emotionsregulation einherging (z. B. Ochsner et al., 2004). Zu den relevanten Regulationsprozessen zählen etwa die Verhaltenshemmung oder Reaktionsselektion (Bekker, Kenemans & Verbaten, 2004; Smith, Johnstone & Barry, 2004). Eine erhöhte dorsale anterior-cinguläre Aktivierung zeigte des Weiteren einen Zusammenhang mit regulatorischen Prozessen wie der *Aufmerksamkeitslenkung* (Crottaz-Herbette & Menon, 2006; vgl. Lamm et al., 2011).

McRae et al. (2010) haben die neuronalen Marker der beiden Regulationsstrategien *Ablenkung* und *kognitive Neubewertung* untersucht. Sie konnten zunächst zeigen, dass beide Strategien den negativen Affekt deutlich reduzierten. Darüber hinaus zeigte sich eine geringere Aktivität der Amygdala, die signalisiert, in welchem Ausmaß ein in der Umwelt wahrgenommener Reiz weiter verarbeitet wird. Gleichzeitig erhöhte sich die Aktivität präfrontaler sowie cingulärer Regionen, die für die Kontrolle von Emotionen und Kognitionen relevant erscheinen. Während *Ablenkung* stärker mit rechten präfrontalen Regionen im Zusammenhang stand, die für die Aufmerksamkeitskontrolle von Bedeutung sind (Mayer et al., 2007), zeigte die *kognitive Neubewertung* deutlichere Auswirkungen in präfrontalen Regionen, die für die Einschätzung der Bedeutsamkeit eines affektiven Reizes für die eigenen Ziele wesentlich sind (Van Overwalle, 2009). Für beide Regulationsstrategien konnten darüber hinaus überlappende präfrontale Netzwerke identifiziert werden, die die Amygdala-Aktivität verringerten. Ein solcher Befund ist schließlich kongruent mit früheren Arbeiten, die ebenfalls eine derartige Dynamik zwischen präfrontalem Cortex und Amygdala als Grundlage für die kognitive Kontrolle von Emotionen identifizieren (Kim & Hamann, 2007; Lieberman et al., 2007; Ochsner & Gross, 2008; Stein et al., 2007; Urry et al., 2006). Diese Ergebnisse decken sich zudem mit den Erkenntnissen der Emotionsforschung, die von einer Lateralisierung der emotionalen Verarbeitung ausgehen. Linkshemisphärische Aktivität zeigt sich demnach deutlich bei positiven Affekten, bedürfnisorientierter Motivation und Annäherungsverhalten, wohingegen eine höhere Aktivität im Bereich der rechten Hemisphäre mit einem negativen und insbesondere der Regulation bedürftigen Affekt einhergeht (Durbin & Shafir, 2008).

4.1.3 Vagaler Tonus

Die *Polyvagale Theorie* (Porges, 1995) leistete bereits vor einigen Jahren einen wesentlichen Beitrag zum Verständnis der Entwicklung der Emotionsregulation aus psychophysiologischer Perspektive. Der Vagus – der zehnte kardiale Nerv – beinhaltet wichtige Pfade zur physiologischen Regulation der Herzrate. Die Polyvagale Theorie benennt unter anderem die grundlegenden Funktionen der zwei Hirnkerne, in denen der Vagus mündet: den Nucleus Ambiguus (NA) sowie den dorsalen motorischen Nucleus (DMN). Sie bietet damit eine Erklärung dafür, wie die vagalen Bahnen die Herzrate bei neuen Reizen sowie eine Vielzahl von Stressoren regulieren. Einen detaillierten Einblick in die grundlegenden Annahmen der Polyvagalen Theorie gibt Porges (1995). Zusammenfassend betont die Theorie die Wichtigkeit des NA sowie des ventral-vagalen Komplexes (der den NA beinhaltet) für den Ausdruck und die Regulation von Emotionen, wie etwa die Aufmerksamkeitslenkung. Für weniger bewusste und überlebensorientierte Prozesse wird ein dorsal-vagaler Komplex hervorgehoben, der unter anderem den DMN beinhaltet. Damit ist das vagale System neuroanatomisch mit Hirnkernen verbunden, die unter anderem für eine Kontrolle des Gesichtsausdrucks oder der Kopfbewegung zuständig sind und damit grundlegende emotionsregulatorische Prozesse beeinflussen.

Aktuelle Arbeiten betonen nach wie vor die Bedeutung der Polyvagalen Theorie für ein besseres Verständnis der Emotionsregulation (z. B. Beauchaine, Gatzke-Kopp & Mead, 2007). Dadurch, dass der kardial-vagale Tonus sich auf das parasympathische Nervensystem bezieht, kennzeichnet er nach Porges Theorie (1995) die Qualität der Emotionsregulation. Ein größerer vagaler Tonus steht für eine optimalere Emotionsregulation bei Kindern im Alter von vier bis sieben Jahren (Blandon, Calkins, Keane & O'Brien, 2008). Ein geringerer vagaler Tonus wiederum stellte sich als nichtspezifischer Marker für emotionale Dysregulation dar (Beauchaine, 2001). Schließlich müssen derartige Befunde jedoch in Abhängigkeit von verschiedenen Faktoren betrachtet werden, wie etwa dem Alter der Kinder (Beauchaine et al., 2007).

4.1.4 Zusammenfassung

Insbesondere die Befunde zur hemisphärischen Asymmetrie des Frontallappens lassen sich vom frühen Säuglingsalter (z. B. Fox et al., 1992) bis hin in die spätere Kindheit nachweisen (z. B. Kim & Bell, 2006) und bilden wichtige psychophysiologische Marker der frühen Emotionsregulation. Der Emotionsregulationsforschung ist damit ein entscheidender Fortschritt gelungen. Es bleibt jedoch anzumerken, dass viele andere grundlegende Studien zu neurobiologischen Korrelaten der Emotionsregulation der Erwachsenenforschung entstammen (vgl. Durbin & Shafir, 2008; Kim, Cornwell & Kim, 2012). Die verschiedenen neuronalen Netzwerke und Strukturen reifen im Verlaufe der Kindheit jedoch unterschiedlich schnell, weshalb eine Übertragung der Befunde zum Erwachsenenalter problematisch bleibt. Damit wird es eine wesentliche Aufgabe für die zukünftige Forschung sein, Kinder in verschiedenen Altersphasen mit gleichen Methoden zu untersuchen, um damit spezifische neuronale Strukturen und Systeme sowie deren Vernetzung zu identifizieren, die die Emotionsregulation bei Kindern beeinflussen.

4.2 Das Temperament des Kindes

Probleme der Emotionsregulation bedingen weitere Störungen des emotionalen Systems sowie in der Folge psychische Probleme (Amstadter, 2008). Daher ist es wichtig, das Konzept der Emotionsregulation und dessen Zusammenhang mit anderen, für psychische Probleme relevanten Faktoren zu untersuchen (vgl. Durbin & Shafir, 2008). Sich früh abbildende und interindividuell unterschiedliche Temperamentsmerkmale beeinflussen die Regulationsstrategien, die Kinder entwickeln und anwenden (Blair et al., 2004; Calkins, 2004; Denham, Bassett & Wyatt, 2007; John & Gross, 2004; Rothbart & Sheese, 2007; Suveg, Morelen, Brewer & Thomassin, 2010). Southam-Gerow und Kendall (2002) zeigten anhand einer umfassenden Übersichtsarbeit, dass das kindliche Temperament eine der Grundsäulen bildet, auf der die emotionale Entwicklung aufbaut. So konnte etwa gezeigt werden, dass Kinder mit einem gehemmten und zurückgezogenen Temperament häufig die Regulationsstrategien des Hilfesuchens sowie der emotionalen Maskierung anwenden (Zimmermann & Stansbury, 2003). Yagmurlu und Altan (2010) kamen in ihrer Studie darüber hinaus zu dem Ergebnis, dass eine hohe Persistenz und eine geringe Reaktivität mit besseren Emotionsregulationsfähigkeiten bei einer Stichprobe türkischer Kinder einhergingen. Derartige Befunde geben erste Hinweise auf eine wichtige Beziehung.

Das Temperament stellt eine genetisch bedingte bzw. veranlagte Fähigkeit zur Selbstregulation dar. Dies betrifft die Aufmerksamkeit, den Affekt sowie das Aktivitätsniveau. Im weiteren Entwicklungsverlauf wird das Temperament durch Erfahrung und Reifung beeinflusst (Bridgett et al., 2011; Rothbart & Bates, 1998, 2006). Insbesondere der Begriff der *Selbstregulation* als Teil der Temperamentsdefinition deutet an, dass eine eindeutige Abgrenzung der beiden Konzepte *Temperament* und *Emotionsregulation* bislang nicht optimal möglich ist. Dennoch liegen Hinweise vor, wie das Temperament auf die Regulationsfähigkeiten von Kindern Einfluss nimmt.

Das Temperament wird nach Thomas und Chess (1980) insbesondere für das Säuglings- und Kleinkindalter in neun Dimensionen untergliedert (vgl. Tab. 21). Diese Temperamentsdimensionen könnten alle mit der Emotionsregulation im Zusammenhang stehen, wobei die Beziehung zu ausgewählten Dimensionen empirisch genauer analysiert wurde (z.B. Blair et al., 2004). Einige Studien wurden in jüngster Zeit auch in Bezug auf das Temperament älterer Kinder durchgeführt. Im Rahmen dieser Studien wurden teilweise andere Zusammenhänge spezifiziert (Putnam, Ellis & Rothbart, 2001).

Tabelle 21: Die Temperamentsdimensionen nach Thomas und Chess (1980) und Putnam et al. (2001)

Säuglings- und Kleinkindalter (Thomas & Chess, 1980)	Säuglings- bis spätes Kindesalter (Putnam, Ellis & Rothbart, 2001)
1. Aktivität, 2. Tagesrhythmus, 3. Annäherung oder Rückzug, 4. Anpassungsfähigkeit, 5. sensorische Reizschwelle, 6. Reaktionsintensität, 7. Stimmungslage, 8. Ablenkbarkeit und 9. Aufmerksamkeit/Persistenz.	1. Angst, 2. Frustration, 3. negativer Affekt, 4. Extraversion/Begeisterungsfähigkeit, 5. Orientierung/Wahrnehmungssensibilität und 6. Effortful Control.

4.2.1 *Effortful Control*

Bislang hat man sich noch nicht darauf geeinigt, welche Basiskomponenten des Temperaments erforderlich sind, um das Phänomen der Emotionsregulation zu kennzeichnen (vgl. Rothbart & Sheese, 2007). Eine recht häufig untersuchte Dimension des Temperaments ist die *Effortful Control* (vergleichbar mit der *Anpassungsfähigkeit* nach Thomas und Chess), die als die Fähigkeit zur Hemmung einer dominanten Reaktion zugunsten einer untergeordneten Handlung definiert wird. Die Effortful Control beschreibt zudem Fähigkeiten zur Planung und Fehlererkennung (vgl. inhibitory control; Eisenberg et al., 2007; Kochanska et al., 2000; Koglin & Petermann, 2004; Rothbart & Bates, 1998, 2006; vgl. Kasten 5; Kap. 1.2.2). Die Fähigkeit zur Effortful Control ist durch eine effiziente Aufmerksamkeitslenkung charakterisiert und erweist sich als stabil über das Geschlecht sowie die ethnische Zugehörigkeit (Eisenberg et al., 2007; Sulik et al., 2010). Kinder, die über eine gute Effortful Control verfügen, können etwa die Anweisungen der Eltern befolgen, auch wenn ihnen ein attraktiveres Angebot (z. B. ein Spiel) gemacht wird. Schließlich kommt damit der Effortful Control eine grundlegende selbstregulatorische Funktion zu.

Kieras, Tobin, Graziano und Rothbart (2005) führten eine Studie mit Drei- bis Fünfjährigen durch. In ihrem „Falsches-Geschenk-Paradigma" wurden die Kinder zunächst zu acht Spielzeugen und vier Bücherpaaren befragt. Im Anschluss wurde ihnen eine Geschenkbox gezeigt, die das favorisierte Lieblingsspielzeug enthielt. Der Testleiter verharrte für 20 Sekunden nachdem das Kind das Geschenk ausgepackt hatte in einem neutralen Gesichtsausdruck. Die Reaktionen der Kinder wurden auf Video aufgenommen. Im Anschluss beurteilten die Kinder vier weitere Buchpaare und erhielten eine Geschenkbox, in der sich ihr am wenigsten favorisiertes Spielzeug befand. In gleicher Weise wie zuvor wurden die 20 Sekunden nach dem Auspacken des Geschenks aufgezeichnet. Anhand einer systematischen Kodierung der emotionalen Reaktionen der Kinder konnten die Autoren zeigen, dass diejenigen Kinder, die hohe Werte bei der Messung der Effortful Control erhielten, eine bessere Emotionsregulation nach dem Enttäuschungsparadigma zeigten als die Kinder mit geringeren Werten der Effortful Control.

Kochanska et al. (2000) haben die Effortful Control in ihrer Längsschnittstudie mit Kindern im Alter zwischen neun und 33 Monaten in fünf Komponenten untergliedert:
- Aufschieben,
- Verlangsamung der motorischen Aktivität,
- Unterdrückung oder Beginn einer Aktivität auf ein Signal hin,
- bewusste Aufmerksamkeit und
- Verlangsamung der Stimme.

Nach Angaben der Autoren teilen diese Komponenten die Gemeinsamkeit, dass sie die Unterdrückung einer dominanten Reaktion (z. B. motorisch, verbal, emotional oder kognitiv) und gleichzeitig das Zeigen einer untergeordneten Reaktion beschreiben. Entsprechend der fünf Komponenten wurden den Kindern im Alter von 22 Monaten sechs und im Alter von 33 Monaten elf „Spiel"-Aufgaben vorgegeben, wobei durch das beobachtete Verhalten die Messung der Effortful Control bestimmt wurde. Neben Faktoren, die das Ausmaß der Effortful Control der Kinder beeinflussten (z. B. mütterliche Ansprechbarkeit, Persönlichkeitseigenschaften der Mütter), konnte die Effortful Control wiederum selbst als Einflussfaktor der kindlichen Emotionsregulation aufgedeckt werden. Ein größeres Ausmaß an Effortful Control im Alter von 22 Monaten ging mit einer besseren Regulation von Wut einher sowie mit einer besseren Regulation von Wut und Freude mit 33 Monaten. Überraschend erscheint, dass das Temperament einen bedeutsamen Einfluss bei der Regulation vollkommen gegensätzlicher Emotionen besitzt. So sagte die Effortful Control eine bessere Regulation von Wut *und* Freude vorher.

Zalewski, Lengua, Wilson, Trancik und Bazinet (2011) haben in ihrer Studie mit Kindern zwischen acht und elf Jahren die Emotionsregulation als Moderatorgröße zwischen dem kindlichen Temperament und Anpassungsproblemen sowie Depressionen längsschnittlich untersucht. Sie erfassten verhaltensbezogene, körperliche und emotionale Reaktionen in frustrations- und angstauslösenden Situationen wie folgt:

- Emotionsregulationsprofil 1: Unregulierte reaktive Emotionsregulation,
- Emotionsregulationsprofil 2: Regulierte emotionale Reaktion und
- Emotionsregulationsprofil 3: Gut reguliert.

Die verschiedenen Temperamentsdimensionen wurden anhand von Fragebogenverfahren (Selbstbericht der Kinder und Fremdrating der Mütter) erhoben. Die Ergebnisse der Analysen von Zalewski et al. (2011) konnten zeigen, dass das Temperament mit den Emotionsregulationsprofilen der Kinder in Zusammenhang stand. Die Emotionsregulationsprofile (1) und (2) wurden in frustrierenden Situationen etwa durch eine geringe Effortful Control vorhergesagt. Hier moderierten die Emotionsregulationsprofile die Beziehung zwischen der Effortful Control und späteren Anpassungsproblemen sowie Depressionen. Speziell zeigten Kinder des unregulierten Profils (1) beispielsweise neben geringeren Werten bei der Effortful Control auch eine höhere Intensität an Freude und weniger Schüchternheit. Insgesamt konnten Zalewski et al. (2011) in ihrer Studie einen differenzierten Zusammenhang zwischen den verschiedenen Temperamentsdimensionen und Emotionsregulationsfähigkeiten von Kindern aufdecken, den es in Zukunft jedoch noch genauer zu untersuchen gilt.

4.2.2 Emotionalität

In der Regel wird das kindliche Temperament durch zwei weitere Kerneigenschaften beschrieben, die für das emotionale Erleben und Verhalten relevant sind: *Positive Emotionalität/Extraversion* (PE) und *Negative Emotionalität/Neurotizismus* (NE; vgl. Durbin & Shafir, 2008; vgl. Tab. 22).

Tabelle 22: Positive Emotionalität/Extraversion (PE) und negative Emotionalität/Neurotizismus (NE) als Merkmale des kindlichen Temperaments (Durbin & Shafir, 2008)

Positive Emotionalität/Extraversion (PE)	Negative Emotionalität/Neurotizismus (NE)
Tendenz, positive Emotionen zu erfahren. Merkmale: – Dominanz – Schlagfertigkeit – Belohnungssuche	Tendenz, negative Emotionen zu erfahren. Merkmale: – hohe Stressreaktivität – intensive negative Emotionen – Probleme der Stressregulation

Auf den ersten Blick verfügen Kinder, die eine höhere negative Emotionalität aufweisen, über weniger oder schlechtere Regulationsfähigkeiten als Kinder mit einer niedrigen negativen Emotionalität. Hier ist jedoch Vorsicht geboten. Die aus einer hohen negativen Emotionalität resultierende häufige und intensive negative Stimmung kann zweierlei Ursachen haben:

- Zum einen ist es in der Tat möglich, dass betroffene Kinder Schwierigkeiten bei der Emotionsregulation aufweisen.
- Zum anderen können sie bei gleichem Regulationsrepertoire wie Kinder mit einer niedrigen negativen Emotionalität jedoch auch eine niedrigere Hemmschwelle aufweisen und deshalb negative Emotionen eher zeigen.

Gleichermaßen kann eine geringe positive Emotionalität zum einen mit Problemen der Heraufregulierung positiver Emotionen einhergehen, oder aber eine höhere Hemmschwelle bzw. eine niedrige Intensität von positiven Emotionen bedingen (Durbin & Shafir, 2008). Es ist schließlich möglich, dass Kinder mit einer hohen emotionalen Reaktivität gleiche Regulationsstrategien einsetzen wie Kinder mit einer niedrigen Emotionalität, so dass die regulatorischen Strategien im Rahmen der Emotionen identisch sein können. Und dennoch können die emotional hoch reaktiven Kinder einen ausgeglichenen emotionalen Zustand nicht erreichen. Es ist folglich möglich, dass Kinder mit einer hohen emotionalen Reaktivität schlichtweg mehr „emotionales Material" besitzen, das reguliert werden muss. Regulationsschwierigkeiten würden demnach kein Defizit abbilden, sondern vielmehr eine größere Herausforderung bei der Modifikation intensiverer und häufiger auftretender Emotionen (vgl. Campos et al., 2004; Durbin & Shafir, 2008).

Hoch ausgeprägte positive und/oder negative Emotionalität können das Kind auch bei der Auswahl von Regulationsstrategien beeinflussen. So können intensivere emotionale Erfahrungen zu Verzerrungen dahingehend führen, dass ein Kind weniger effektive Regulationsstrategien auswählt. Nach Compas, Connor-Smith und Jaser (2004) ist der Effekt von Temperamentseigenschaften auf das Depressionsrisiko teilweise durch die Regulationsstrategien vermittelt; Temperamentseigenschaften beeinflussen die Auswahl der Regulationsstrategien. Ein Beispiel für eine im mittleren bis späteren Kindesalter relevante Regulationsstrategie, die entscheidend durch negative Emotionalität beeinflusst wird, ist die *Rumination* bzw. das *Grübeln*. Grübeln wird als das wiederholte Nachdenken über depressive Symptome und ihre Ursachen und Folgen definiert (Nolen-Hoeksma, 1991). Das Grübeln kann damit eine Neigung darstellen, die eigenen negativen Emotionen nicht zu verändern. Diese Neigung kann mit dem überdauernden Fokus auf die eigenen Emotionen und damit einem erhöhten Risiko für bestehende depressive Symptome gekoppelt sein (Durbin & Shafir, 2008).

Aus derartigen Erkenntnissen folgen zwei grundlegende Annahmen für die Emotionsregulation: Eine erste Schlussfolgerung wäre die, dass Kinder mit einer hohen negativen und positiven Emotionalität mehr Unterstützung bei der Emotionsregulation durch ihre Bezugspersonen benötigen als weniger emotional reaktive Kinder. Ein solches kindliches Temperament könnte damit für das Erlernen und Verbessern der selbstständigen kindlichen Regulationsstrategien wenig förderlich sein und schlechtere Selbstregulationsfähigkeiten zur Folge haben (Fox, 1989). Prinzipiell ist es jedoch auch möglich, dass hohe negative und positive Emotionalität die Entwicklung von Regulationsfähigkeiten unterstützen. Fox und Calkins (2003) gingen davon aus, dass die hohe Emotionalität für Kinder förderlich ist, da sie Möglichkeiten für Bezugspersonen schafft, die kindliche Emotionsregulation zu unterstützen und beeinflussen. Kinder mit einer hohen positiven und negativen Emotionalität erfahren demzufolge – abhängig vom Ausmaß, in dem ihre Umwelt sie unterstützt (vgl. Kap. 4.3) – mehr Lernmöglichkeiten für eine angemessene Emotionsregulation. Welche der beiden Annahmen wirklich zutrifft, bleibt zunächst offen.

4.2.3 Zusammenfassung

Bis dato wurde eine Anzahl an verschiedenen Temperamentsdimensionen in Beziehung zur Emotionsregulation untersucht. So scheint die Tendenz, sich neuen Situationen, Objekten oder Personen anzunähern oder diese zu vermeiden (Kagan, Reznick & Snidman, 1985), beispielsweise einen deutlichen Zusammenhang zu den Emotionsregulationsfähigkeiten von Kindern aufzuweisen. Verhaltensgehemmte Kinder neigen demnach zur Anwendung von vermeidenden Regulationsstrategien, da sie in neuen Situationen misstrauisch, schüchtern und ängstlich reagieren (Yagmurlu & Altan, 2010).

Die Arbeitsgruppe um Nancy Eisenberg (Eisenberg & Fabes, 1992; Eisenberg, Fabes, Guthrie & Reiser, 2002) hat ein *Modell der Emotionsregulation* entwickelt, das den Zusammenhang von Temperament und der Emotionsregulation im Kontext der Sozialentwicklung im Kindesalter beschreibt. Im Rahmen dieses Modells wird von drei Regulationsstilen ausgegangen:

- stark hemmende Emotionsregulation,
- unterkontrollierte Emotionsregulation und
- optimale Emotionsregulation.

Das Modell geht davon aus, dass Kinder mit einer *stark hemmenden Emotionsregulation* wahrscheinlicher soziales Rückzugsverhalten zeigen. Durch ihr Temperament sind diese Kinder häufig unglücklich und weisen einen stark kontrollierenden und unflexiblen Regulationsstil auf. Kinder mit einer *unkontrollierten Emotionsregulation* zeichnen sich durch ein Temperament aus, das wiederum durch eine hohe emotionale Intensität, Impulsivität, Aktivität und eine niedrige Frustrationsschwelle sowie erhöhtes reaktiv aggressives Verhalten gekennzeichnet ist. Kinder mit diesem Regulationsstil zeigen in der Folge ein geringeres prosoziales Verhalten und sind bei Gleichaltrigen aufgrund ihrer Impulsivität, dem Mangel an sozialen Fertigkeiten und ihrem aggressiven Verhalten weniger beliebt. Die Gruppe der Kinder mit einem optimalen Emotionsregulationsstil zeichnet sich schließlich durch eine hohe Flexibilität aus und zeigt in der Folge das am besten angepasste Verhalten. Diese Kinder sind zudem bei Gleichaltrigen beliebt und sozial kompetent. Zusammenfassend betont das Modell die Wechselwirkung zwischen kindlichem Temperament und Regulationsfähigkeiten. Basierend auf diesem Modell der Emotionsregulation (Eisenberg et al., 2002; Eisenberg & Fabes, 1992) haben Blair et al. (2004) eine Studie mit dem Ziel durchgeführt, die Entwicklung der sozialen Kompetenz von jungen Kindern in Abhängigkeit vom Temperament und der Emotionsregulation zu untersuchen. Sie konnten dabei zeigen, dass die Emotionsregulation die Beziehung zwischen dem kindlichen Temperament und dem Sozialverhalten bedeutsam moderierte.

Man kann festhalten, dass das kindliche Temperament die Emotionsregulationsfähigkeiten von Kindern bedingt. Diese Annahme darf jedoch nicht zu dem Trugschluss führen, dass ein bidirektionales oder umgekehrtes Zusammenwirken beider Konzepte ausgeschlossen werden kann. Einen Nachweis für einen umgekehrten kausalen Zusammenhang erbrachten beispielsweise Bridgett und Kollegen (2011) in ihrer aktuellen Studie. Sie gehen davon aus, dass die Effortful Control, die sich gegen Ende des ersten Lebensjahres ausbildet (Kochanska & Knaack, 2003; Putnam et al., 2006), durch die schon früher entwickelten grundlegenden Emotionsregulationsfähigkeiten beeinflusst wird. Sie führen Befunde an, die diese Annahme stützen (z. B. Putnam, Rothbart & Gartstein, 2008). Bridgett et al. (2011) konnten anhand der Entwicklungsspanne von vier bis 18 Monaten in der Tat zeigen, dass frühe Veränderungen der Emotionsregulation – gemessen über den *Infant Behavior Questionnaire-Revised* (IBQ-R; Gartstein & Rothbart, 2003) – mit der Effortful Control im Alter von 18 Monaten korrelierten.

Die Studien zum Zusammenhang von Temperament und Emotionsregulation zeigen, dass beide Konzepte gemeinsam viele Aspekte des Sozialverhaltens vorhersagen (z. B. (pro-)soziales Verhalten, Akzeptanz durch Gleichaltrige; Eisenberg et al., 2002). Ferner wurde gefunden, dass eine gute Emotionsregulation geringere Verhaltensprobleme bei Kindern mit einer hohen negativen Emotionalität besser vorhersagt als das Temperament. Ein Kind mit einem negativen Temperament kann so beispielsweise nach wie vor sozial kompetent sein, wenn es in hohem Maße konstruktive Regulationsstrategien aufweist. Umgekehrt erwies sich die Emotionsregulation als schlechterer Prädiktor für Kinder, die nicht derart empfänglich für negative Emotionen waren (Eisenberg et al., 2002; Eisenberg, Fabes, Gurthie et al., 1996; Eisenberg, Gruthie et al., 2000).

4.3 Emotionsregulation durch die Eltern

Die Erziehungspraktiken von Eltern spielen eine entscheidende Rolle für die Entstehung von emotionalen Fähigkeiten und damit auch für die Emotionsregulation eines Kindes, indem sie etwa angemessene oder ungünstige Temperamentseigenschaften und Verhaltensweisen verstärken oder abschwächen (Calkins, Smith, Gill & Johnson, 1998; Southam-Gerow & Kendall, 2002; Thompson, 1994; Thompson & Meyer, 2007). Kurz nach der Geburt, im frühen Säuglingsalter, sind Kinder lediglich mit den basalen Fähigkeiten ausgestattet, die eigene körperliche oder emotionale Erregung zu bewältigen. Damit sind sie wesentlich von den Eltern abhängig, die sie in Stresssituationen beruhigen oder ihre Angst in als bedrohlich empfundenen Kontexten mindern. Das in der weiteren Entwicklung folgende Erlernen eines sozial angemessenen Umgangs mit den eigenen Emotionen, das heißt der Erwerb von Regulationsfähigkeiten, zählt zu den ersten wichtigen Entwicklungsaufgaben eines Kindes (Alink et al., 2009). Emotionsregulationsprobleme können aus einer unangemessenen Regulation durch die Eltern resultieren sowie durch deren Unfähigkeit, die Kontrolle der Regulation dem Kind zu übergeben, wenn dies entwicklungsbedingt angemessen ist (Durbin & Shafir, 2008).

4.3.1 Akzeptanz und Emotionscoaching

Im Allgemeinen beeinflussen die Eltern massiv die Entwicklung des Emotionsverständnisses und der Emotionsregulation von Kindern (Bridgett et al., 2011; Chang et al., 2003; Cole et al., 2009; Morris et al., 2007, 2011; Thompson & Meyer, 2007). Besonders die Eltern-Kind-Interaktionen (Chang et al., 2003), das elterliche Coaching (z. B. in der Kirche leise zu sein; Cole et al., 2009) sowie die Modellfunktion von Eltern formen die Aneignung von Emotionsregulationsfähigkeiten. Erkennen Eltern die Emotionen ihres Kindes, akzeptieren sie diese und bieten sie eine Anleitung, die dem Kind im Umgang mit den eigenen Emotionen nützt, so wird von einer *Sozialisation des kindlichen Emotionsverhaltens* gesprochen (Yagmurlu & Altan, 2010). Bereits Thompson (1994) hat betont, dass der Emotions-Sozialisations-Prozess eine wichtige Komponente der emotionalen Entwicklung eines Kindes ausmacht. Für einen solchen Sozialisationsprozess ist das elterliche Agieren und Reagieren auf das emotionale Erleben und Verhalten eines Kindes von großer Bedeutung.

Kinder erlernen Regulationsfähigkeiten ganz wesentlich durch die impliziten und expliziten Bewertungen ihrer Emotionen durch das soziale Umfeld. Darüber hinaus lernen sie dadurch, ihre eigenen Gefühle zu bewerten (Thompson & Meyer, 2007). Eisenberg, Fabes und Murphy (1996) konnten in einer Studie mit Neun- bis Zwölfjährigen zeigen, dass wenn Eltern nur sehr geringe Reaktionen auf die kindlichen Emotionen äußerten, die Kinder über weniger konstruktive Regulationsfähigkeiten verfügten (kognitive Umstrukturierung und Hilfesuchen). Gleichzeitig zeigten diese Kinder ein ausgeprägtes Rückzugsverhalten in Konfliktsituationen mit Gleichaltrigen. Auch harsche und nicht-unterstützende Reaktionen auf den kindlichen Emotionsausdruck haben negative Folgen für die Emotionsregulation von Kindern. So zeigt sich, dass Kinder über weniger angemessene Regulationsstrategien verfügen und generell schlechter emotional angepasst sind, wenn Eltern sie für ihre Emotionen kritisierten und sie nicht anleiteten (Lunkenheimer, Shields & Cortina, 2007; Shipman et al., 2007). Neben einer solch abweisenden Haltung gegenüber den kindlichen Emotionen fanden Calkins et al. (1998), dass auch Kinder von Müttern mit einem hoch kontrollierenden Verhalten weniger effektive Regulationsfähigkeiten aufwiesen.

Umgekehrt regulieren Kinder ihre Emotionen auf eine angemessene Art und Weise, wenn Eltern unterstützend auf den emotionalen Ausdruck ihrer Kinder reagieren und diesen akzeptieren (Eisenberg, Fabes & Murphy, 1996; Gilliom, Shaw, Beck, Schonberg & Lukon, 2002; Ramsden & Hubbard, 2002). Dies ist wohl damit zu begründen, dass ein emotional unterstützendes Verhalten der Eltern das emotionale Bewusstsein und Verständnis ihrer Kinder grundlegend fördert (Denham, 1997; Eisenberg, Cumberland & Spinrad, 1998; Gottman, Katz & Hooven, 1997). Wenn Eltern negative Emotionen ihrer Kinder annehmen und sich darum bemühen, ihre Kinder darin zu coachen, dass sie ihre Emotionen wahrnehmen und mit diesen lernen umzugehen, ist eine wesentliche Voraussetzung einer positiven Emotionsregulation gegeben. Eine Mutter stellt so etwa einen „emotionalen Coach" dar, indem sie empathische Toleranz für die Angst ihres Kindes zeigt und diese Angst gleichzeitig als Lernchance begreift, ein positives Angstmanagement mit dem Kind einzuüben. Die *elterliche Akzeptanz* sowie das *Anlernen von Regu-*

lationsstrategien sind somit zwei sich ergänzende Aspekte einer optimalen elterlichen Hilfestellung mit positiven Auswirkungen für die Emotionsregulation des Kindes (Cole et al., 2009; Jaffe et al., 2010). Ein besonderes Risiko für die angemessene Entwicklung der Emotionsregulation ist schließlich gegeben, wenn ein Kind innerhalb der Familie misshandelt wurde (vgl. Kasten 17).

Kasten 17: Emotionsregulation misshandelter Kinder

Nicht nur positives elterliches Erziehungsverhalten kann die Regulation der kindlichen Emotionen formen. Der Einfluss der Eltern auf die *Entwicklung des emotionalen Verhaltens* trägt in einigen Familien zu einem *erhöhten* Risiko für die Entwicklung einer Psychopathologie bei (Gottman, Katz & Hooven, 1997; Yagmurlu & Altan, 2010). Ein wenig unterstützendes und harsches Verhalten, wie beispielsweise andauernde Kritik oder Bestrafung, führt beim Kind zu erhöhtem Stress und einer Unterdrückung „unerwünschter" Emotionen (vgl. Shipman et al., 2007).

Misshandlung (sei sie körperlich oder psychisch) in Form von Vernachlässigung oder verbaler Gewalt, ist einer der folgenschwersten Risikofaktoren für die Herausbildung emotionaler und Verhaltensprobleme und gefährdet die Entwicklung sozialer Kompetenzen (Romens & Pollak, 2012; Shields, Cicchetti & Ryan, 1994). In einer Familie, in der Misshandlungen auftreten, werden von einem Kind andere Regulationsstrategien benötigt, um mit diesen Erfahrungen zurechtzukommen (Rogosch, Cicchetti, Shields & Toth, 1995). So können etwa eine *erhöhte Vigilanz* und eine *Minimierung des emotionalen Ausdrucks* als Reaktionen auf Stress und negative emotionale Erfahrungen die Wahrscheinlichkeit von einer weiteren Misshandlung senken. Derartige Strategien sind auf lange Sicht, ungeachtet ihres unmittelbaren Nutzens, ungünstig und erhöhen damit das Risiko für internalisierende oder externalisierende Probleme des Kindes (vgl. Alink, Cicchetti, Kim & Rogosch, 2009). Derartige Befunde unterstützen die *Emotional Security Hypothesis* (Davies & Cummings, 1994). Diese besagt, dass ein Kind bei emotionalem Stress danach strebt, Gefühle der emotionalen Sicherheit herzustellen und aufrechtzuerhalten. Dennoch stellt der Versuch des Kindes, Zustände emotionaler Sicherheit in einem aversiven Umfeld herzustellen, eine letztendlich und auf lange Sicht ungünstige Emotionsregulation dar.

Shipman et al. (2007) untersuchten Kinder, die innerhalb der Familie Misshandlung erfahren haben, sowie nichtmisshandelte Kinder im Alter zwischen sechs und zwölf Jahren. Die Autoren konnten in ihrer Studie zeigen, dass misshandelte im Vergleich zu nichtmisshandelten Kindern über schlechter angepasste Regulationsstrategien und damit gleichermaßen eine massive Emotionsdysregulation verfügten. Generell trat ein angemessenes Emotionscoaching bei misshandelnden im Vergleich zu nichtmisshandelnden Eltern deutlich weniger häufig auf.

Misshandelte Kinder zeigen ferner deutliche Abweichungen bei der Entwicklung der Emotionsregulation. Die betroffenen Kinder haben Schwierigkeiten beim Emotionsausdruck, dem Erkennen und Interpretieren von Emotionen, und darüber hinaus einem Verständnis von und der Kommunikation über Emotionen (Cicchetti & Curtis, 2005; Curtis & Cicchetti, 2007). Allerdings zeigen nicht alle misshandelten Kinder notwendigerweise auch Defizite in ihren emotionalen (Regulations-)Fähigkeiten. Insbesondere gilt ein sicheres Beziehungsmuster zur Mutter als protektiver Faktor, der den Zusammenhang zwischen Kindesmisshandlung und Emotionsdysregulation relativiert (Alink et al., 2009).

4.3.2 Eltern-Kind-Bindung

Es ist davon auszugehen, dass eine warmherzige und unterstützende Eltern-Kind-Beziehung der emotionalen Kompetenz und damit auch den Emotionsregulationsfähigkeiten eines Kindes förderlich ist (Eisenberg et al., 1998; Gresham & Gullone, 2012; Morris et al., 2011). Dem Bindungskonzept kommt damit eine zentrale Rolle zu (vgl. Tab. 23).

Tabelle 23: Bindungsstile nach John Bowlby (1969) und Mary Ainsworth (1973)

<table>
<tr><td>Zum Bindungs-konzept</td><td>„Bindung" ist die Bezeichnung für eine räumlich und zeitlich bestehende emotionale Beziehung zu einer bestimmten Bezugsperson. John Bowlby und weiterführend dessen Studentin, Mary Ainsworth, entwickelten die sogenannte Bindungstheorie. Diese Theorie postuliert eine Tendenz, durch die Kinder zur Erhöhung ihrer Überlebenschancen Bindungen zu Bezugspersonen entwickeln (Bowlby, 1969; Siegler, DeLoache & Eisenberg, 2005). Die Bindungspersonen werden als sichere Basis herangezogen (Waters & Cummings, 2000), die als Grundlage dient, auf der ein Kind die Umwelt erkunden kann und Kompetenzen erlangt. Die Entwicklung einer Eltern-Kind-Bindung findet nach Bowlby (1969) in vier Phasen statt:
– Vorphase der Bindung (0 bis 6 Wochen): Angeborene und reflexartige Signale (meist Schreien) bedingen Verhaltensweisen, die das Kind trösten.
– Entstehende Bindung (6 Wochen bis 6 bis 8 Monate): Kinder beginnen auf bevorzugt vertraute Bezugspersonen zu reagieren (lächeln, lachen oder plappern) und sich von diesen beruhigen zu lassen.
– Ausgeprägte Bindung (6 bis 8 Monate bis 1.5 bis 2 Jahre): Eine aktive Kontaktsuche zu Bezugspersonen beginnt. Meist dient die Mutter als sichere Basis bei der Erkundung der kindlichen Umwelt.
– Reziproke Beziehungen (ab 1.5 bis 2 Jahren): Die rasche Entwicklung kognitiver und sprachlicher Fähigkeiten ermöglichen dem Kind, Ziele und Gefühle der Eltern zu verstehen und dieses Wissen dafür zu nutzen, um in der Nähe der Eltern zu sein (Trennungsstress nimmt ab, wechselseitige Beziehung entsteht).

Als Ergebnis dieser Entwicklung zeigt sich in der Regel eine überdauernde emotionale Beziehung zwischen Kind und Bezugsperson. Darüber hinaus entwickelt sich als Ergebnis der Erfahrungen mit den Bezugspersonen das innere Arbeitsmodell der Bindung (Fonagy & Target, 2002). In diesem Modell sind Vorstellungen über die eigene Person, die Bindungsperson und die Beziehungen im Allgemeinen enthalten. Dieses Modell prägt die Erwartungen an Personen auch über die Kindheit hinaus. Werden die frühen Beziehungen eines Kindes etwa als sicher erfahren, dann entwickelt es die Fähigkeit, flexibel zu denken, zu fühlen und zu handeln.</td></tr>
</table>

Tabelle 23: (Fortsetzung)

Die Bindungsstile	**Sichere Bindung**	Zu dieser Kategorie gehört die Mehrheit der Kinder. Sicher gebundene Kinder nutzen ihre Bezugsperson als sichere Basis bei der Umwelterkundung und haben zu dieser eine ziemlich eindeutige und hochwertige Beziehung. In der *Fremden Situation* nach Ainsworth (Ainsworth, Blehar, Waters & Wall, 1978) beginnt ein sicher gebundenes Kind zu weinen, wenn die Bindungsperson weggeht, freut sich jedoch auch, wenn diese zurückkommt. Darüber hinaus erholt sich das Kind schnell von seiner emotionalen Erregung.
	Unsicher-ambivalente Bindung	Diese Kinder zeigen kaum Verhalten zur Umwelterkundung und suchen ständig die Nähe ihrer Bezugsperson (z.B. Klammern). Verlässt die Bezugsperson in der Fremden Situation den Raum, sind diese Kinder häufig ängstlich und lassen sich von Fremden kaum beruhigen. Auch bei Rückkehr der Bezugsperson gelingt dieser das Beruhigen nur schwer. Damit suchen unsicher-ambivalente Kinder zum einen den Trost, zum anderen sträuben sie sich gegen die Bemühungen, sie zu beruhigen.
	Unsicher-vermeidende Bindung	Diese Kinder erscheinen gleichgültig gegenüber ihrer Bezugsperson oder meiden diese. Weinen diese Kinder, wenn die Bezugsperson in der Fremden Situation den Raum verlässt, so lassen sie sich von einem Fremden oder der Bezugsperson gleichermaßen leicht beruhigen. Darüber hinaus erscheinen sie vermeidend oder gleichgültig, wenn die Bezugsperson wieder zurückkehrt.
	Desorganisiert-desorientierte Bindung	Diese Kinder weisen keine konsistenten Bewältigungsstrategien auf. Derart unsicher gebundene Kinder zeigen ein oft widersprüchliches Verhalten, erscheinen desorganisiert oder leicht benommen. Daher ist ihr Verhalten unvorhersehbar und sie lächeln etwa ängstlich bei Annäherung an ihre Bezugsperson und zeigen dann plötzlich Wut (Main & Solomon, 1990).

Bindungstheoretiker bestätigen die Rolle der Eltern-Kind-Beziehung für die Selbstregulation von Emotionen (Cassidy, 1994). Die Bindung zu den Eltern ist aber nicht nur im frühestens Säuglingsalter entscheidend, in dem Eltern die primären und engsten Bezugspersonen darstellen, sondern hat auch während der weiteren Entwicklung eine grundlegende Funktion für das emotionale Erleben und Verhalten und wird im Laufe der Zeit zunehmend internalisiert (Thompson, 2008). So zeigt sich, dass die Bindungsrepräsentation im mittleren Kindesalter, in dem Bindung nicht mehr über beobachtbares Verhalten erfasst wird, mit dem Ausmaß der Regulationsfähigkeiten in Beziehung steht (Kerns, Abraham, Schlegelmilch & Morgan, 2007). Kinder mit einem sicheren Bindungsstil sind dazu in der Lage, die eigenen emotionalen Erregungszustände durch die Anwendung von Regulationsstrategien zu kontrollieren und zu modulieren (Sprangler, 2011; Sroufe, Egeland, Carlson & Collins, 2005) und verfügen über ein Repertoire effektiver Emotionsregulationsstrategien (NICHD, 2004; Panfile & Laible, 2012).

Nach Cassidy (1994) entwickeln sicher gebundene Kinder die Erwartung, dass auf ihre emotionalen Signale vorhersagbar und sensibel reagiert wird. Folglich drücken sicher gebundene Kinder ihre Emotionen offen aus und teilen diese mit anderen. Reagieren Eltern auf die Bedürfnisse ihrer Kinder einfühlsam, so weisen die Kinder positive Regulationsfähigkeiten bei der Bewältigung anspruchsvoller Aufgaben auf (Cox et al., 2010; Haley & Stansbury, 2003). Unsicher gebundene Kinder hingegen entwickeln die Erwartung, dass auf ihre emotionalen Signale nur selektiv und nicht vorhersagbar eingegangen wird. Diese Kinder haben damit ein höheres Risiko, ungünstige Regulationsstrategien zu entwickeln (Calkins & Hill, 2007; Cassidy, 1994).

4.3.3 Elterliche Regulationsstrategien

Einige weitere elterliche Verhaltensweisen können beobachtet werden, die zum Ziel haben, die Emotionen der Kinder zu managen. Eltern lenken etwa die Aufmerksamkeit ihres Kindes von potenziell angstauslösenden oder stressigen Ereignissen ab, helfen beim Lösen von Aufgaben, die vom Kind als frustrierend empfunden werden, oder sind bemüht die Einschätzungen ihres Kindes von negativ erregenden Erfahrungen zu verändern (z. B. „Es ist doch nur ein Spiel.“). Eltern zeigen des Weiteren direkte Signale in Form von Mimik oder verbalen Äußerungen, wenn Kinder in mehrdeutigen Situationen überfordert sind. Kinder sind bereits gegen Ende des ersten Lebensjahres dazu in der Lage, diese Signale vertrauter Personen gezielt zu nutzen (Thompson, 2006). Im Sinne einer *proaktiven* Emotionsregulation können Eltern darüber hinaus die emotionalen Erfahrungen, die ein Kind sammelt, vorhersagbar und damit kontrollierbarer machen. Beispielsweise können alltägliche Routinen, wie der Mittagsschlaf und gemeinsame Mahlzeiten, geplant werden oder Situationen gewählt werden, die ein Kind nicht überfordern und seinem Leistungsvermögen entsprechen (Situationsselektion; Gross & Thompson, 2007).

Eltern können ihren Kindern zudem direkt dabei helfen, zu lernen, die eigenen emotionalen Erlebens- und Verhaltensweisen zu regulieren, indem sie mit ihnen spielen. Das Spielen macht eine wichtige und grundlegende Komponente der menschlichen Sozialisation aus (z. B. Flanders et al., 2010; Lindsey, Mize & Pettit, 1997). In ihrer Längsschnittstudie konnten Flanders et al. (2010) etwa zeigen, dass die Vorschulkinder von Vätern, die mit ihnen häufiger „rauhe“ Spiele durchführten, im weiteren Leben (fünf Jahre später) mehr körperliche Gewalt und schlechtere Regulationsfähigkeiten zeigten. Dieser Effekt wurde durch die Vater-Kind-Beziehung während des Spielens moderiert, wobei Kinder von weniger dominanten Vätern den Zusammenhang deutlicher zeigten.

Zu den Regulationsstrategien der Eltern zählen im Kindesalter Fähigkeiten, Emotionen angemessen zu identifizieren und zu benennen, des Weiteren Methoden, Stress zu tolerieren oder mit diesem angemessen umzugehen sowie das Erkennen und Befolgen von Regeln für einen sozial angemessenen Ausdruck von Emotionen (vgl. Shipman et al., 2007). Tabelle 24 veranschaulicht die altersspezifischen Verhaltensstrategien der Eltern zur Unterstützung der kindlichen Emotionsregulation. Wie deutlich wird, zeigt sich trotz zunehmend autonomen Regulationsfähigkeiten seitens des Kindes der elterliche Einfluss über die gesamte Kindheit hinweg. Eltern können weiterhin als Unterstützung in stressigen Situationen dienen, ein beruhigender Ansprechpartner beim Empfinden von Angst sein oder als Verstärker von positiven Gefühlen beim Erleben von Freude wirken. Dennoch schwindet der Einfluss der Eltern mit zunehmendem Alter der Kinder, das heißt die kindliche Emotionsregulation findet mit Beginn des Schulalters deutlich unabhängiger statt (Durbin & Shafir, 2008; Morris et al., 2011).

Tabelle 24: Die externale Emotionsregulation im Entwicklungsverlauf

Säuglings- und Kleinkindalter	Wie in Kapitel 2 bereits geschildert wurde, ist die Emotionsregulation durch die Eltern insbesondere in den ersten Lebensmonaten eine notwendige Grundlage für das kindliche Erleben von Emotionen. Neben der Befriedigung der primären Bedürfnisse, wie Schlaf, Hunger, Schutz vor Kälte oder Schmerz, treten Ablenkungsstrategien in der frühesten Lebensphase in den Vordergrund, die der Modulation von emotionalen Erregungszuständen dienen (Crockenberg, Leerkes & Bárrig Jó, 2008; Muralidharan, Yoo, Ritschel, Simeonova, Craighead, 2010). Hinzu kommen kinästhetische oder taktile Beruhigungsstrategien (z.B. auf den Arm nehmen, Umarmen oder Küssen) sowie eine verbale Beruhigung (z.B. Singen, Summen, Sprechen).
Vorschul- und Schulalter	Mit den zunehmenden Fähigkeiten des Kindes, die eigenen Emotionen zu regulieren, endet die Emotionsregulation durch die Eltern jedoch nicht. Im Gegenteil hilft die sich während der frühen Lebensmonate verringernde Labilität von Erregungszuständen den Eltern dabei, die Emotionen ihrer Kinder zu managen. Neben den benannten Emotionsregulationsstrategien der Eltern in der Säuglings- und Kleinkindperiode liegt der Fokus im Vorschulalter schließlich auf gezielten Problemlösestrategien und im Weiteren auf kognitiven Coping-Strategien, wie etwa positivem Denken (z.B. an etwas Schönes denken; Eisenberg & Morris, 2002).

In einer aktuellen Studie haben Morris et al. (2011) untersucht, ob und welche spezifischen elterlichen Verhaltensweisen mit der Emotionsregulation von Kindern im mittleren Kindesalter zwischen vier und neun Jahren in Beziehung stehen. Die Autoren vermuten, dass elterliche Erziehungspraktiken eine Möglichkeit bieten, Kindern regulatorische Fähigkeiten bzw. Strategien beizubringen. Ausgangspunkt der Überlegungen von Morris et al. (2011) bildete Gottmans *Emotion Coaching Socialization Theory* (Gottman et al., 1997), die systematisiert, wie elterliche Verhaltensweisen zur Emotionsregulation den Ausdruck von Emotionen von Kindern beeinflussen. Grundlegend nehmen Gottman et al. (1997) an, dass warmherzige und auf die Bedürfnisse ihrer Kinder eingehende Eltern über ein Repertoire bestimmter Coaching-Strategien verfügen, mit denen sie die Emotionsregulation ihrer Kinder unterstützen können. Hierzu zählen etwa:

- die Benennung einzelner Emotionen (z. B. „Das macht dich traurig."),
- die Beruhigung bei emotionaler Erregung (z. B. „Atme tief durch!") und
- das spezifische Problemlösen im Falle eines emotionalen Ausdrucks des Kindes.

Basierend auf dieser Theorie nahmen Morris et al. (2011) an, dass insbesondere die mütterlichen Regulationsstrategien den Umgang des Kindes mit Wut und Traurigkeit unterstützen; des Weiteren folgern sie, dass das Mitwirken der Kinder die Wirksamkeit dieser externalen Regulationsstrategien verbessert. Drei mütterliche Regulationsstrategien wurden untersucht:

- Neufokussierung der Aufmerksamkeit,
- Beruhigung und
- kognitive Umstrukturierung.

Da verschiedene Regulationsstrategien mehr oder weniger erfolgreich beim Umgang mit unterschiedlichen Emotionen wirken können (Buss & Goldsmith, 1998), wurde die Effektivität jeder einzelnen Strategie für Wut und Traurigkeit separat untersucht. Die Ergebnisse von Morris et al. (2011) zeigten, dass die Strategien der Mütter bedingten, wie gut es den Kindern allmählich gelang, mit Wut und Traurigkeit umzugehen. Insbesondere das mütterliche Neufokussieren der Aufmerksamkeit zeigte einen solchen Effekt für beide Emotionen. Gelang es den Kindern, aktiv bei der Regulation von Wut und Traurigkeit mitzuwirken, konnte die Emotionsregulation zusätzlich dadurch optimiert werden, dass die Mutter zur kognitiven Umstrukturierung anregte. Im Schulalter dominierten naheliegenderweise die kognitiven Coping-Strategien (Morris et al., 2011).

Kinder, die daran gewöhnt sind, elterliche Unterstützung zu erfahren, lernen implizit, dass Emotionen reguliert werden können. Dieser Lernprozess kann ihnen schließlich dabei helfen, effektive Strategien wahrzunehmen. Darüber hinaus können strukturierte Anweisungen durch die Eltern das schnelle Abrufen und Verbalisieren von Regulationsstrategien bei den Kindern fördern (Cole et al., 2009).

4.3.4 Emotionsausdruck und Regulationsfähigkeiten von Eltern

Neben den direkten, mehr oder weniger bewussten Verhaltensweisen und -strategien der Eltern sind auch die eigenen Emotionsregulationsfähigkeiten der Eltern sowie der emotionale Ausdruck innerhalb der Familie und im weiteren familiären Umfeld prägend für die Regulationsfähigkeiten von Kindern (Chang et al., 2003; Ramsden & Hubbard, 2002). Bereits im frühesten Säuglingsalter kann demnach der mütterliche Ausdruck von negativen Emotionen die emotionale Entwicklung des Kindes beeinträchtigen, indem Unterstützung bei der Regulation von Emotionen fehlt (Goodman, 2002). Die Eltern wirken als Person auf die kindliche Entwicklung, insbesondere auf die emotionalen Erlebens- und Verhaltensweisen eines Kindes. Kinder lernen implizit im Umgang mit ihren Eltern, welche Emotionen von ihrer familiären Umwelt akzeptiert und erwartet werden und wie sie mit der Erfahrung verschiedener Emotionen umgehen (Morris et al., 2007).

Die *soziale Lerntheorie* von Bandura (1977) hilft zu verstehen, wie eine solche Wirkung zustande kommt. Banduras Theorie betont den sozialen Kontext, in dem Lernen stattfindet und der damit auf die soziale Anpassung von Kindern wirkt. Kinder treten mit anderen Menschen in Kontakt und interpretieren die Verhaltensweisen ihrer Interaktionspartner. Schließlich beeinflussen diese Interpretationen das kindliche Verhalten in vergleichbaren Situationen. Von besonderer Bedeutung beim „Emotionslernen" ist das Modelllernen am Beispiel der Eltern.

Bariola, Hughes und Gullone (2011) konnten in der Tat zeigen, dass die Emotionsregulation von Eltern die Emotionsregulation ihrer Kinder beeinflusst. So zeigte sich ein signifikanter Zusammenhang zwischen der Unterdrückung des Emotionsausdrucks der Mütter und der Übernahme dieser Strategie durch die Kinder. Suveg, Jacob et al. (2010) konnten in ihrer Studie zeigen, dass eine hohe interpersonelle Sensibilität der Mütter – definiert als hohe Emotionalität, schlechte Kontrolle von Emotionen und eine hohe Erregung im sozialen Kontext – in einem signifikanten Zusammenhang mit der emotionalen Dysregulation der Kinder stand. Die Emotionsregulation der untersuchten Sieben- bis Zwölfjährigen wurde mithilfe der *Lability/Negativity* Skala des ERC (Shields & Cicchetti, 1997) erfasst. Sie bildete in der Studie von Suveg, Jacob et al. (2010) darüber hinaus den Faktor, über den die Sensibilität der Mutter mit den sozialen Problemen der Kinder verknüpft war. Damit konnte gezeigt werden, wie emotionale Eigenschaften der Mutter auf das kindliche Regulationsverhalten wirken. Die deutlichsten Effekte der mütterlichen Emotionalität zeigen sich in Studien zum Einfluss der mütterlichen Depression auf die Regulationsfähigkeiten von Kindern (vgl. Kasten 18).

Kasten 18: Effekte mütterlicher Depression auf die Emotionsregulation von Kindern

Kinder depressiver Mütter haben ein erhöhtes Risiko für eine Vielzahl von Verhaltensproblemen, wie etwa internalisierende oder externalisierende Probleme (Garber, Braafladt & Weiss, 1995; Silk, Shaw, Forbes, Lane & Kovacs, 2006) und zeigen seltener einen positiven Gefühlsausdruck (Shaw et al., 2006). Es ist wahrscheinlich, dass depressive Mütter kaum dazu in der Lage sind, ihren Kindern als Vorbild für eine angemessene Emotionsregulation zu dienen, weil sie selbst auf unzureichende Regulationsfähigkeiten zurückgreifen (Silk, Shaw, Forbes et al., 2006).
Maughan, Cicchetti, Toth und Rogosh (2007) untersuchten die Auswirkungen mütterlicher Depression auf die Regulationsfähigkeiten von jungen Kindern. Die mütterliche Negativität (als ein Kernmerkmal der Depression) wurde zu einem Zeitpunkt erhoben, zu dem die Kinder 21 Monate alt waren und stellte einen Faktor dar, dessen Einfluss auf die Emotionsregulation von Kindern im Alter von vier Jahren untersucht wurde. Die Ergebnisse der Studie zeigten, dass ca. 73 % der Kinder von depressiven Müttern dysfunktionale Emotionsregulationsmuster aufwiesen, verglichen mit 43 % der Kinder nichtdepressiver Mütter.

Auch Silk, Shaw, Skuban, Oland und Kovacs (2006) untersuchten die Auswirkungen mütterlicher Depression auf die Emotionsregulation von Kindern. Die Kinder sollten auf einen Keks oder ein attraktives Spielzeug warten, bis die Mütter mit dem Ausfüllen eines Fragebogens fertig waren. Die Autoren konnten für die Vier- bis Siebenjährigen depressiver Mütter zeigen, dass diese sich passiver verhielten und weniger häufig aktive Strategien beim Warten anwandten als Gleichaltrige nichtdepressiver Mütter. Zudem fokussierten die Kinder depressiver Mütter mehr auf den erwünschten Keks oder das Spielzeug und damit das emotionsinduzierende Reizobjekt als die Kinder der Kontrollgruppe. Insbesondere die Töchter depressiver Mütter zeigten in der Studie deutlich passive Emotionsregulationsfähigkeiten und damit ein erhöhtes Risiko für weitere psychische Auffälligkeiten.
Der Depressivität von Müttern kommt auch in komplexen Beziehungen eine grundlegende Funktion zu. So konnten Feng et al. (2008) nachweisen, dass die mütterliche Depression einen Moderator des Zusammenhangs vom Temperament und der Emotionsregulation eines Kindes darstellte. Darüber hinaus moderierte die Depressivität auch die Beziehung zwischen dem mütterlichen Interaktionsstil und den Regulationsfähigkeiten eines Kindes. Demzufolge sagte die Verhaltenshemmung (als Temperamentsmerkmal) bei Kindern depressiver Mütter mit zwei oder drei Jahren eine passivere Emotionsregulation sowie geringere Werte bei aktiven Strategien (z.B. Ablenkung) im Alter von vier Jahren voraus; eine positive mütterliche Einstellung führte zu einer aktiveren Emotionsregulation der Kinder.

4.3.5 Zusammenfassung

Insgesamt fördert die Unterstützung der Eltern in emotionalen Situationen die Internalisierung von effektiven Regulationsstrategien. Der soziale Einfluss der Eltern ist entscheidend dafür, wie ein Kind die eigenen Gefühle interpretiert, wie es Strategien der Emotionsregulation lernt und ob es glaubt, die eigenen Gefühle kontrollieren zu können. Der Einfluss der Eltern entscheidet auch darüber, ob sich Kinder kulturellen und geschlechtsspezifischen Erwartungen an die Emotionsregulation anpassen (Thompson & Meyer, 2007).

Abbildung 7 fasst schließlich die elterlichen Einflüsse auf die Emotionsregulationsfähigkeiten der Kinder zusammen. Sie veranschaulicht, dass zum einen ein *direkter Lerneffekt* vorhanden ist, indem Kinder in der Interaktion mit ihren Eltern lernen, die eigenen emotionalen Erfahrungen zu verarbeiten und diese zu regulieren. Zum anderen findet ein *indirekter Lerneffekt* statt, der aus dem emotionalen Ausdrucks- und Regulationsverhalten der Eltern sowie deren Interaktion mit anderen resultiert. Schließlich können sich Faktoren der Eltern (z.B. Reaktionsverhalten auf kindliche Bedürfnisse) wie auch des Kindes (z.B. Temperamentseigenschaften) auf die Eltern-Kind-Bindung auswirken und damit an sich die Emotionsregulation eines Kindes beeinflussen.

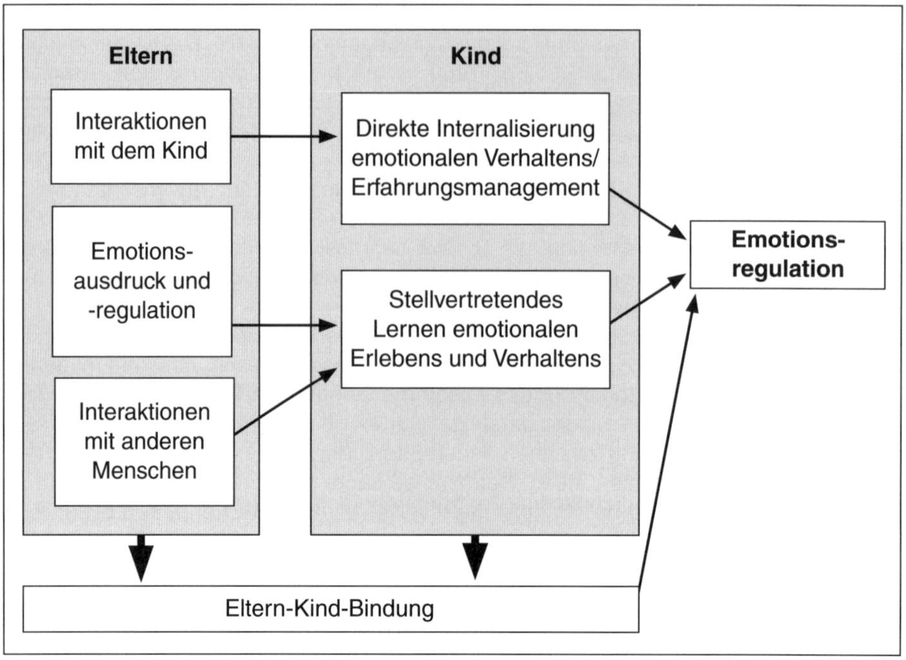

Abbildung 7: Einfluss der Eltern auf die Emotionsregulationsfähigkeiten der Kinder

4.4 Die Beziehung zu Gleichaltrigen und Geschwistern

Emotionen werden im Kontext sozialer Beziehungen generiert (z. B. Scherer, Wallbott & Summerfield, 1986) und häufig durch die Hilfe anderer gemanaged (Cassidy, 1994). Daher wirkt sich die soziale Umwelt deutlich auf die Regulationsfähigkeiten von Kindern aus (vgl. Blandon, Calkins, Grimm et al., 2010).

4.4.1 Beziehungen zu Gleichaltrigen

Haben Kinder keine Geschwister, so kommen sie mit dem Eintritt in den Kindergarten erstmals in einen täglichen Kontakt mit Gleichaltrigen. Wie Eltern häufig schnell feststellen werden, gewinnen die Beziehungen zu Gleichaltrigen mit zunehmendem Alter an Gewicht. Gleichaltrige haben durch ihre zunehmende Bedeutung einen steigenden Einfluss auf die für ihr engeres soziales Umfeld geltenden Normen und Regeln und die sich etablierenden Interaktionsmuster (vgl. von Salisch, 2000).

Im Unterschied zu der Eltern-Kind-Beziehung sind Beziehungen zu Gleichaltrigen symmetrisch, da beide Beziehungspartner ein vergleichbares Ausmaß an sozialem Einfluss, Macht und Wissen besitzen. Beziehungen zu Gleichaltrigen, wie etwa Klassenkameraden, bestehen meist unfreiwillig und viele Beziehungen sind nicht eng; die Beziehungspartner teilen keine intimen Gedanken oder Aktivitäten miteinander (Laursen,

Hartup & Koplas, 1996; von Salisch, 2001). Interaktionen mit Gleichaltrigen stellen eine grundlegende Herausforderung für die Emotionsregulationsfähigkeiten von Kindern im Kindergarten- und Schulalter dar. Kinder müssen dazu in der Lage sein, die alltäglich eintretenden sozialen und affektiven Herausforderungen im Austausch mit Gleichaltrigen zu managen (z. B. in einer wutauslösenden Konfliktsituation mit anderen ein situationsangemessenes Verhalten beizubehalten). Besonders mit dem Übergang zur Schule beeinflussen Gleichaltrige, wie bislang auch die Eltern, die Entwicklung der Selbst- und Emotionsregulation (Blandon, Calkins & Keane, 2010).

Von Salisch (2001) führt für den zunehmenden Einfluss Gleichaltriger zwei wesentliche Gründe an:

- Gleichaltrige sind aufgrund der vielen Gemeinsamkeiten in einer besseren Position als Eltern oder Kinder anderer Altersklassen, das emotionale Erleben und Verhalten ihrer Altersgenossen zu verstehen. Kinder im gleichen Alter weisen eine vergleichbare sozial-kognitive und moralische Entwicklung auf und begegnen den gleichen Entwicklungsfortschritten sowie Lebensereignissen. Derartige Gemeinsamkeiten führen zu einem besseren Verständnis der Situation Gleichaltriger.
- Das Zusammensein innerhalb einer Gruppe Gleichaltriger intensiviert einige Emotionen, die Kinder erfahren (z. B. Freude beim Spielen oder Angst vor krabbelnden Insekten). Damit schaffen Gruppen Gleichaltriger geteilte Normen und Werte für emotionsauslösende Ereignisse (z. B. „Spinnen sind eklig!"). Gruppen Gleichaltriger haben implizite wie explizite Regeln für den Ausdruck und die Regulation von Emotionen.

Der Einfluss Gleichaltriger drückt sich etwa darin aus, dass Kinder zwischen sieben und zwölf Jahren mehr negative Reaktionen auf den Ausdruck von Traurigkeit oder Schmerz in Anwesenheit Gleichaltriger erwarten als in der Anwesenheit ihrer Eltern (Zeman & Garber, 1996). Ein Mechanismus, der die Hemmung des Emotionsausdrucks bewirkt, mag in der schon früh bemerkten Ablehnung von Kindern durch Gleichaltrige begründet sein, wenn diese häufige Wutausbrüche zeigen oder das Scheitern anderer Kinder auskosten (Volling, MacKinnon-Lewis, Rabiner & Baradaran, 1993). Kinder mit einem höheren Status bei Gleichaltrigen zeigen hingegen eine bessere Imitation und Enkodierung emotionaler Gesichtsausdrücke und haben ein besseres Emotionsverständnis (Hubbard & Coie, 1994). Schließlich erscheint es nicht verwunderlich, dass eine ausgeprägte soziale Reife generell mit einem breiteren Repertoire an Regulationsstrategien einhergeht (Saarni et al., 1998).

4.4.2 Beziehungen zu Geschwistern

Die Beziehung unter Geschwistern zählt zu einer der intensivsten Kind-Kind-Beziehungen, da Geschwister vor Schuleintritt sehr viel Zeit miteinander verbringen; deutlich mehr als mit ihren Eltern (Dunn, 1993).

Eine zunehmende Anzahl an Studien betont die Wichtigkeit von Geschwisterbeziehungen für das persönliche Wohlbefinden (East & Khoo, 2005; Snyder, Bank & Burraston, 2005). Geschwisterbeziehungen bieten eine der stabilsten und einflussreichsten Entwicklungskontexte für das Sozialverhalten eines Kindes (Stormshak, Bullock & Falkenstein, 2009). Allein aufgrund des geteilten Zuhauses ergeben sich vielfach Spiel-

oder Konfliktsituationen, wenn z. B. das ältere Geschwisterkind länger draußen spielen darf als das jüngere. Aufgrund dieses Einflusses der geteilten Umwelt mit Geschwistern erscheint es nur logisch, dass sich angemessene Regulationsfähigkeiten im Kontext positiver Beziehungen zu den Geschwistern entwickeln. Einer solchen Annahme schließen sich die Ergebnisse früherer Arbeiten zu Geschwisterbeziehungen an, die ihren Fokus auf die Auswirkungen der Perspektivenübernahme oder affektiven Kontrolle legten (Brown & Dunn, 1992; Dunn, Brown & Beardsall, 1991).

Kennedy und Kramer (2008) führten in ihrer Studie das *More Fun with Sisters and Brothers Program* mit vier- bis achtjährigen Geschwisterkindern durch. Dieses Programm erstreckte sich über fünf einstündige Sitzungen und bestand aus sieben inhaltlichen Themen:

- Spiel mit dem Geschwisterkind beginnen,
- Akzeptieren einer Einladung des Geschwisterkindes zum Spiel,
- eine Einladung angemessen ablehnen,
- Perspektivenübernahme,
- Identifizierung der eigenen Gefühle sowie der Gefühle anderer,
- Regulation von wütenden Gefühlen und
- Problemlösung und Konfliktmanagement.

Insgesamt zeigte sich ein Effekt des Programms in einer Verbesserung der Emotionsregulationsfähigkeiten *sowie* der Geschwisterbeziehungen der Kinder (vgl Kap. 6.2.2). Mit dieser Studie, so die Einschätzung der Autorinnen, konnte der Einfluss der Emotionsregulation auf die Beziehung zwischen Geschwistern erbracht werden und zugleich die Effektivität der Intervention belegt werden. Auch andere Studien haben derartige Auswirkungen von Emotionsregulation auf die Qualität der Beziehung zu Geschwistern bestätigt (z. B. Brody, Stoneman, Smith & Gibson, 1999). Darüber hinaus ist es allerdings auch möglich, dass Bestandteile des Programms (z. B. Spiel mit dem Geschwisterkind aufnehmen) zu einer Verbesserung der Geschwisterbeziehung führte, die sich wiederum positiv auf die Emotionsregulation der Kinder auswirkte. Damit ist die Frage nach der Kausalität nicht zu beantworten.

4.5 Geschlecht

Zu den geschlechtsspezifischen Unterschieden der Emotionsregulation gibt es bis dato divergierende Befunde. In der Erwachsenenliteratur zeigt sich derweil ein deutlicher Nachweis für bestehende Geschlechtsunterschiede (z. B. Gross & John, 2003). Hier schließt sich unmittelbar die Frage an, wann sich diese Unterschiede entwickeln und ob sie bereits in frühester Kindheit zu beobachten sind (Durbin & Shafir, 2008). Einige Studien deuten auf viele Gemeinsamkeiten der Emotionsregulation von Mädchen und Jungen hin. So haben Blair et al. (2004) zeigen können, dass sich bei Mädchen *und* Jungen ein starker Einfluss passiver Regulationsstrategien auf das Verhalten auswirkte. Andere Studien decken jedoch merkliche Unterschiede auf und zeigen, dass Mädchen über generell bessere Regulationsfähigkeiten verfügen als Jungen (Eisenberg, Losoya et al., 2001). Yagmurlu und Altan (2010) haben etwa die geschlechtsspezifischen Unterschiede der Emotionsregulation von vier- bis fünfjährigen Kindern untersucht. Die

Emotionsregulation wurde mittels ERC (Shields & Cicchetti, 1997) im Fremdbericht durch die Mütter erhoben. In ihrer Studie zeigte sich, dass Mädchen generell über signifikant bessere Regulationswerte auf dem ERC verfügten als Jungen. Auch für eine ältere Stichprobe Acht- bis Zwölfjähriger konnten Borelli et al. (2010) in ihrer Studie zeigen, dass Jungen schlechtere Emotionsregulationswerte aufwiesen als Mädchen, wobei diese ebenfalls über die ERC erfasst wurden. Dennoch ist auch ein gegenteiliger Effekt zu beobachten. Suveg und Zeman (2004) berichteten, dass Mädchen mit und ohne Angststörungen ihre Emotionen weniger angemessen regulierten als Jungen.

Derart generelle Aussagen bieten jedoch wenig Aufschluss über die Ursachen beobachtbarer Geschlechtsdifferenzen. Hier erscheint eine emotions- und strategiespezifische Betrachtung notwendig. Nach Denham (1998) weisen Jungen einen höheren Ausdruck von Wut im Vergleich zu Traurigkeit auf und wenden mehr negative Regulationsstrategien an (z. B. Unterkontrolle des Wutausdrucks). Mädchen hingegen tendieren eher dazu, Traurigkeit im Vergleich zu Wut auszudrücken und zeigen daher weniger emotionale Labilität in frustrierenden Situationen. Bereits Fabes und Eisenberg (1992) konnten einen solchen Befund bestätigen. In ihrer Studie mit dreieinhalb- bis sechsjährigen Kindern konnten sie durch Beobachtungen im Klassenraumsetting zeigen, dass Jungen ihre Aggressionen im Kontakt mit Gleichaltrigen signifikant häufiger ausagierten und dieser damit „Luft verschafften“. Mädchen hingegen äußerten häufiger aktiven Widerstand, indem sie sich etwa verbal erklärten oder durchsetzten. Damit waren die Mädchen im Vergleich zu den Jungen mehr bestrebt, den Konflikt zu lindern. Fabes und Eisenberg (1992) begründen einen solchen Geschlechtsunterschied mit möglicherweise unterschiedlichen Zielen des Regulationsverhaltens von Mädchen und Jungen. Während Jungen demnach bestrebt sein mögen, Strategien anzuwenden, die ihren eigenen Bedürfnissen dienlich sind, mögen Mädchen das primäre Ziel verfolgen, interpersonelle Harmonie zu maximieren.

Generell kann festgestellt werden, dass kaum Unterschiede in der Häufigkeit des Erlebens von Ärger zwischen Mädchen und Jungen bestehen und Geschlechtsdifferenzen erst im Ausdruck und der Regulation von Ärger zu erkennen sind. Jungen zeigten etwa häufiger Strategien der Konfrontation oder Schädigung des Konfliktpartners im Vergleich zu Mädchen. Zudem verhalten sich die Jungen körperlich aggressiver als Mädchen (vgl. von Salisch, 2000).

Ziegert und Kistner (2002) haben für Kinder im Alter zwischen neun und zwölf Jahren zeigen können, dass Mädchen bei Gefühlen der Traurigkeit deutlich häufiger *grübeln* als Jungen. Bei der Strategie der *Unterdrückung des emotionalen Ausdrucks* scheinen Mädchen diese häufiger anzuwenden als Jungen, was verschiedene Untersuchungen unter standardisierten Laborbedingungen zeigen (Cole, Teti & Zahn-Waxler, 2003; Cole, Zahn-Waxler & Smith, 1994). Silk, Shaw, Skuban, Oland und Kovacs (2006) wiederum konnten keinen Einfluss des Geschlechts auf die Anwendung der Strategien der *aktiven Ablenkung*, des *passiven Wartens*, der *Informationssuche* und des *Fokussierens auf das frustrationsauslösende Objekt* ermitteln. Über derart regulationsspezifische Ergebnisse hinaus, äußert sich der Zusammenhang zwischen Emotionsregulation und Verhaltensproblemen teilweise geschlechtsspezifisch. Jungen mit Verhaltensproblemen haben etwa Schwierigkeiten bei der Hemmung ihrer Wut, während Mädchen mit Verhaltensproblemen ihre Wut minimieren und damit die Emotionen in frustrierenden Situationen verbergen (Zahn-Waxler, Cole & Smith, 1994).

Durbin und Shafir (2008) diskutieren mögliche Ursachen für die beobachtbaren Geschlechtsunterschiede. Diese lassen sich laut Autoren dadurch erklären, dass die Emotionsregulation ihren Ursprung in verschiedenen Umgangsweisen mit den Emotionen von Jungen und Mädchen findet. So kann angenommen werden, dass Eltern geschlechtsspezifisch auf bestimmte Emotionen von Kindern reagieren. Cole et al. (2003) untersuchten etwa die emotionalen Ausdrücke von Vorschulkindern und ihren Müttern in einer Wut oder Langeweile auslösenden Laborsituation. Sie konnten zeigen, dass die Mütter mit größerer Wahrscheinlichkeit positiv auf den Ausdruck von Wut bei den Jungen reagierten als auf selbigen Ausdruck bei den Mädchen. Demgegenüber reagierten die Mütter mit größerer Wahrscheinlichkeit zufällig auf positive Affekte von Mädchen im Vergleich zu Jungen. Des Weiteren zeigen verschiedene Befunde, dass Eltern den Ausdruck von Traurigkeit bei Mädchen verglichen mit Jungen bevorzugt verstärken (Eisenberg, Losoya et al., 2001). Mit derlei Befunden lässt sich mutmaßen, dass die sozialen und familiären Einflüsse die Geschlechtsunterschiede im Emotionsausdruck sowie in der Folge in der Emotionsregulation beeinflussen (Durbin & Shafir, 2008).

4.6 Zusammenfassung

Neben den dargestellten Faktoren der Emotionsregulation existieren durchaus weitere Einflüsse, die zu individuellen Unterschieden in der Regulation emotionaler Erfahrungen führen können. Diese gilt es in Zukunft näher zu untersuchen. So deuten einige Studien an, dass sich das emotionale Erleben über verschiedenen Kulturen hinweg unterscheidet (Mesquita & Karasawa, 2002), wovon in der Folge auch die Emotionsregulation betroffen sein mag. Ein weiterer Aspekt, der nicht zu vernachlässigen ist, ist die kindliche Fähigkeit zur Informationsverarbeitung. Es konnte gezeigt werden, dass

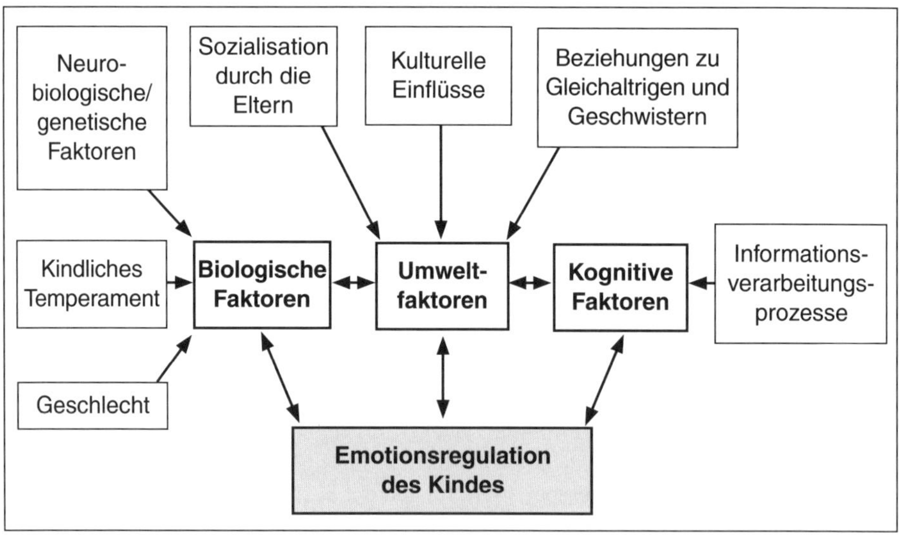

Abbildung 8: Einflussfaktoren der Emotionsregulation im Kindesalter (modifiziert nach Jacobs et al., 2011)

Emotionsregulationsfähigkeiten davon beeinflusst werden, wie Kinder Informationen verarbeiten (vgl. Garber, Braafladt & Zeman, 1991). Abbildung 8 stellt Faktoren der Emotionsregulation im Kindesalter zusammen, wobei nur einige gut belegte berücksichtigt wurden. Drei Bereiche nehmen grundlegenden Einfluss auf die Emotionsregulation: Biologische Faktoren, Umweltfaktoren sowie kognitive Faktoren. Diese Bereiche sind wiederum selbst in Faktoren untergliedert, die sie merklich kennzeichnen. Fest steht, dass auch die Faktoren an sich nicht unabhängig und frei von gegenseitigen Einflüssen sind. So ist es wahrscheinlich, dass etwa individuelle Unterschiede im Temperament mit Umweltfaktoren, wie dem elterlichen Erziehungsstil, interagieren (z. B. Calkins, 1994).

Kapitel 5

Emotionsdysregulation und Psychopathologie im Kindesalter

Scheitert die effektive und funktionale Emotionsregulation kann von einer *Dysregulation* der Emotionen gesprochen werden. Schlechte Regulationsfähigkeiten bzw. dysfunktionale Strategien sind zeitlich stabil und sagen bereits im frühen Kleinkindalter schlechtere Regulationsfähigkeiten in der mittleren Kindheit voraus (Blandon, Calkins & Keane, 2010). Aber was bedeutet eine schlechte Emotionsregulation? Wie ist diese zu definieren und ab wann kann von Emotionsdysregulation gesprochen werden? Welche Folgen hat es für die Gesundheit eines Kindes, wenn dieses bereits frühzeitig von emotionsregulatorischen Problemen betroffen ist?

5.1 Begriff und Folgen der Emotionsdysregulation

Derartige Fragen lassen sich nicht so einfach beantworten, da vielerlei Faktoren wie die persönlichen Ziele eines Kindes und die zeitliche Perspektive bei der Bestimmung der Funktionalität von Emotionsregulation berücksichtigt werden müssen. Ganz allgemein wird zum einen die *Unterregulation* von Emotionen als dysfunktional klassifiziert. Diese zeichnet sich etwa dadurch aus, dass ein Kind in sozialen Kontexten übermäßig impulsiv reagiert oder sich gewaltsam oder aggressiv verhält. Ein Junge, der seinen Ärger nicht regulieren kann, prügelt sich mit einem anderen auf dem Schulhof. Ein Mädchen, das bei der Regulation ihrer Frustration scheitert, beginnt hysterisch zu lachen (vgl. Keiley & Seery, 2001). Zum anderen umfasst eine wenig funktionale Regulation die *übermäßige Kontrolle* von emotionalen Erfahrungen. Beispielsweise kann ein Kind seine Angstgefühle dauerhaft unterdrücken oder eine es beängstigende Situation verlassen und vergleichbare Situationen in Zukunft vermeiden (Keiley & Seery, 2001).

Bis dato indiziert der aktuelle Forschungsstand, dass verschiedene Regulationsstrategien unterschiedliche Folgen für das kindliche Wohlbefinden nach sich ziehen. Demnach ist davon auszugehen, dass einige Strategien an sich mehr oder weniger adaptiv sind als andere (Bridges, Denham & Ganiban, 2004). Zeman et al. (2002) konnten zeigen, dass die Strategie der Unterdrückung von Wut oder Trauer (das heißt die Hemmung des Emotionsausdrucks) bei den untersuchten Kindern massivere Symptome von Angst und Depression vorhersagte. Nach Kovacs et al. (2006) sind diejenigen Regulationsstrategien bei einer Dysphorie als günstig oder funktional zu bezeichnen, die es dem Kind ermöglichen die dysphorische Stimmung herunter zu regulieren, so dass es sich in der Folge besser fühlt. Die Autoren bezeichnen diejenigen Strategien wiederum als ungünstig oder dysfunktional, die die negative Stimmung verschlimmern oder verlängern und in der Folge zusätzliche Probleme herbeiführen. Darüber hinaus hat sich herausgestellt, dass die Funktionalität der Strategien stets emotionsabhängig ist (Buss & Goldsmith, 1998; Suveg, Sood, Comer & Kendall, 2009).

Positive Emotionen sowie gute Emotionsregulationsfähigkeiten sind für eine gesunde Entwicklung zentral und werden mit einer resilienten Anpassung in Verbindung gebracht (z. B. Buckner, Mezzacappa & Beardslee, 2003; Cicchetti & Rogosch, 1997; Gross, 2007; Zeman et al., 2010). Nicht zuletzt aufgrund derartiger Erkenntnisse hat sich im Umkehrschluss herausgestellt, dass ein besseres Verständnis der Entwicklung individueller Differenzen der Emotionsregulation einen entscheidenden Beitrag für die Untersuchung von Entwicklungsrisiken, Ätiologie und Prävention psychischer Probleme leistet (Aldao, Nolen-Hoeksema & Schweizer, 2010; Cole et al., 1994; DelCarmen-Wiggins, 2008; Eisenberg et al., 2010).

Vielfach wird vermutet, dass Schwierigkeiten bei der Emotionsregulation den Kern der meisten Formen einer psychischen Störung bilden (Bradley, 2000; Cicchetti et al., 1995; Cole et al., 1994). Ganz konkret beinhalten über die Hälfte der Achse-I-Störungen und alle der Achse-II-Persönlichkeitsstörungen im *Diagnostic and Statistical Manual of Mental Disorders* (DSM-IV) zumindest einige Formen der Emotionsdysregulation (Gross & Levensohn, 1997). Morris, Silk, Steinberg, Terranova und Kithakye (2009) konnten in ihren Studien bedeutsame Beziehungen zwischen der Dysregulation von Wut in einer Beobachtungssituation und externalisierenden Problemen quer- sowie längsschnittlich nachweisen. Carthy, Horesh, Apter und Gross (2010) fanden signifikante Zusammenhänge zwischen dem Emotionsregulationsprofil und Angststörungen bei einer Stichprobe Zehn- bis Siebzehnjähriger. Mit derartigen Befunden erlangt das Konzept der Emotionsregulation auch im klinischen Kontext eine maßgebliche Rolle.

5.2 Klassifikation von Störungen der Emotionsregulation

Die Emotionsregulation findet bislang keine eigenständige Diagnose in aktuellen Klassifikationssystemen. Dennoch lassen sich Klassifikationen klinischer Störungsbilder erkennen, die die Emotionsregulation augenscheinlich als einen wesentlichen Bestandteil umfassen.

5.2.1 Frühe Regulationsstörungen

Der Begriff der *Regulationsstörungen der frühen Kindheit* stellt eine umfassende Bezeichnung für eine Gruppe einzelner Störungsbilder dar, die grundlegende Gemeinsamkeiten in mangelhaften regulatorischen Fähigkeiten aufweisen (Papoušek, 1998). Zu dieser Störungsgruppe zählen:

- exzessives Schreien,
- Ein- und Durchschlafstörungen,
- exzessives Klammern,
- Fütterstörungen,
- persistierende Unruhe und Dysphorie,
- soziale Angst sowie Trennungsangst,

- exzessives Trotzverhalten und
- oppositionell-aggressives Verhalten.

Betroffene Kinder mit Regulationsstörungen schreien etwa, obwohl ihre Bedürfnisse befriedigt wurden, oder haben Schwierigkeiten, ohne Hilfe einzuschlafen oder ihrem grundlegenden Schlafbedürfnis nachzukommen. Papoušek, Schieche und Wurmser (2004) stellen die Entstehung, Aufrechterhaltung und Folgen der Regulationsstörungen genauer dar und geben einen spezifischen Einblick in die diagnostische Klassifikation der Störungsgruppe. Zusammenfassend werden bei den Regulationsstörungen zwar Verhaltensweisen klassifiziert, die langfristig dysfunktionale Emotionsregulationsstrategien abbilden können (z. B. exzessives Schreien) und demnach Störungen der emotionalen Entwicklung ähneln; dennoch können diese nicht das volle Bild der emotionalen Dysregulation von Säuglingen und Kindern abdecken. Es muss daher fraglich bleiben, welche spezifische Rolle die Emotionsregulation für die Entstehung solcher Störungen spielt.

Trotz grundlegender Gemeinsamkeiten der genannten Störungsbilder (Papoušek et al., 2004) wird die Klassifikation der *Regulatory Disorders* nach dem englischsprachigen multiaxialen Klassifikationssystem *Diagnostic Classification of mental Health and Developmental Disorders of Infancy and Early Childhood* (DC: 0-3R; Zero To Three, 2005) häufig (missverständlich) mit den beschriebenen Regulationsstörungen gleichgesetzt. Das DC: 0-3 wurde bereits 1994 veröffentlicht, um gezielt Entwicklungs- sowie interpersonelle Aspekte von Kindern von null bis 47 Monaten zu erfassen (Mothander & Moe, 2008). Seit 2005 liegt eine überarbeitete Version des Klassifikationssystems vor (DC: 0-3R; Zero To Three, 2005), die sich nach wie vor auf psychische Störungsbilder der ersten drei Lebensjahre fokussiert und die Regulationsstörungen genauer als „Regulationsstörungen der sensorischen Verarbeitung“ bezeichnet.

Im Vergleich zur ICD-10 oder zum DSM-IV kann mit dem DC: 0-3R nicht die volle Bandbreite psychischer Störungen abdeckt werden (vgl. Equit, Paulus, Fuhrmann, Niemczyk & von Gontard, 2011), was jedoch auch nicht das Ziel seiner Entwicklung war. Vielmehr stellt das DC: 0-3 eine Erweiterung dar und ermöglicht es im Gegensatz zur ICD-10 oder zum DSM-IV unter anderem auf der Achse II den Einfluss von Erziehungspersonen mit zu erfassen, der in dieser frühen Altersphase eine maßgebliche Rolle spielt (Zero To Three, 1999).

Das DC: 0-3R betont, dass mindestens eine sensorische, sensorisch-motorische oder verarbeitungsbedingte Schwierigkeit sowie mindestens ein Verhaltenssymptom vorliegen sollten. Die so klassifizierten Regulationsstörungen treten erstmals im Säuglings- und Kleinkindalter auf und beziehen sich auf Schwierigkeiten bei der Regulation physiologischer, sensorischer, aufmerksamkeitsbezogener, motorischer oder affektiver Prozesse. Insgesamt scheitern die Kinder mit dieser Diagnose damit unter anderem an der Regulation ihrer Emotionen in Reaktion auf sensorische Stimulation (vgl. Reebye & Stalker, 2008). Zudem fällt es Betroffenen schwer, einen ruhigen, aufmerksamen und positiven affektiven Zustand herbeizuführen oder beizubehalten.

Regulationsstörungen werden neben weiteren Störungsbildern (Traumatische Belastungsstörung, Störung des Affekts, Anpassungsstörung, Schlafstörungen, Essstörungen sowie Bindungs- und Kommunikationsstörungen) der Achse I des DC: 0-3R zugeordnet, die die

Stresserfahrungen und/oder unangemessenen Verhaltensweisen von Kindern beschreibt und klinische Störungen erfasst (Mothander & Moe, 2008). Vier in ihren Verhaltensmustern unterscheidbare Subtypen der Regulationsstörungen können klassifiziert werden (vgl. Tab. 25); jedoch nur dann, wenn eine beobachtbare Tendenz zu einem der Subtypen vorliegt (Zero To Three, 1999).

Tabelle 25: Die vier Subtypen der Regulationsstörungen der sensorischen Verarbeitung (Zero To Three, 2005)

Hypersensibler Subtypus	Betroffene Säuglinge und Kleinkinder reagieren hypersensibel auf verschiedene Reize; sie reagieren verängstigt/zurückhaltend oder negativ/abweisend. Sie zeigen übermäßige Reaktionen auf Berührungen, Geräusche, visuelle Reize und Gerüche oder Geschmäcker, die tageszeitlichen Schwankungen unterliegen können. Diese extremen Reaktionen können sie von Spiel- oder Lernaktivitäten abhalten und sind dafür verantwortlich, dass es ihnen schwerfällt, von einer Aktivität zu einer anderen überzugehen; sie können darüber hinaus Angst oder negative Reaktionen hervorrufen.
Hyposensibler Subtypus	Die Säuglinge erscheinen auf sich konzentriert oder zurückgezogen und schwer zu begeistern. Sie reagieren wenig auf Geräusche, Geschmäcker, Gerüche, Berührungen sowie visuelle Reize und machen von außen den Anschein, traurig oder unaufmerksam zu sein. Betroffene Kinder können eine begrenzte Fantasie aufweisen und sich wiederholende sensorische Muster suchen. Wichtig ist eine diagnostische Unterscheidung von Kindern mit Entwicklungsverzögerungen oder Autismus.
Impulsiver/nach sensorischer Stimulation suchender Subtypus	Betroffene Kinder zeigen impulsive und desorganisierte Verhaltensweisen sowie motorische Reaktionen, was sie anfällig für Unfälle macht. Die Kinder können Gleichaltrigen gegenüber handgreiflich werden. Im Unterschied zur Aufmerksamkeitsdefizit-/Hyperaktivitätsstörung (ADHS) berichten Eltern von Kindern mit diesem Typus der Regulationsstörungen, dass die Kinder diese bereits seit dem Säuglingsalter aufweisen, während Eltern von Kindern mit ADHS angeben, dass die Symptome erst im mobilen Kindesalter entstanden sind.
Andere	Hierunter fallen Kinder, die das erste Kriterium einer Regulationsstörung erfüllen (z.B. sensorische und motorische Verarbeitungsprobleme aufweisen), deren Verhaltensmuster jedoch nicht besser durch einen der anderen drei Subtypen beschrieben wird.

Allgemeine Kritik erfährt die Diagnose der Regulationsstörungen unter anderem dahingehend, dass quantitative Kriterien für den Schweregrad fehlen, so dass es nicht möglich ist, zwischen verschiedenen Abweichungen von der Norm sowie von psychopathologischen Bedingungen zu unterscheiden (vgl. Guédeney et al., 2003). Gegenüber den

Regulationsstörungen nach Papoušek (1998) erscheint die Klassifikation nach DC: 0-3R enger gefasst und schließt etwa die isolierten Fütterstörungen nicht in die Klassifikation der Regulationsstörungen mit ein (vgl. Papoušek et al., 2004). Zudem ist schließlich nicht davon auszugehen, dass diese Diagnose Emotionsdysregulation konkret erfasst. Die Arbeitsgruppe des Zero To Three (1999) beschreibt selbst, dass Probleme im Umgang mit Gefühlen als eine mögliche Beeinträchtigung den übergeordneten Regulationsstörungen zugeordnet werden. Damit scheint sich die Emotionsdysregulation jedoch nur als ein Teil dem Konzept der Selbstregulation unterzuordnen.

5.2.2 Diagnose „Emotionsdysregulation"

Bis heute ist die Emotionsdysregulation nicht in den aktuellen Diagnosesystemen ICD-10 und DSM-IV-TR als eigenständige Diagnose zu finden, bildet allerdings einen wichtigen Bestandteil verschiedener Störungsbilder (Cole et al., 1994). Strategien wie etwa die *Rumination* bei Depressionen oder *Vermeidungsverhalten* im Falle von Angststörungen treten augenscheinlich in den Vordergrund. Die Bedeutsamkeit der Emotionsdysregulation für die Psychopathologie im Kindesalter wird heute kaum noch in Frage gestellt. Darüber hinaus haben einige Forscher begonnen, das Konzept anhand spezifischer Kriterien als unabhängiges Störungsbild zu konkretisieren und damit der Emotionsdysregulation eine eigenständige Rolle für die Klassifikation psychischer Störungen einzuräumen (DSM-5 Childhood and Adolescents Disorders Work Group, 2010).

Mit dem Ziel, die Forschung zur bipolaren Störung im Jugendalter weiterzubringen, haben Leibenluft, Charney, Towbin, Bhangoo und Pine (2003) Symptomkriterien für das sogenannte *Severe Mood Dysregulation Syndrome* (SMD) spezifiziert (vgl. Tab. 26), das synonym auch als Emotionsdysregulation bezeichnet wird (Dickstein et al., 2005). Dieses umfassende, anhand kindlicher Symptome ermittelte Konzept zeichnet sich durch ein chronisches und nichtepisodisches Auftreten von Symptomen schwerer Reizbarkeit und starker Erregtheit aus. Außerdem ist die SMD durch eine anhaltend traurige oder wütende Stimmung gekennzeichnet, die sich in einem bemerkenswerten Schweregrad äußert und von anderen Personen erkannt wird. Derzeit ist die SMD nicht in den aktuellen Diagnosesystemen DSM-IV oder ICD-10 berücksichtigt, dennoch gehen die Autoren davon aus, dass sich anhand der Kriterien eine homogene Gruppe Betroffener definieren lässt. Darüber hinaus nehmen sie an, dass Kinder, die die Kriterien der SMD vollständig erfüllen, hohe Komorbiditätsraten mit anderen Störungsbildern (z. B. Major Depression, Aufmerksamkeitsdefizit-/Hyperaktivitätsstörung (ADHS), Anpassungsstörung oder oppositionellem Trotzverhalten) aufweisen.

Brotman et al. (2006) konnten anhand der vorgeschlagenen Diagnosekriterien eine hohe Lebenszeitprävalenz der SMD von 3.3 % bei den Kindern und Jugendlichen zeigen, wobei die SMD gleichzeitig mit der Diagnose anderer psychischer Störungen (z. B. ADHS oder Angststörungen) einherging. Erste Studien mit Kindern und Jugendlichen mit SMD deuten schließlich an, dass diese klinischen Symptome in der Kindheit mit einem erhöhten Risiko für unipolare Depressionen und Angststörungen im weiteren Entwicklungsverlauf assoziiert sind (Brotman et al., 2006; Dickstein et al., 2005). Nach wie vor ist dennoch unklar, inwiefern sich die SMD als ein Phänotyp der bipolaren Störung bezeichnen lässt (bezeichnet als *broad phenotype bipolar disorder*), was das primäre Ziel bei der ursprünglichen Bestimmung dieses Syndroms war (Dickstein et al., 2005).

Tabelle 26: Diagnosekriterien des *Severe Mood Dysregulation Syndrome* (SMD) nach Leibenluft et al. (2003)

Einschluss-kriterien	– Alter 7 bis 17 Jahre, mit Beginn der Symptomatik vor dem 12. Lebensjahr. – Ungewöhnlich veränderte Stimmung (besonders Wut und Traurigkeit) über mindestens die Hälfte eines Tages, nahezu täglich, in einem bemerkenswerten Schweregrad, der für Menschen in der Umwelt des Kindes erkennbar ist (z.B. Eltern, Lehrer, Gleichaltrige). – Starke Erregtheit, definiert durch mindestens drei der folgenden Symptome: Insomnie, Ruhelosigkeit, Ablenkbarkeit, Gedankenrasen oder Ideenflucht, bedrängte Sprache, Intrusivität. – Verglichen mit Gleichaltrigen zeigt das Kind eine erhöhte Reaktivität auf negative emotionale Reize, die sich verbal oder im Verhalten äußert. Solche Ereignisse treten durchschnittlich mindestens drei Mal pro Woche innerhalb der letzten vier Wochen auf. – Die zuvor genannten Symptome sind gegenwärtig vorherrschend und bestehen seit mindestens 12 Monaten ohne symptomfreie Perioden, die länger als zwei Monate gedauert haben. – Die Symptome sind in mindestens einem Lebensbereich schwerwiegend (z.B. gewalttätige Ausbrüche zu Hause, in der Schule oder bei Gleichaltrigen). Zusätzlich zeigen sich mindestens leichte Symptome (Ablenkbarkeit, Intrusivität) in einem zweiten Setting.
Ausschluss-kritierien	– Die Person zeigt eines der bipolaren Kardinalsymptome: Erhöhte oder expansive Stimmung, Größenwahn oder erhöhter Selbstwert, episodisch verringertes Schlafbedürfnis. – Die Symptome treten in distinkten Perioden auf, die mehr als vier Tage dauern. – Die Person erfüllt die Kriterien einer Schizophrenie, schizophrenen Störung oder posttraumatischen Belastungsstörung. – Intelligenzquotient < 80. – Die Symptome sind auf direkte physiologische Effekte von Drogenmissbrauch oder auf generelle medikamentöse oder neurologische Bedingungen zurückzuführen.

Im DSM-5 befindet sich derzeit die *Temper Dysregulation Disorder with Dysphoria* (TDD; früher „Severe Mood Dysregulation"; vgl. Grimmer et al., 2010) als neue Klassifikation, um zukünftig Kinder zu diagnostizieren, die unter einer schweren Reizbarkeit leiden (Stringaris, 2011). Die TDD wird den *Mood Disorders* zugeordnet und ist laut Kriterien durch schwere periodisch wiederkehrende Stimmungsausbrüche gekennzeichnet, die sich in Sprache oder Verhalten äußern. Im Verhältnis zur Situation sowie im Hinblick auf den Entwicklungsstand treten sie in ihrer Dauer oder Intensität deutlich unangemessen auf. Zwischen den Ausbrüchen ist die Stimmung anhaltend negativ, das heißt das betroffene Kind ist gereizt, wütend und/oder traurig. Für eine entsprechende

Diagnose muss der Ausbruch der Störung noch vor dem zehnten Lebensjahr erfolgt sein und sie muss mindestens seit zwölf Monaten vorliegen. Tabelle 27 veranschaulicht die Diagnosekriterien der TDD. Ziel der Einführung dieses Störungsbildes ist es, Betroffene, die ernsthaft klinische Aufmerksamkeit benötigen, frühzeitig zu identifizieren (DSM-5 Childhood and Adolescents Disorders Work Group, 2010).

Tabelle 27: Diagnosekriterien für eine *Temper Dysregulation Disorder with Dysphoria* (TDD; DSM-5 Childhood and Adolescents Disorders Work Group, 2010)

Einschluss-kriterien	A. Schwere periodisch wiederkehrende *Stimmungsausbrüche* als Reaktion auf allgemeine Stressoren. 1. Die Stimmungsausbrüche manifestieren sich verbal oder im Verhalten (z. B. verbaler Wutausbruch oder körperliche Aggression gegen andere). 2. Die Reaktion steht im Hinblick auf ihre Intensität oder Dauer in keinem Verhältnis zur Situation oder Provokation. 3. Die Reaktionen sind bezüglich des Entwicklungsstandes inkonsistent. B. *Häufigkeit:* Stimmungsausbrüche durchschnittlich mindestens drei Mal pro Woche. C. *Stimmung zwischen Stimmungsausbrüchen:* 1. Die Stimmung ist zwischen Stimmungsausbrüchen fast jeden Tag anhaltend negativ (gereizt, wütend, und/oder traurig). 2. Die negative Stimmung ist von anderen beobachtbar (z. B. Eltern). D. *Dauer:* Kriterien A bis C bestehen seit mindestens 12 Monaten und waren während dieser Zeit nie länger als drei Monate abwesend. E. Stimmungsausbrüche und/oder negative Stimmung sind in mindestens zwei Lebensbereichen vorherrschend (z. B. zu Hause oder in der Schule) und in mindestens einem Lebensbereich schwer. F. Betroffene sind mindestens sechs Jahre alt (oder auf vergleichbarem Entwicklungsstand). G. Der Ausbruch der Störung liegt vor dem zehnten Lebensjahr.
Ausschluss-kriterien	H. Im letzten Jahr bestand keine Periode abnormal erhöhter Stimmung (im Sinne der Kriterien einer Manie), die die meiste Zeit des Tages sowie länger als einen Tag vorherrschend war. I. Das Verhalten wird nicht besser durch andere psychische Störungen erklärt.

Vergleicht man die Ein- und Ausschlusskriterien der SMD mit denen der TDD, so sind einige Unterschiede und Gemeinsamkeiten zu bemerken. Die SMD sieht als frühestes Alter, in dem eine Diagnosestellung möglich ist, das siebte Lebensjahr vor und setzt eine maximale Altersgrenze beim 17. Lebensjahr. Die erstmalige Symptomatik sollte hier vor dem zwölften Lebensjahr eintreten. Die TDD zeigt eine niedrigere Altersgrenze von mindestens sechs Jahren, die nach oben hin unbegrenzt bleibt. Der Ausbruch der

Störung sollte hier schon vor dem zehnten Lebensjahr stattgefunden haben. Beide Diagnosen haben die Annahme einer täglich vorherrschenden ungewöhnlich und beobachtbar negativen Stimmung gemeinsam, wie Wut, Traurigkeit oder Reizbarkeit, die von anderen Menschen beobachtbar ist (z. B. Eltern, Lehrer, Gleichaltrige). Neben dieser konsistent abnormen Stimmung schließt die TDD auch durchschnittlich mindestens drei Mal pro Woche eintretende *Stimmungsausbrüche* als Reaktion auf Stressoren mit ein, die unangemessen im Verhältnis zur Situation erscheinen und dem Entwicklungsstand nicht angemessen sind. Vergleichbar mit diesen Stimmungsausbrüchen benennt die SMD eine erhöhte Reaktivität auf negative Reize, die in ihrer Häufigkeit vergleichbar oft auftritt, das heißt durchschnittlich mindestens drei Mal pro Woche. Zusätzlich kommt bei der SMD das Kriterium des Hyperarousals hinzu, das durch mindestens drei vorliegende Symptome nachzuweisen ist (Insomnie, Ruhelosigkeit, Ablenkbarkeit, Gedankenrasen oder Ideenflucht, bedrängte Sprache, Intrusivität). Bei der SMD sowie auch der TDD sind die genannten Symptome in mindestens einem Setting schwerwiegend (z. B. in der Schule) und in mindestens einem zweiten vorherrschend (z. B. zu Hause).

Stringaris (2011) betont, dass sich das Kernsyndrom der SMD und TDD – die emotionale Reizbarkeit – quer durch verschiedene psychische Störungsbilder zieht und Teil deren Diagnosekriterien bildet. Dieser Aspekt spricht nach genaueren Betrachtungen jedoch nicht zwingend für die Einführung einer eigenständigen Diagnose, sondern kann vielmehr deren Spezifität in Frage stellen. Hier beschreibt Stringaris (2011) eine veranschaulichende Analogie aus der Medizin: Wenn man die emotionale Reizbarkeit mit Fieber vergleicht, das bei verschiedenen Erkrankungen vorherrscht (von Infektionen bis hin zu bösartigen Tumoren), ist sie dann nicht auch bloßer Indikator dafür, dass „etwas nicht stimmt" statt ein spezifisches und eigenständige Symptom?

Es bleibt festzuhalten, dass man bislang weder bei der SMD noch bei der TDD von einem hinreichend untersuchten und abgrenzbaren Störungsbild sprechen kann. Dennoch unterstützen einige erste Forschungsarbeiten die Annäherung an eine derartige zukünftige Klassifikation (vgl. Stringaris, 2011). Ob sich die vorgeschlagenen Diagnosekriterien der SMD oder TDD mit der Definition von Emotionsdysregulation decken, ist bislang nicht eindeutig zu klären. Inwiefern die Begriffe „Stimmung" und „Emotion" im Hinblick auf die Störung zu unterscheiden sind, ist fraglich. Die chronische Unfähigkeit zur Kontrolle emotionaler Prozesse kennzeichnet beide vorgestellten Störungsbilder. Wenn man die Diagnosekriterien betrachtet, kommt der emotionalen Dysregulation damit trotz aller Uneinigkeiten eine überaus grundlegende Funktion zu. Ein Scheitern der Regulation von Wut oder Trauer ist hier wesentlich und bildet den Kern der Störungen und Diagnosekriterien. Demnach würde die Emotionsdysregulation bei Einführung der TDD ins DSM-5 nicht mehr bloß Bestandteil verschiedener klinischer Störungsbilder werden, sondern sich womöglich einer eigenständigen Klassifikation annähern: Nämlich der von Kindern mit häufigen Stimmungsausbrüchen vor dem Hintergrund einer überdauernd und chronisch gereizten Stimmung.

Laut der DSM-5-Arbeitsgruppe (DSM-5 Childhood and Adolescents Disorders Work Group, 2010) ist die Einführung der TDD im Kindesalter äußerst wichtig, um die Aufmerksamkeit von Klinikern auf diese deutlich beeinträchtigenden Stimmungs- bzw. emotionalen Symptome zu lenken. Bislang wurde die TDD noch nicht systematisch untersucht, auch wenn die ersten Befunde zur SMD teilweise übertragen werden können

(Stringaris, 2011). Inwiefern das Störungsbild weitreichende Bedeutung für die Erklärung der Entstehung und des Verlaufs psychischer Störungen besitzt und welchen Nutzen es für die klinische Praxis besitzt ist offen.

5.3 Emotionsregulation und Angststörungen

Angststörungen, wie Trennungsangst, Generalisierte Angststörung, Soziale Phobie oder Spezifische Phobie zählen zu den häufigsten psychischen Störungen im Kindes- und Jugendalter und werden gemeinsam mit den depressiven Erkrankungen unter dem Begriff der *internalisierenden Störungen* zusammengefasst (Pauschardt, 2010). Cole und Kollegen (1994) bemerkten, dass die internalisierenden Störungsbilder gemeinsam durch die mangelhafte Fähigkeit, negative Emotionen herunter zu regulieren sowie positive herauf zu regulieren, gekennzeichnet sind. Nicht nur die hohen Prävalenzzahlen und Komorbiditäten der Störungsbilder (Waters, Henry, Mogg, Bradley & Pine, 2010), sondern auch ihre langfristigen Konsequenzen für das Erwachsenenalter machen eine gezielte Betrachtung ihrer Ätiologie und Genese zu einem wichtigen Thema (Schmid, Fegert & Petermann, 2010).

Die Diagnose von Angststörungen und Depressionen vor dem vierten Lebensjahr ist mithilfe der Klassifikationssysteme ICD-10 und DSM-IV-TR aufgrund des hohen Entwicklungstempos und der gleichzeitigen Abhängigkeit von Eltern und Umwelt bedenklich (vgl. Petermann & Koglin, 2008; Wolke, 2008). Im Fokus stehen daher zum einen die mittlere Kindheit als kritisches Alter, in dem sich psychische Probleme manifestieren können, und zum anderen die folgenden Jahre der späten Kindheit, in denen sich die verschiedenen Formen der Angststörungen unterschiedlich entwickeln. Eine zentrale Frage ist, welche Faktoren die frühe Entstehung dieser psychischen Störungen beeinflussen (Mian, Wainwright, Briggs-Gowan & Carter, 2011).

Aufgrund noch vieler bestehender Unklarheiten wird für die Erforschung der Ätiologie psychischer Störungsbilder eine engere, störungsspezifische Perspektive empfohlen, die Emotionsdysregulation als möglichen Prädiktor für die Entstehung psychischer Störungen spezifiziert (Zeman, Cassano, Perry-Parrish & Stegall, 2006). Dass ein Zusammenhang zwischen einer emotionalen Dysregulation und verschiedenen Formen der Psychopathologie besteht, wird bisweilen nicht mehr bezweifelt (Cole et al., 1994). Und obwohl die Emotionsregulation damit nicht spezifisch für ein bestimmtes Störungsbild ist, sollten doch spezifische Muster der emotionalen Erregung und ihrer Dysregulation für bestimmte Störungsbilder, wie die Angststörungen, entscheidend sein (Jacob et al., 2011). So kann die kognitive Bewertung ein Regulationsprozess sein, der wichtiger für Angststörungen im Vergleich zu anderen Störungsbildern ist (Carthy et al., 2010).

Viele empirische Studien haben sich ohne derartig spezifischen Fokus zunächst die Beziehung der Emotionsregulation mit internalisierenden Symptomen zum Gegenstand gemacht und konnten hier durchaus signifikante Beziehungen nachweisen (z. B. Eisenberg, Losoya et al., 2001; Zeman et al., 2002). Kim und Cicchetti (2010) haben beispielsweise zunächst einen starken querschnittlichen Zusammenhang zwischen Emotionsregulation, erfasst über die Emotionsregulationsskala der *Emotion Regulation Checklist*

Tabelle 28: Empirische Studien zur Emotionsregulation und internalisierenden Symptomen im Kindesalter

Studie (Autor, Jahr)	Stichprobe (*N*)/Alter	Diagnostik/Vorgehen	Ergebnisse
Eisenberg, Cumberland et al., 2001	*N* = 202 Alter: 4.5–8 Jahre	– Eltern- und Lehrerurteil auf vier Subskalen des *Child Behavior Questionnaire* (CBQ; Rothbart, Ahadi, Hersey & Fisher, 2001; Attention shifting, attention focussing, impulsivity, inhibitory control) dienten der Erfassung internalisierender Symptome. – Verhaltensbeobachtung der Emotionsregulation in drei Laborsituationen – querschnittliche Untersuchung	– Kinder mit internalisierenden Problemen zeigen schlechtere Aufmerksamkeitsregulation im Vergleich zu Kontrollprobanden. – Zudem weisen sie allgemein überhöhte Regulationswerte im Vergleich zu Kindern mit externalisierenden Problemen auf.
Suveg, Shaffner, Morelen & Thomassin, 2011	*N* = 97 Alter: 7–12 Jahre	– Die *Child Behavior Checklist* (CBCL; Achenbach, 1991a) diente der Messung internalisierender Symptome. – Die Emotionsregulations-Skala der *Emotion Regulation Checklist* (ERC; Shields & Cicchetti, 1997) erfasste die kindliche Emotionsregulation via Elternbericht. – *Children's Anger Management Scale* (CAMS), *Children's Sadness Management Scale* (CSMS) und *Children's Worry Management Scale* (CWMS; Zeman, Cassano, Suveg & Shipman, 2010; Zeman, Shipman & Penza-Clyve, 2001) erfassten die Emotionsregulation durch den Selbstbericht der Kinder. – querschnittliche Fragebogenstudie	– Kinder mit einer schlechteren Emotionsregulation zeigten mehr internalisierende Probleme. – Diese Beziehung war umso stärker, je weniger unterstützendes Erziehungsverhalten die Mütter zeigten.

Tabelle 28: (Fortsetzung)

Studie (Autor, Jahr)	Stichprobe (*N*)/Alter	Diagnostik/Vorgehen	Ergebnisse
Kim & Cicchetti, 2010	*N* = 421 Alter: 6–12 Jahre	– Die *Teacher's Report Form* (TRF; Achenbach, 1991b) diente der Messung internalisierender Symptome. – Die Emotionsregulations-Skala der ERC (Shields & Cicchetti, 2001) erfasste die Emotionsregulation. – Längsschnitt mit Ein-Jahres-Follow-up	– Es zeigte sich eine starke querschnittliche Beziehung zwischen der Emotionsregulation und internalisierenden Symptomen. – Hohe Regulationswerte zum ersten Erhebungszeitpunkt gingen mit geringeren internalisierenden Symptomen ein Jahr später einher (teilweise vermittelt durch die Akzeptanz durch Gleichaltrige).
Zeman, Shipman & Suveg, 2002	*N* = 227 Alter: 9–12 Jahre	– Selbstberichte auf dem *Child Depression Inventory* (CDI; Kovacs, 1985) und dem *State-Trait Anxiety Inventory for Children* (STAIC; Spielberger, 1973) dienten gemeinsam der Messung internalisierender Symptome. – CSMS und CAMS (Zeman et al., 2001) erfassten die Emotionsregulation. – querschnittliche Fragebogenstudie	– Die Hemmung von Wut sowie der unangemessene Ausdruck von Wut und Angst standen mit einem erhöhten Level internalisierender Symptome im Zusammenhang.
Kliewer et al., 2004	*N* = 101 Alter: 9–13 Jahre	– Der Elternbericht auf der Angst-Depressionsskala der CBCL (Achenbach, 1991a) und Eltern- sowie Selbstratings auf dem CDI (Kovacs, 1985) sowie der *Revised-Children's Manifest Anxiety Scale* (RCMAS; Reynolds & Richmond, 1978) dienten der Messung internalisierender Probleme. – Erfassung der Emotionsregulation mittels Emotionsregulations-Skala der ERC (Shields & Cicchetti, 1997) – längsschnittliche Interviewstudie	– Neben Gewalterfahrungen stand die Emotionsregulation (gemessen zu t_1) bedeutsam mit internalisierenden Symptomen sechs Monate später zu t_2 in Zusammenhang.

(ERC; Shields & Cicchetti, 1997), und internalisierenden Symptomen aufgedeckt. Für eine Stichprobe von 421 Kindern in einem durchschnittlichen Alter von acht Jahren konnten die Autoren darüber hinaus einen Ein-Jahres-Follow-up-Zusammenhang nachweisen. Dieser zeigte, dass Kinder mit höheren Emotionsregulationswerten zum ersten Erhebungszeitpunkt ein Jahr später weniger internalisierende Symptome aufwiesen; ein Effekt, der teilweise über die Akzeptanz durch Gleichaltrige vermittelt wurde. Tabelle 28 fasst weitere Befunde zur Beziehung der Emotionsregulation und internalisierenden Problemen zusammen.

Versucht man derartige Befunde zum Zusammenhang der Emotionsregulation und internalisierenden Problemen zu ordnen, stellen sich folgende Fragen:
- Gibt es einen spezifischen Zusammenhang zwischen der Emotionsdysregulation und Angststörungen im Kindesalter?
- Und wenn ja, welche konkreten Regulationsstrategien können im Kontext von Angststörungen im Kindesalter als dysfunktional identifiziert werden?

5.3.1 Angstsymptome auf subklinischem Niveau

Man kann davon ausgehen, dass viele Merkmale von Angststörungen als unangemessene oder gescheiterte Versuche der Regulation unerwünschter Emotionen interpretiert werden können (Campbell-Sills & Barlow, 2007):
- *Vermeidung.* Emotionale Erregung kann vermieden werden, indem man dieser vollständig aus dem Weg geht. Die Vermeidungsstrategie kann kurzzeitig effektiv sein, da sie zu einem Angstabbau beiträgt. Auf lange Sicht verwehrt die Strategie es dem Kind jedoch, angemessene Emotionsregulation zu erlernen und fördert damit die Aufrechterhaltung der Angst.
- *Ablenkung.* Teilweise ermöglichen Strategien der Ablenkung es, emotionale Erfahrungen zu vermeiden und verhindern damit mögliche Situationen, den Umgang mit emotionaler Erregung zu lernen.
- *Gedankenunterdrückung.* Um Angst und Unwohlsein zu hemmen, können Kinder ihre Gedanken unterdrücken. Diese Regulationsstrategie wird häufig auch bei Zwangspatienten beobachtet (vgl. Jacob et al., 2011).

Um eine konkrete Antwort auf die Fragen zum Zusammenhang der Emotionsregulation und Angststörungen zu bekommen, gilt es den aktuellen Forschungsstand genauer zu betrachten. Hier zeigt sich ein noch nicht hinreichend ausdifferenziertes Bild, das ein Fazit und damit eine konkrete Beantwortung dieser Fragen zulassen würde. Viele bisherige Arbeiten setzen Fragebogenverfahren ein, um Angstsymptome zu erfassen, und erbringen damit zunächst weitere Erkenntnisse auf subklinischer Ebene. Tortella-Feliu, Balle und Sese (2010) untersuchten etwa mithilfe von Fragebogenverfahren den Zusammenhang von Emotionsregulationsdefiziten und Angstsymptomen in einer umfangreichen Stichprobe Zwölf- bis Siebzehnjähriger. Die negative kognitive Emotionsregulation wurde mithilfe von vier Subskalen des *Cognitive Emotion Regulation Questionnaire* (CERQ; Garnefski, Kraaij & Spinhoven, 2001) erfasst:
- Sich selbst Schuld zuweisen,
- Grübeln,

Tabelle 29: Empirische Studien zur Beziehung von Emotionsregulation und Angstsymptomen auf subklinischer Ebene

Studie (Autor, Jahr)	Stichprobe (*N*)/Alter	Diagnostik/Vorgehen	Ergebnisse
Muris, Mayer, den Adel, Roos & van Wamelen, 2009	*N* = 45 Alter: 9–12 Jahre	– *Screen for Child Anxiety Related Emotional Disorders* (SCARED-R; Birmaher, Brent, Chiappetta, Brigde, Monga & Baugher, 1999; Birmaher et al., 1997) diente der Messung der Angstsymptome. – Der *Anxiety Control Questionnaire for Children* (ACQ-C; Weems, Silverman, Rapee & Pina, 2003) erfragte die kindliche Wahrnehmung der eigenen Kontrolle externaler Bedrohungen. – Die Oberen 10 % der Stichprobe mit den höchsten Angstsymptomen erhielten eine sechswöchige kognitive Verhaltenstherapie (Interventionsstudie).	– Veränderungswerte der Angstsymptome nach der Therapie konnten unter anderem anhand der *wahrgenommenen Angstkontrolle* vorhergesagt werden. – *Einschränkende Anmerkung:* Die wahrgenommene Angstkontrolle korreliert bestenfalls hoch mit den tatsächlichen Regulationsfähigkeiten (Southam-Gerow & Kendall, 2002).
Maughan & Cicchetti, 2002	*N* = 139 Alter: 4–6 Jahre	– In einer standardisierten Situation zur Wutsimulation wurden Emotionsregulationsmuster nach einem spezifischen Kodierschema erfasst (Cummings, 1987). – Subskalen der *Child Behavior Checklist* (CBCL; Achenbach, 1991a) dienten unter anderem der Erfassung von Angstsymptomen. – querschnittliche Beobachtungsstudie unter Verwendung eines Wut-Paradigmas	– Ein Regulationsmuster, das durch eine Unterregulation emotionaler und verhaltensbezogener Reaktivität sowie eine überhöhte und wenig zielorientierte Emotionalität gekennzeichnet war, stand mit Angst- sowie Depressionssymptomen in signifikantem Zusammenhang. – *Anmerkung:* Diese Beziehung stellte einen Mechanismus dar, durch den der Zusammenhang zwischen Kindesmisshandlung und Verhaltensproblemen vollständig mediiert wurde.

Tabelle 29: (Fortsetzung)

Studie (Autor, Jahr)	Stichprobe (*N*)/Alter	Diagnostik/Vorgehen	Ergebnisse
Garnefski, Legerstee, Kraaij, van den Kommer & Teerds, 2002	*N* = 487 Alter: 12–16 Jahre	– Das *Cognitive Emotion Regulation Questionnaire* (CERQ; Garnefski, Kraaij & Spinhoven, 2001) erfasste die kognitiven Regulationsstrategien. – Angstsymptome wurden mithilfe der *Symptom Checkliste* (SCL-90; Derogatis, 1977) erhoben. – querschnittliche Fragebogenstudie	– Die Regulationsstrategien sich selbst die Schuld zuzuweisen, zu grübeln, zu katastrophisieren sowie die kognitive Neubewertung standen in einem signifikanten Zusammenhang mit der Angst.
Hannesdóttir, Doxie, Ann Bell, Ollendick & Wolfe, 2010	*N* = 20 Alter: 4.5 (t_1) und 9 (t_2) Jahre	– Messungen frontaler EEG-Asymmetrien dienten als Indikator für Emotionsregulation. – Messung der Herzrate und Herzratenvariabilität diente als Indikator für physiologische Erregung bei Angst. – Angstsymptome wurden mit der *Multidimensional Anxiety Scale for Children* (MASC; March, 1997) erfasst. – längsschnittliche Studie (t_1: 4.5 Jahre; t_2: 9 Jahre)	– Kinder mit einer rechtsfrontalen Asymmetrie zu t_1 zeigten mehr physiologische Erregung (als Indikator für Angst) während einer angstauslösenden Vortragsaufgabe zu t_2.

- Katastrophisieren und
- andere beschuldigen.

Die Autoren konnten mithilfe von zwei Strukturgleichungsmodellen zeigen, dass hohe Emotionsdysregulationswerte auf diesen Skalen mit einer höheren Angstsymptomatik im Zusammenhang standen. Darüber hinaus erwies sich dasjenige Modell als am angemessensten, das der Emotionsdysregulation eine Mediator-Funktion für den Zusammenhang von negativer Affektivität und Angstsymptomen zuschrieb.

Tabelle 29 fasst weitere Studien zur Emotionsregulation und Angstsymptomen zusammen. Wie in der Tabelle deutlich wird, können in der Tat signifikante Beziehungen zwischen der Emotionsregulation und unterschiedlichen Symptomen der Angst aufgedeckt werden. Ein Nachteil der Studien besteht allerdings nach wie vor darin, dass sich ihre Aussaugen auf eine subklinische Ebene beschränken.

5.3.2 Angststörungen

Nur einige wenige Studien haben klinische Diagnosen von Angststörungen herangezogen, um den Zusammenhang mit der Emotionsdysregulation zu untersuchen. Suveg und Zeman (2004) verglichen in ihrer Studie etwa die Emotionsregulation von Kindern mit und ohne spezifische Störungsbilder. Zur Messung der Emotionsregulation wurden zum einen die *Children's Emotion Management Scales*: *anger and sadness* (CEMS; Zeman et al., 2001) eingesetzt, wobei die Kinder ihre Emotionsregulation selbst beurteilten. Zusätzlich wurde zum anderen die *Emotion Regulation Checklist* (ERC; Shields & Cicchetti, 1997) als Elternfragebogen eingesetzt. Suveg und Zeman (2004) konnten in ihrer Studie zeigen, dass die Acht- bis Zwölfjährigen mit Trennungsangst, sozialer Phobie, generalisierter Angststörung oder spezifischer Phobie häufiger einen dysregulierten Emotionsausdruck und weniger adaptives Coping (gemessen über die CEMS) zeigten. Mütter von Kindern mit Angststörungen gaben eine geringere Flexibilität und höhere Labilität an und bewerteten ihre Kinder als emotional negativer. Außerdem beurteilten die Mütter ihre Kinder schlechter beim angemessenen Emotionsausdruck und emotionalen Selbstbewusstsein. Die Kinder mit Angststörung gaben an, ihre Emotionen intensiver zu erfahren. Insgesamt konnten die Autorinnen in der Tat einen bedeutsamen Zusammenhang zwischen den Emotionsregulationsfähigkeiten und den Angststörungen im Kindesalter nachweisen, wobei konkrete Emotionsregulationsstrategien in dieser Studie jedoch nicht spezifiziert wurden.

Nur wenige Jahre später haben Suveg et al. (2008) weiterführend in einer Folgestudie Acht- bis Dreizehnjährige mit der Diagnose einer Generalisierten Angststörung, Trennungsangst oder Sozialen Phobie mit nichtängstlichen Kindern hinsichtlich der Emotionsregulation verglichen. Die Ergebnisse belegen, dass Kinder und Jugendliche mit Angststörung in der Diskussion einer vergangenen angst- oder wutauslösenden Situation weniger Problemlöseverhalten (definiert als die Anwendung kognitiver oder Verhaltensstrategien) und mehr ungeeignete Regulationsstrategien (definiert als der Versuch, die emotionale Situation zu vermeiden, sich von dieser zu distanzieren, oder als rachsüchtiges oder relational- bzw. verhaltensbezogenes aggressives Verhalten) angaben. Damit konnten sie erste Aussagen zu möglichen Regulationsstrategien liefern, die eine Rolle bei Kindern mit Angststörungen spielen. Sich einem derart spezifischen Ansatz anschließend verglichen Waters et al. (2010) gezielt die *Aufmerksamkeitslenkung* als eine Strategie von Kindern zwischen acht und zwölf Jahren mit Generalisierter Angststörung, Sozialer Phobie, Trennungsangst oder Spezifischer Phobie mit der Aufmerksamkeitslenkung von nichtängstlichen Kindern. Für diese Strategie konnten sie nachweisen, dass Kinder mit schwerer Angstsymptomatik verglichen mit nichtängstlichen und Kindern mit leichter Symptomatik einen Aufmerksamkeits-Bias hin zu wütenden Gesichtern und folglich bedrohlichen Reizen zeigten.

Für die Emotionsregulationsstrategie der *kognitiven Neubewertung* verglichen Carthy, Horesh, Apter, Edge und Gross (2010) Zehn- bis Siebzehnjährige mit Generalisierter Angststörung, Sozialer Angst oder Trennungsangst mit Kindern und Jugendlichen ohne Angststörungen. Diejenigen Kinder und Jugendlichen mit einer klinischen Diagnose waren weniger dazu in der Lage, Neubewertung vorzunehmen und berichteten zusätzlich, die Strategie der Neubewertung seltener im Alltag zu verwenden, verglichen mit Nichtängstlichen. Die Arbeitsgruppe um Carthy, Horesh, Apter und Gross (2010) konnte in einer weiteren Untersuchung zeigen, dass das Emotionsregulationsprofil von Zehn- bis Siebzehnjährigen mit Angststörungen durch höhere Vermeidungsstrategien sowie Hilfesuchen bei anderen charakterisiert war und darüber hinaus ein geringeres Ausmaß an Problemlöseverhalten und kognitiver Neubewertung anzeigte.

5.3.3 Zusammenfassung

Obwohl bei Angst- sowie auch depressiven Störungen allgemein davon ausgegangen wird, dass sie durch einige ungünstige Formen der Emotionsregulation gekennzeichnet sind, gibt es nur wenig Befunde, die die zugrundeliegenden Mechanismen erklären könnten (Ladouceur et al., 2005). Zusammenfassend handelt es sich bei den beschriebenen Studien größtenteils um querschnittliche Erhebungen, die keine Aussage über eine kausale Wirkrichtung der zueinander in Beziehung stehenden Emotionsregulation und Angststörungen ermöglichen (vgl. Cisler, Olatunji, Feldner & Forsyth, 2010). Die wenigen Studien, die die Emotionsregulation in der Kindheit untersucht haben (z. B. Suveg & Zeman, 2004), wurden darüber hinaus vorwiegend ohne einen theoretischen Rahmen durchgeführt (Gullone, Hughes, King & Tonge, 2010). Ein Vergleich der Emotionsregulationsfähigkeiten ängstlicher und nichtängstlicher Kinder macht dennoch deutlich, dass Emotionsdysregulation für Angststörungen in jedem Fall von Bedeutung ist. Nimmt man eine noch spezifischere Perspektive ein, so kann bislang nur sehr wenig über die Emotionsdysregulation bei den einzelnen Angststörungsbildern berichtet werden. So wäre zu vermuten, dass Kinder mit Panikstörung besondere Angst vor den physiologisch erregenden Symptomen haben und folglich insbesondere eine geringere Überzeugung haben, durch eigenes Bemühen emotional erregende Situationen in den Griff zu bekommen (Hannesdottir & Ollendick, 2007; vgl. Jacob et al., 2011).

Auf Basis der dargestellten empirischen Befunde wird ein spezifisches und prüfbares Modell zur Erklärung von Angststörungen im Kindesalter formuliert, in dem die Emotionsdysregulation für die Entwicklung und Dauer der Angststörungen eine entscheidende Funktion einnimmt. Verschiedene Risikofaktoren wirken auf die Entwicklung der

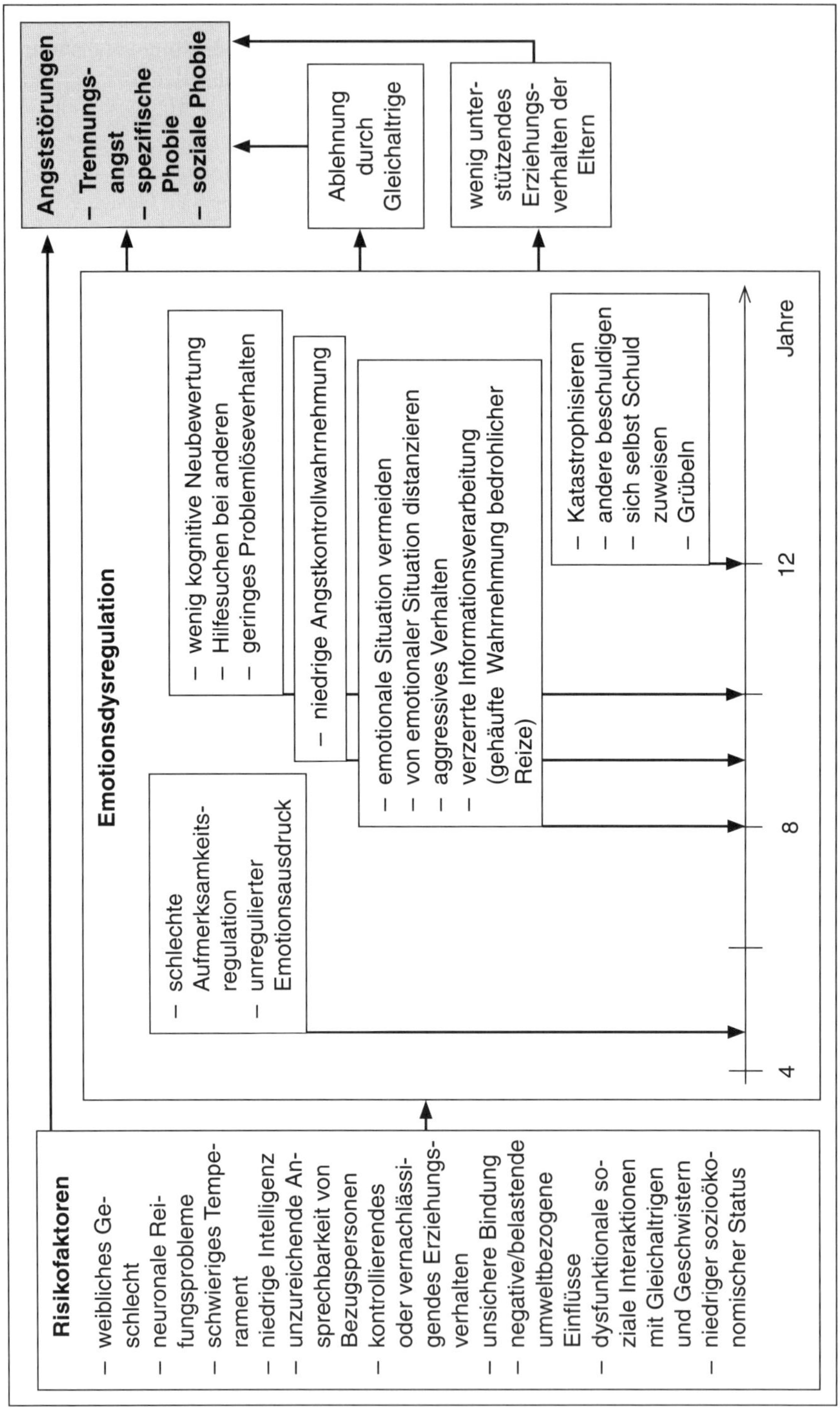

Abbildung 9: Verlaufsmodell der Emotionsdysregulation bei Angststörungen im Kindesalter

Emotionsregulation und können bei ihrer Beeinflussung miteinander interagieren (z. B. Yagmurlu & Altan, 2010). Abbildung 9 stellt dieses Modell mit den möglichen Wechselwirkungen und Erscheinungsformen im Entwicklungsverlauf dar.

5.4 Emotionsregulation und Depression

Neben den Angststörungen als das in der Kindheit häufigste psychische Störungsbild (Groen & Petermann, 2011; Muris, Mayer, den Adel, Roos & van Wamelen, 2009) zeigen des Weiteren die Prävalenzzahlen depressiver Störungen im Kindes- und Jugendalter einen bemerkenswerter Anstieg (Avenevoli, Knight, Kessler & Merikangas, 2008). Besonders für Mädchen ist eine rasante Zunahme der Häufigkeit depressiver Symptome in der späten Kindheit und Jugend zu verzeichnen (Keenan & Hipwell, 2005). Zudem haben depressive Kinder ein erhöhtes Risiko, schwere und wiederkehrende Depressionen im späteren Lebensalter zu erfahren (Kovacs, Obrosky & Sherrill, 2003). Derartige Befunde machen deutlich, dass auch für depressive Störungen gezielte ätiologische Erklärungsansätze vonnöten sind, die frühe signifikante Prädiktoren von Depressionen identifizieren und zu einem besseren Verständnis und folglich zu einer zuverlässigen Prävention der schwerwiegenden Folgen für die weitere Entwicklung beitragen können.

Das *National Institute of Mental Health* (NIMH) hat vor wenigen Jahren ein Projekt ins Leben gerufen, das einen Forschungsplan für die zukünftige Untersuchung der *Mood Disorders* entwickeln sollte (Costello et al., 2002) – zu denen auch die depressiven Störungen zählen. Die Arbeitsgruppe des Projekts konnte zeigen, dass es für ein besseres Verständnis der Mood Disorders im Kindesalter dringend notwendig ist, wichtige Lücken im Verständnis des Beginns, Verlaufs sowie des Wiederauftretens früh eintretender Störungsbilder zu schließen und damit insbesondere Risikofaktoren zu identifizieren (Costello et al., 2002). Gegenwärtige ätiologische Modelle der Mood Disorders nehmen an, dass die psychopathologischen Probleme dieser Störungsfamilie in emotionalen Prozessen zu lokalisieren sind, von denen die Emotionsregulation einen zentralen Bestandteil bildet (Durbin & Shafir, 2008).

Die Emotionsregulation umfasst wichtige Komponenten einer angemessenen Funktionalität und sozialen Anpassung, die bei depressiven Kindern gestört zu sein scheinen. Damit tritt die Dysregulation von Emotionen als augenscheinvalide Erklärung für einige Symptome von Depressionen in den Vordergrund (vgl. Durbin & Shafir, 2008). Schon beim bloßen Betrachten der Diagnosekriterien von depressiven Erkrankungen in DSM-IV oder ICD-10 sind emotionale Probleme, wie etwa überdauernde Gefühle der Traurigkeit, gereizte Stimmung oder unangemessene Schuldgefühle von besonderer Bedeutung (American Psychiatric Association, 2000). Folglich scheint es so, als scheitere die Regulation derartiger Zustände bei depressiven Kindern, wobei Symptome des Stresses und der Dysphorie dominieren (Durbin & Shafir, 2008; Kovacs et al., 2006).

Schwierigkeiten der Emotionsregulation äußern sich insgesamt durch ein begrenztes Repertoire an Regulationsstrategien und gleichermaßen eine Anwendung wenig effektiver Strategien. Das bedeutet konkret, dass Betroffene etwa grundlegend darin scheitern negative Affekte herunter zu regulieren und gleichzeitig positive Affekte herauf zu regulieren bzw. beizubehalten (Davidson, Pizzagalli, Nitschke & Putnam, 2002; Yap et al., 2007). Generell kann bemerkt werden, dass der Regulation positiver wie negativer Emotionen für die Ätiologie von Depressionen eine zentrale Rolle zukommen mag. Und dennoch fehlen etwa Studien, die die Regulation positiver Emotionen genauer untersuchen, für die andere Regulationsstrategien relevant sind als für die Regulation negativer Emotionen (Buss & Goldsmith, 1998; Durbin & Shafir, 2008).

Durbin und Shafir (2008) haben in ihrer Auseinandersetzung mit der Beziehung von Emotionsregulation und Depressionen im Kindesalter fünf mögliche Modelle in Anlehnung an Klein, Wonderlich und Shea (1993) vorgestellt. Die Rolle der Emotionsregulation variiert innerhalb dieser Modellannahmen in ihrer Kausalität, wie in Tabelle 30 veranschaulicht. Durbin und Shafir (2008) betonen, dass diese Modelle keinesfalls erschöpfend und durchaus weitere Beziehungsmuster möglich sind, wie etwa eine gegenseitige Beeinflussung von Emotionsregulation und Depression. Nichtsdestotrotz heben die Autoren das *Prädispositionsmodell* hervor, das die Vorläuferfunktion von Emotionsregulationsfähigkeiten und damit deren kausale Rolle für die Ausformung depressiver Störungen betont. Empirische Studien sind notwendig, um derartige Modellannahme zu verifizieren. Bis dato können vorwiegend querschnittliche Studien berichtet werden, doch auch erste Längsschnittbefunde bieten die Möglichkeit für erste Schlussfolgerungen.

Tabelle 30: Fünf Modellannahmen zur Beziehung der Emotionsregulation zu depressiven Störungen im Kindesalter (Durbin & Shafir, 2008; Klein et al., 1993)

Modell der gemeinsamen Ursache	Die ätiologischen Faktoren von Emotionsregulationsproblemen und Depressionen überlappen teilweise oder vollständig.
Prädispositionsmodell	Schwierigkeiten bei der Emotionsregulation führen direkt zu einer Erhöhung des Risikos für depressive Störungen. Die Ursachen für Probleme bei der Emotionsregulation unterscheiden sich von denen, die bei Depressionen eine Rolle spielen.
Pathoplastisches Modell	Probleme der Emotionsregulation verändern den Verlauf und den Ausdruck von Depressionen nach ihrem Beginn. Bestimmte Regulationsstrategien werden mit einem chronischen und ernsten Verlauf der Störung verbunden.
Komplikationsmodell	Depressionen verändern die Emotionsregulationsfähigkeiten. Diese Veränderungen bleiben auch noch nach der Remission der Störung bestehen.
Modell des Begleiteffekts	Die Emotionsregulation wird während einer depressiven Episode verändert und kehrt nach dieser Episode wieder auf ein Ausgangsniveau zurück.

5.4.1 Depressive Symptome auf subklinischem Niveau

Wie bereits bei der Untersuchung der Angststörungen im Kindesalter festgestellt werden musste, stützt sich ein Großteil der Studien auf die Messung psychopathologischer Symptome mittels Fragebögen. Besonders das *Children's Depression Inventory* (CDI; Kovacs, 1992) wird in den Studien zum mittleren Kindesalter bevorzugt herangezogen, um die depressiven Symptome zu erheben. In einer Studie mit Kindern im Alter zwischen neun und zwölf Jahren haben so etwa Suveg, Hoffman, Zeman und Thomassin (2009) den Zusammenhang von Emotionsregulationsfähigkeiten und depressiven Symptomen untersucht. Zusammenfassend konnten sie eine deutliche Beziehung nachweisen, die nicht signifikant unterschiedlich von der Beziehung der ebenfalls erhobenen Angstsymptome mit den kindlichen Regulationsfähigkeiten war.

Generell sei an dieser Stelle bemerkt, dass Angststörungen und Depressionen im Kindesalter gehäuft komorbid auftreten, mit Raten zwischen 28 % bis hin zu 75 % (Angold & Costello, 1993; Kendall, Kortlander, Chansky & Brady, 1992). Dieses Beziehungsmuster kann verschiedene Ursachen haben; von einer gemeinsamen Methodenkovarianz, über geteilte ätiologische Faktoren (z. B. Emotionsdysregulation), bis hin zu der Annahme, dass das Vorliegen eines Störungsbildes einen Risikofaktor für die Entwicklung der anderen Störung darstellt (Suveg, Hoffman et al., 2009). Viele Studien untersuchen daher Angst- und Depressionssymptome und deren Beziehung zu potenziellen Prädiktoren wie der Emotionsregulation gleichermaßen. Eine spezifische Betrachtung beider Störungsbilder ist dennoch notwendig, um einzelne Wirkmechanismen der Emotionsregulation störungsspezifisch zu identifizieren und nicht zu generalisierte Aussagen zu treffen.

Sich dieser spezifischen Perspektive anschließend stellten sich Garnefski et al. (2007) die Frage, ob die bereits für das Jugendalter gefundenen Zusammenhänge der kognitiven Emotionsregulation mit Symptomen psychischer Störungen (d'Acremont & Van der Linden, 2007) auch in einem Alter unter zwölf Jahren nachweisbar sind. Die Autoren konnten einen bedeutsamen Zusammenhang zwischen den depressiven Symptomen der Kinder (gemessen über das CDI; Kovacs, 1992) und der kognitiven Emotionsregulation (gemessen über das CERQ-k; Garnefski et al., 2007) nachweisen. Insbesondere zeigte sich, dass die Strategien, sich selbst die Schuld zuzuweisen, zu katastrophisieren und andere zu beschuldigen mit mehr depressiven Symptomen einhergingen. Darüber hinaus konnte ein negativer Zusammenhang zwischen positivem Neufokussieren und Planen mit einer depressiven Symptomatik nachgewiesen werden. Insgesamt konnten Garnefski et al. (2007) damit ein Ergebnismuster liefern, das sich von den Befunden für das Erwachsenen- und Jugendalter nicht deutlich unterscheidet (z. B. Garnefski & Kraaij, 2006).

Tabelle 31 fasst die weiteren Studien zur Emotionsregulation und depressiven Symptomen (gemessen mittels Fragebögen) im Kindesalter zusammen. Generell zeigt sich hier eine durchaus bedeutsame Beziehung, die der Emotionsregulation eine entscheidende Bedeutung als Prädiktor depressiver Symptome im Kindesalter zuschreibt.

Eine anhand von Fragebogen (Screeningverfahren) erhobene depressive Symptomatik zeigt einen nachweislichen Zusammenhang mit der individuellen Funktionalität (Gotlib, Lewinsohn & Seeley, 1995) und kann das Vorherrschen einer depressiven Störung belegen oder Vorläufer einer nachfolgenden Störung sein (Cuijpers & Smit, 2004). Trotz eines solchen wichtigen Beitrags der berichteten Studien und der entscheidenden Folgen für die klinische Praxis, bleibt an den bisherigen Befunden dennoch zu kritisieren, dass mit Ausnahme von wenigen Studien mit sehr unterschiedlichem Ansatz (z. B. Garber, Braafladt & Weiss, 1995; Garber et al., 1991; Yap et al., 2011) nach unserem Kenntnisstand keine weiteren klinischen Stichproben untersucht wurden und damit keine zuverlässigen Aussagen zu Diagnosen von depressiven Störungen getroffen werden können.

Tabelle 31: Emotionsregulation und depressive Symptome auf subklinischer Ebene

Studie (Autor, Jahr)	Stichprobe (*N*)/Alter	Diagnostik/Vorgehen	Ergebnisse
Suveg, Hoffman, Zeman & Thomassin, 2009	*N* = 187 Alter: 9–12 Jahre	– Das *Children's Depression Inventory* (CDI; Kovacs, 1992) erfasste depressive Symptome. – Die *Children's Emotion Management Scale: Sadness and Anger* (CEMS; Zeman, Shipman & Penza-Clyve, 2001) erfasste Emotionsregulation im Selbstbericht. – Zusätzlich wurde die *Emotion Expression Scale for Children* (EESC; Penza-Clyve & Zeman, 2002) eingesetzt, um das emotionale Bewusstsein zu erheben. – querschnittliche Fragebogenstudie	– Ein geringes emotionales Bewusstsein sowie schlechte Emotionsregulationsfähigkeiten standen in einem signifikanten Zusammenhang mit depressiven Symptomen.
Silk, Steinberg & Morris, 2003	*N* = 152 Alter: 12–17 Jahre	– Das CDI (Kovacs, 1985) erfasste die depressiven Symptome. – Eine Checkliste mit 13 Regulationsstrategien erfasste die Emotionsregulation nach der realen Erfahrung einer emotionalen Situation über einen Zeitraum von einer Woche. – Querschnittstudie mit *Experience-Sampling-Methode*	– Mehr Rückzugsverhalten, Grübeln und impulsives Verhalten stand mit höheren Depressionswerten in Zusammenhang. – Regulationsstrategien wie Problemlösen und Kontrolle des emotionalen Ausdrucks waren nicht effektiv; kognitive Umstrukturierung und Ablenkung zeigten einen kleinen Effekt.
Hughes, Gullone & Watson, 2011	*N* = 340 Alter: 9–15 Jahre	– Das CDI (Kovacs, 1992) wurde zur Messung der depressiven Symptome herangezogen. – Die *Emotion Regulation Checklist for Children and Adolescents* (ERICA; MacDermott, Gullone, Allen, King & Tonge, 2010) wurde als Checkliste zur Emotionsregulation in Form eines Selbstberichts herangezogen.	– Kinder und Jugendliche mit einem hohen Ausmaß an depressiven Symptomen zeigten geringere Emotionsregulationskompetenzen (geringere emotionale Kontrolle, emotionales Selbstbewusstsein und situationsbezogene

Tabelle 31: (Fortsetzung)

Studie (Autor, Jahr)	Stichprobe (*N*)/Alter	Diagnostik/Vorgehen	Ergebnisse
		– Zusätzlich erfasste der *Emotion Regulation Questionnaire for Children and Adolescents* (ERQ-CA; Gullone & Taffe, 2011) Emotionsregulationsstrategien. – querschnittliche Fragebogenstudie	Ansprechbarkeit) sowie weniger funktionale Regulationsstrategien (weniger kognitive Neubewertung, mehr Unterdrückung)
MacDermott et al., 2010	*N* = 1389 Alter: 9–16 Jahre	– Das CDI (Kovacs, 1992) erfasste depressive Symptome. – Die ERICA (MacDermott et al., 2010) erfasste Emotionsregulationsfähigkeiten. – querschnittliche Evaluationsstudie	– Höhere Werte der Emotionsregulation gingen mit niedrigeren Depressionswerten einher.
Garnefski, Rieffe, Jellesma, Terwogt & Kraaij, 2007	*N* = 717 Alter: 9–11 Jahre	– Das CDI (Kovacs, 1992) wurde herangezogen, um die depressiven Symptome zu erheben. – Die kognitive Emotionsregulation wurde mittels *Cognitive Emotion Regulation Questionnaire – kids Version* (CERQ-k; Garnefski et al., 2007) bestimmt. – querschnittliche Fragebogen(-validierungs-)studie	– Ein signifikanter Anteil der Varianz depressiver Symptome wurde durch die kognitive Emotionsregulation – insbesondere Selbstbeschuldigung, andere beschuldigen und katastrophisieren – der Kinder aufgeklärt. – Positives Neufokussieren und Planen standen mit weniger depressiven Symptomen im Zusammenhang.
Feng et al., 2012	*N* = 73 Alter: 6–13 Jahre	– Die depressiven Symptome der Kinder wurden mittels CDI in der Elternversion erhoben (CDI: P; Kovacs, 1996). – Die Messung frontaler EEG-Daten zeigte Schwierigkeiten der Emotionsregulation bei rechtsfrontaler Asymmetrie. – querschnittliche Multi-Method-Studie	– Eine rechtsfrontale EEG-Asymmetrie während eines traurigen oder fröhlichen Filmausschnitts war bei den Kindern mit erhöhten depressiven Symptomen verbunden, die auch eine erhöhte rechtsfrontale EEG-Asymmetrie während einer nicht-emotionalen Kontrollbedingung aufwiesen.

5.4.2 Depressionen

Garber und Kollegen (1991, 1995) haben eine Reihe von Studien durchgeführt, in denen sie Kinder und Jugendliche zu ihren typischen Regulationsstrategien befragt haben. Sie konnten in ihren frühen Untersuchungen zeigen, dass Kinder und Jugendliche mit der Diagnose einer depressiven Störung weniger Problemlöse- und aktive Ablenkungsstrategien angaben als die Kinder und Jugendlichen einer nichtdepressiven Kontrollgruppe. Darüber hinaus zeigte die depressive Stichprobe mehr vermeidende, passive und aggressive Regulationsstrategien als ihre Vergleichsgruppe. Derartige Ergebnisse sind schließlich kongruent mit der Tatsache, dass depressive Symptome mit Vermeidung und Grübeln sowie einer begrenzten Anwendung von aktiven Strategien (z. B. Hilfesuchen, Problemlösen, kognitive Umstrukturierung) in Zusammenhang gebracht werden (Herman-Stahl, Stemmler & Petersen, 1995; Silk et al., 2003). Allerdings ist kritisch anzumerken, dass die Befragten in den Studien von Garber und Kollegen (1991, 1995) lediglich die erwartete Effektivität und geschätzten Häufigkeiten der Regulationsstrategien berichteten. Damit muss unklar bleiben, wie gut diese Berichte die tatsächlich angewandten Regulationsstrategien in emotionalen Situationen des Alltags widerspiegeln.

Ladouceur et al. (2005) untersuchten die exekutive, bewusste Aufmerksamkeitslenkung – als Mechanismus der Emotionsregulation – von Kindern und Jugendlichen im Alter zwischen acht und 16 Jahren mit diagnostizierter Major Depression. Im Vergleich zu einer gesunden Kontrollgruppe zeigte die Gruppe der depressiven Kinder und Jugendlichen signifikant längere Reaktionszeiten bei der Bewältigung einer Aufgabe mit negativ emotionaler Hintergrundinformation verglichen mit einer neutralen Bedingung. Ein derartiges Reaktionsmuster lässt annehmen, dass – gegenüber dem eigentlichen Zielreiz – den emotionalen und für die Aufgabe irrelevanten Informationen (die sich im Hintergrund der Aufgabe zeigten) mehr Aufmerksamkeit zugeteilt wurde. Darüber hinaus wies die Kontrollgruppe im Vergleich zu den Depressiven längere Reaktionszeiten bei positiver Hintergrundinformation auf; ein Befund, der kongruent zu dem fehlenden Annäherungsverhalten bei Depressiven erscheint (Gray, 2001). Allerdings umfasste die Gruppe der Kinder und Jugendlichen mit der Diagnose einer Major Depression in der Studie von Ladouceur et al. (2005) nur 16 Betroffene, was die Aussagekraft der Ergebnisse deutlich einschränkt.

Eine grundlegende Kritik der meisten Studien richtet sich gegen ihren korrelativen und querschnittlichen Charakter. Insbesondere erschweren derartige Studien damit die Klärung der Kausalitätsfrage: Kann der Emotionsregulation eine Vorläuferfunktion für die depressiven Störungen im Kindesalter zugeschrieben werden und damit das Prädispositionsmodell nach Durbin und Shafir (2008) bestätigt werden? Um sich einer Antwort auf diese Frage anzunähern, können erste Ergebnisse berichtet werden, die die kausale Funktion der Emotionsregulation für depressive Symptome klären wollen.

Feng et al. (2009) untersuchten in ihrer Studie die längsschnittliche Beziehung von Emotionsregulation mit depressiven Symptomen für eine Stichprobe von Mädchen im Alter von neun bis zehn Jahren. Die Emotionsregulation wurde durch die CEMS (Zeman et al., 2001) in der Eltern-Version erfasst, wobei die Mütter der Mädchen Angaben zu den

Regulationsfähigkeiten ihrer Töchter machten. Die Autoren konnten zeigen, dass die Regulation von Traurigkeit und Wut mit depressiven Symptomen einer Major oder Minor Depression – gemessen über das *Kiddie Schedule for Affective Disorders and Schizophrenia for School-Age Children – Present/Lifetime Version* (K-SADS–PL; Kaufman et al., 1997) – sowohl quer- als auch längsschnittlich (über ein Jahr) negativ in Beziehung stand. Insgesamt lassen die Ergebnisse damit erste Annahmen zu, dass Schwierigkeiten bei der Emotionsregulation späteren depressiven Symptomen im Kindesalter vorausgehen. Leider können noch keine weiteren Längsschnittstudien mit Mädchen und Jungen berichtet werden, die ein solches Beziehungsmuster stützen würden. Weitere Studien mit Kindern mit der Diagnose einer depressiven Erkrankung sind notwendig, um den prädiktiven Wert der Emotionsdysregulation genauer zu spezifizieren.

Einen ganz anderen, interessanten Ansatz wählten schließlich Brotman et al. (2006). Sie haben im Rahmen einer umfangreichen epidemiologischen Studie (*Great Smoky Mountains Study*; GSMS) eine Stichprobe neun- bis neunzehnjähriger Kinder und Jugendlicher untersucht. Neben einer hohen Lebenszeitprävalenz der *Severe Mood Disorder* (SMD; vgl. Kap. 5.2.2) von 3.3 % bei den untersuchten Kindern und Jugendlichen stellten die Autoren fest, dass viele Kinder mit SMD auch die Diagnose einer Angststörung (14.7 %) oder einer depressiven Störung (13.4 %) aufwiesen. Zudem war es aufgrund der längsschnittlichen Studie möglich, zu untersuchen, wie die SMD über die Zeit von ca. acht Jahren mit Diagnosen psychischer Störungen im Zusammenhang stand. Hier zeigte sich, dass die SMD im durchschnittlichen Alter von ca. zehn Jahren als einziger Prädiktor die Diagnose einer depressiven Störung im Durchschnittsalter von ca. 18 Jahren signifikant vorhersagte. Die Autoren schlussfolgern, dass die SMD einen frühen Marker für die Entwicklung von Depressionen darstellt. Inwiefern die SMD als eigenständige Diagnose der Emotionsdysregulation zu bewerten ist, muss dennoch offen bleiben (vgl. Kap. 5.2.2). Fakt ist jedoch, dass ein derartiges Ergebnis eine wichtige Grundlage für weitere Arbeiten schafft, die die Beziehung zwischen Emotionsdysregulation und psychischen Störungen klären wollen.

5.4.3 Zusammenfassung

Mittlerweile existieren erste Ansätze zur Behandlung depressiver Kinder, die die Emotionsregulation als einen zentralen Bestandteil aufweisen (Kovacs et al., 2006). Näheres zu Therapieansätzen, die die Emotionsregulationsfähigkeiten verbessern wollen, wird in Kapitel 6 dargelegt. Speziell für das Spektrum depressiver Erkrankungen ist neben der Identifikation grundlegender Regulationskompetenzen die Verwendung ganz spezifischer Strategien von großem Interesse. Bislang gibt es jedoch nur wenige Studien, die die Beziehung der Emotionsregulation und depressiver Störungen bzw. Symptome im Kindesalter so gezielt untersucht haben. Die bisherigen Studien wurden hauptsächlich mit nichtklinischen Stichproben durchgeführt, so dass die Aussagen möglicherweise tatsächliche Zusammenhänge mit depressiven Störungen überschätzen. Ganz gezielt sollten verschiedene Komponenten der Emotionsregulation für das mittlere und späte Kindesalter untersucht werden, die den ätiologischen Einfluss des Konzepts auf Depressionen sowie gezielte Wirkmechanismen bestimmen lassen. Zu

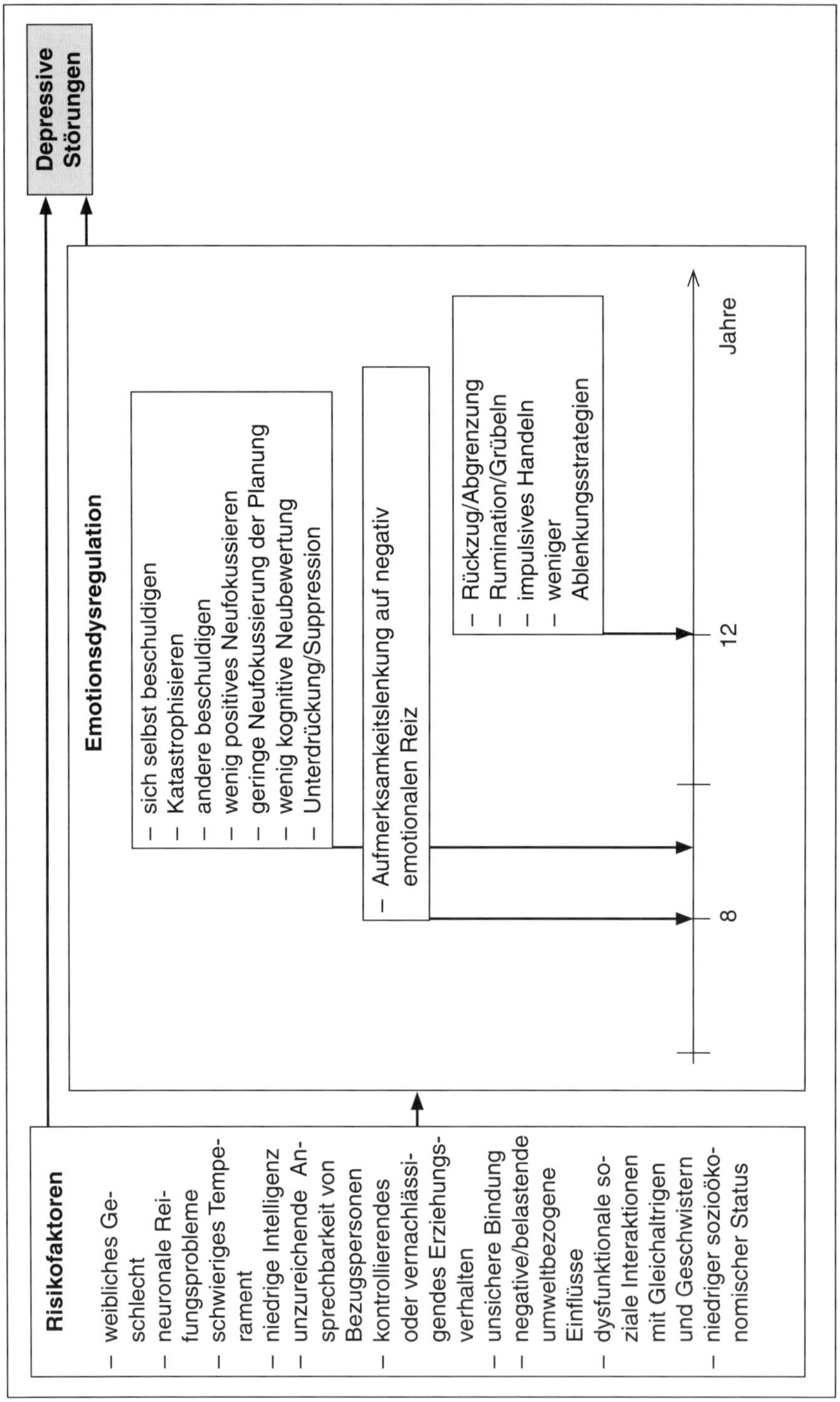

Abbildung 10: Verlaufsmodell der Emotionsdysregulation bei depressiven Störungen im Kindesalter

den in diesem Zusammenhang bedeutsamen Regulationskomponenten zählen unter anderem:

- das Ausmaß und der Kontext, in dem Regulationsstrategien angewendet werden,
- die Vielfalt (Anzahl und Breite) an Regulationsstrategien, die einem Kind zugänglich sind,
- die Effektivität, mit der die zugänglichen Strategien angewendet werden,
- die Fähigkeit zur Kontrolle der Effektivität einer angewandten Strategie und
- die Fähigkeit, eine andere Strategie anzuwenden, wenn die aktuelle ineffektiv ist (vgl. Durbin & Shafir, 2008).

Eine Prognose depressiver Symptome anhand mangelhafter Regulationsfähigkeiten sollte schließlich – wie auch bei anderen psychopathologischen Problemen – frühestens im mittleren Kindesalter zuverlässig sein (Durbin & Shafir, 2008). Auf Basis der berichteten aktuellen Befundlage zum Zusammenhang von Regulationsstrategien und depressiven Symptomen stellt Abbildung 10 ein Verlaufsmodell dar. Wie bereits von Durbin und Shafir (2008) favorisiert, wird davon ausgegangen, dass einer ungünstigen Emotionsregulation eine Vorläuferfunktion bei der Entstehung der Depression zukommt.

5.5 Emotionsregulation und aggressives Verhalten*

Aggressives Verhalten als Ausdruck externalisierender Verhaltensprobleme stellt eine der häufigsten Formen kindlicher Verhaltensstörungen dar (Kazdin, 1995) und erweist sich darüber hinaus als sehr stabil (Petermann & Petermann, 2010, 2012; Pihlakoski et al., 2006). Aggression kann sich als Symptom verschiedener externalisierender Störungen äußern (nach DSM-IV-TR: Störung des Sozialverhaltens, Störung mit oppositionellem Trotzverhalten). Aggressionen finden in einer Reihe von Verhaltensweisen Ausdruck, die darauf abzielen, anderen zu schaden oder andere zu verletzen (Dodge, Coie & Lynam, 2006). Dabei können die aggressiven Verhaltensweisen in unterschiedlicher Form auftreten. Sie können sich körperlich (z. B. jemanden schubsen oder hauen), verbal (z. B. jemanden beschimpfen oder verspotten) oder auch indirekt (hinterhältig, z. B. Beziehungen anderer manipulieren, Ansehen einer Person schädigen) äußern (Crick & Grotpeter, 1995; Hubbard, McAuliffe, Morrow & Romano, 2010). Zudem kann aggressives Verhalten unterschiedlichen Funktionen dienen und daher in reaktive und proaktive Aggression unterteilt werden. Reaktive Aggression tritt als Reaktion auf eine reale oder wahrgenommene Provokation auf und ist durch ein verteidigendes Verhalten charakterisiert, die proaktive Aggression äußert sich hingegen absichtlich und wird gezielt eingesetzt (vgl. Hubbard et al., 2010).

5.5.1 Konzeptuelle Überlegungen

Externalisierende Verhaltensprobleme sind besonders stabil und beeinflussen viele Bereiche der Entwicklung (Pihlakoski et al., 2006). Ein hohes Niveau an aggressivem Ver-

* Dieser Abschnitt wurde gemeinsam mit Dipl.-Psych. Judith Röll verfasst.

halten im Kindergarten kann als Warnsignal für schwerwiegendere Probleme zu einem späteren Zeitpunkt angesehen werden (Broidy et al., 2003). Kindergartenkinder, die erhöhtes aggressives Verhalten gegenüber Gleichaltrigen zeigen, sind über den Verlauf ihrer Schulzeit von einer Vielzahl sozialer und schulischer Probleme bedroht (Dodge, Greenberg, Malone & Conduct Problems Prevention Research Group, 2008). Einige dieser Probleme umfassen die Viktimisierung Gleichaltriger (Morrow, Hubbard, McAuliffe, Rubin & Dearing, 2006) sowie den Gebrauch illegaler Substanzen (Dodge et al., 2009) und gehen mit einem geringen Bildungsabschluss im frühen Erwachsenenalter einher (Vitaro, Brendgen, Larose & Tremblay, 2005). Es stellt sich die Frage, welche Faktoren im jungen Kindesalter zu einem höheren Risiko für aggressive Verhaltensweisen beitragen. Neben nachteiligem Erziehungsverhalten und Verzögerungen in der sozial-kognitiven Entwicklung, wurden mangelnde Regulationsfähigkeiten von Kindern als wichtiger Risikofaktor identifiziert (Olson, Lopez-Duran, Lunkenheimer, Chang & Sameroff, 2011). Im Gegensatz zu distalen Risikofaktoren (z. B. sozioökonomischer Status, biologische Prädisposition) stehen emotionale Prozesse wie die Emotionsregulation, die zu den proximalen Risikofaktoren zählen, in einem engeren Zusammenhang mit aggressivem Verhalten (Dodge & Pettit, 2003). Allgemeine Risikofaktoren wie ein niedriger sozioökonomischer Status können sich, vermittelt über familiäre Merkmale, indirekt auf aggressives Verhalten auswirken.

Die Regulation affektiver und verhaltensbezogener Impulse stellt eine wesentliche Entwicklungsaufgabe der frühen Kindheit dar (Bradley, 2000). Junge Kinder scheitern nicht selten bei der Kontrolle aggressiver Impulse (Tremblay, 2000). Diese Schwierigkeiten lösen sich jedoch mit fortschreitender, sich über die Zeit entwickelnder Selbstregulation auf. Die meisten Kinder zeigen aggressives Verhalten im zweiten Lebensjahr, wobei sich Verhaltensweisen wie Schubsen, Treten oder Beißen, ca. ab dem 18. Lebensmonat beobachten lassen (Flanders et al., 2010). Schließlich zeigt sich eine besonders starke Ausprägung aggressiver Verhaltensweisen im dritten Lebensjahr. Sobald die Kinder jedoch den Kindergarten besuchen, werden diese aggressiven Verhaltensweisen zum größten Teil gehemmt (Hay, Payne & Chadwick, 2004). Allerdings zeigt ein beträchtlicher Anteil an Kindern auch noch bei Schuleintritt ein derartiges Problemverhalten (NICHD, 2004).

Die Arbeitsgruppe um Nancy Eisenberg untersuchte in den letzten Jahren externalisierendes Verhalten und die Fähigkeit zur Emotionsregulation bei Kindern (Eisenberg, Cumberland et al., 2001; Eisenberg, Fabes, Guthrie et al., 1996; Eisenberg, Fabes, Guthrie & Reiser, 2000). Dabei konnten sie durchgehend belegen, dass externalisierende Probleme bei Kindern im Schulalter mit geringen Emotionsregulationsfähigkeiten einhergehen. Junge Kinder, die bereits Schwierigkeiten im Erwerb und Gebrauch von Emotionsregulationsstrategien aufweisen, besitzen ein höheres Risiko für externalisierende Verhaltensprobleme (Calkins, 2002). Ein früher Beginn externalisierender Probleme spiegelt emotionale Defizite wider, besonders was die mangelnde Regulation negativer Emotionen betrifft (Calkins & Fox, 2002).

Der negative Zusammenhang zwischen Emotionsregulation und externalisierenden Verhaltensproblemen wie aggressivem Verhalten wurde konsistent nachgewiesen. Dieser Zusammenhang ist in verschiedenen Altersgruppen der Kindheit beobachtbar und kann sich bereits im Kleinkind- und Vorschulalter herausbilden (Blandon, Calkins & Keane, 2010; Crockenberg et al., 2008; Hill et al., 2006). Erst kürzlich wurden frühere Befunde (z. B. Gilliom et al., 2002; Rydell, Berlin & Bohlin, 2003) hinsichtlich der positiven Korrelation zwischen Defiziten in der Emotionsregulation und aggressivem Verhalten repliziert (Helmsen, Koglin & Petermann, 2012; Helmsen & Petermann, 2010). Der Zusammenhang zwischen diesen beiden Konzepten wird dadurch bereits im Vorschulalter unterstrichen.

Helmsen und Petermann (2010) untersuchten etwa die Verwendung von spezifischen Emotionsregulationsstrategien bei körperlich und hinterhältig aggressiven Vorschulkindern. Körperlich aggressive Kinder unterschieden sich in ihren Regulationsstrategien von unauffälligen Gleichaltrigen dahingehend, dass sie während einer Frustrationsaufgabe häufiger den frustrationsauslösenden Reiz fokussierten. Zudem nahmen sie häufiger kognitive Verbalisierungen vor und regulierten ihre Emotionen häufiger external als nicht körperlich aggressive Kinder. Bei hinterhältig aggressiven Kindern zeigten sich weniger bedeutsame Unterschiede zu unauffälligen Gleichaltrigen. Lediglich externale Regulation wurde von hinterhältig aggressiven Kindern häufiger genutzt.

5.5.2 Längsschnittliche Befunde

Abgesehen von positiven Korrelationen zwischen ungünstiger Emotionsregulation und aggressivem Verhalten bei Kindern (z. B. Helmsen et al., 2012; Helmsen & Petermann, 2010; Kim & Cicchetti, 2010), ist besonders die längsschnittliche Verbindung zwischen diesen beiden Konzepten von enormem Interesse. In Längsschnittsstudien wurde die Assoziation zwischen Defiziten der Emotionsregulation und externalisierenden Symptomen wie aggressivem Verhalten über das Kindesalter hinweg belegt. Dieser Zusammenhang scheint jedoch komplex und Emotionsregulation führt nicht immer direkt zu aggressivem Verhalten (Trentacosta & Shaw, 2009).

Nach Crockenberg und Kollegen (2008) ist der Zusammenhang zwischen Aggression und Emotionsregulation bereits im Säuglings- und Kleinkindalter zu erkennen. Es wurde untersucht, ob die Aufmerksamkeitslenkung als Regulationsstrategie bei sechsmonatigen Säuglingen aggressives Verhalten zwei Jahre später vorhersagt. Die Ergebnisse zeigten eine signifikant positive Korrelation zwischen dem Aufmerksamkeitsverhalten der Kinder und ihrem aggressiven Verhalten. Je mehr die Säuglinge das frustrationsauslösende Ereignis betrachteten, desto wahrscheinlicher war es, dass sie im Alter von zweieinhalb Jahren aggressive Verhaltensweisen zeigten. Ebenso scheint die Verbindung zwischen Emotionsregulation und externalisierendem Verhalten im Vorschulalter dahingehend zu existieren, dass emotionale Dysregulation als Prädiktor für externalisierende Symptome zu einem späteren Zeitpunkt fungiert (Blandon, Calkins, Grimm et al., 2010; Blandon, Calkins & Keane, 2010; Hill et al., 2006; Schatz, Smith, Borkowski, Whitman & Keogh, 2008). Darüber hinaus sagt eine geringere Emotionsregulation in der mittleren Kindheit sowie im Jugendalter aggressives Verhalten voraus (Bowie, 2010; McLaughlin, Hatzenbuehler, Mennin & Nolen-Hoeksema, 2011).

Der bisher deutlichste Beleg von Emotionsdysregulation als Risikofaktor für psychische Störungen bei älteren Kindern stammt von McLaughlin und Kollegen (2011). Es wurde der längsschnittliche Zusammenhang zwischen Emotionsregulation und Psychopathologie (u. a. aggressivem Verhalten) bei Kindern und Jugendlichen im Alter von 11 bis 14 Jahren untersucht. Die Ergebnisse zeigten, dass emotionale Dysregulation aggressives Verhalten sieben Monate später vorhersagte. Allerdings konnten die psychischen Auffälligkeiten umgekehrt nicht ein stärkeres Ausmaß an Emotionsregulationsdefiziten vorhersagen.

Angesichts dieser Befunde kann angenommen werden, dass Emotionsdysregulation keine Folge von psychischen Auffälligkeiten oder aggressivem Verhalten ist, sondern einen Risikofaktor darstellt. Demnach erbringt diese Studie erstmals einen deutlichen Hinweis für die Bedeutung der Emotionsdysregulation als Risikofaktor psychischer Störungen – zumindest in Bezug auf das späte Kindes- und Jugendalter. Nach Blandon, Calkins, Grimm et al. (2010) wird diese Richtung des Zusammenhangs zwischen Emotionsregulation und externalisierenden Problemen auch bei jüngeren Kindern unterstrichen. Die Emotionsregulation bei Vorschulkindern war negativ mit externalisierendem Verhalten verbunden und interessanterweise konnten keine reziproken Einflüsse zwischen externalisierenden Problemen und Emotionsregulation beobachtet werden. Diese Befunde besitzen wichtige Implikationen für präventive Maßnahmen, indem sie nahelegen, frühzeitig die Emotionsregulation zu fördern, um späteren psychischen Problemen vorzubeugen.

Die Untersuchung der längsschnittlichen Zusammenhänge legt verschiedene Faktoren (Geschlecht, Ablehnung durch Gleichaltrige) offen, die zu der Verbindung zwischen Emotionsregulation und externalisierendem Problemverhalten beitragen oder diesen Zusammenhang beeinflussen. Das Geschlecht scheint als wichtiger moderierender Effekt die Beziehung zwischen Aggression und Emotionsregulation zu beeinflussen (Bowie, 2010; Crockenberg et al., 2008; Hill et al., 2006). Überraschenderweise konnte Bowie (2010) frühere Ergebnisse, die eine deutliche Beziehung zwischen niedrigeren Emotionsregulationsfertigkeiten bei Jungen und einem höheren Level an externalisierendem Verhalten wie Aggression zeigten, nicht replizieren. Bowie (2010) untersuchte den Zusammenhang zwischen Emotionsregulation im Kindesalter, offener und hinterhältiger Aggression und abweichendem Sozialverhalten, indem ein Schwerpunkt auf den Geschlechtsaspekt gelegt wurde. Der äußerst wichtige Befund dieser Studie bezieht sich darauf, dass der Zusammenhang zwischen Emotionsregulation und hinterhältiger Aggression durch das Geschlecht moderiert wurde: geringere Emotionsregulation sagte bei Mädchen spätere hinterhältige Aggression voraus; nicht jedoch bei Jungen.

Auch eine Längsschnittstudie von Hill und Kollegen (2006) weist auf eine gewisse Geschlechtsspezifität in der Beziehung zwischen Emotionsregulation und externalisierendem Verhalten hin. Es wurden die Profile externalisierenden Verhaltens bei Vorschulkindern identifiziert und basierend auf der Emotionsregulation der Kinder differenziert. Emotionsregulation diente als wichtiger Prädiktor des längsschnittlichen Verlaufs externalisierender Verhaltensprobleme – allerdings nur bei Mädchen. Mangelnde Emotionsregulation im Alter von zwei Jahren war mit einem stabil ausgeprägten externalisierenden Verhalten assoziiert. Demnach sind frühe individuelle Unterschiede in Fertigkeiten zur Emotionsregulation mit psychischer Anpassung, insbesondere bei Mädchen, verbunden. Damit übereinstimmend scheint das Geschlecht bereits zu einem früheren Entwicklungszeitpunkt eine Rolle für die Emotionsregulation und Aggression zu spielen.

Nach Crockenberg et al. (2008) korreliert das Abwenden der Aufmerksamkeit von einem frustrationsauslösenden Reiz in einem Alter von sechs Monaten negativ mit späterem aggressivem Verhalten – jedoch nur bei Mädchen.

Für die Assoziation von Emotionsregulation und Aggression sind neben dem Geschlecht auch soziale Komponenten von Interesse. Mit einer bedeutend längeren Zeitspanne als andere Längsschnittstudien, untersuchten Trentacosta und Shaw (2009) ob emotionale Selbstregulation in der frühen Kindheit und Ablehnung durch Gleichaltrige in der mittleren Kindheit als Vorläufer aggressiv-dissozialem Verhalten im Jugendalter dienen. Weniger aktive Ablenkung während einer Frustrationsaufgabe in der frühen Kindheit sagte dabei eine stärkere Ablehnung durch Gleichaltrige in der mittleren Kindheit voraus. Ablehnung durch Gleichaltrige konnte wiederum als Prädiktor für aggressiv-dissoziales Verhalten in der frühen Jugend identifiziert werden. Demnach ist der Gebrauch aktiver Ablenkung in der frühen Kindheit nicht direkt mit aggressiv-dissozialem Verhalten in der Jugend verbunden. Aufgrund der Vorhersage der Ablehnung durch Gleichaltrige steht diese Art der Selbstregulation dennoch mit aggressiv-dissozialem Verhalten im Zusammenhang. Diese Ergebnisse weisen erneut auf den frühen Einsatz von Behandlungsprogrammen hin, um späteren Verhaltensproblemen vorzubeugen.

Eine weitere Studie zeigte einen signifikanten Zusammenhang zwischen Emotionsregulation und externalisierenden Symptomen (Kim & Cicchetti, 2010), wobei sich die Verläufe zwischen Emotionsdysregulation und externalisierenden Symptomen als komplex erwiesen. Zum ersten Erhebungszeitpunkt war niedrige Emotionsregulation mit einer höheren externalisierender Symptomatik verbunden und trug zu späterer Ablehnung durch Gleichaltrige bei, welche wiederum mit einer höheren externalisierenden Symptomatik zum zweiten Erhebungszeitpunkt verbunden war. Angesichts dieser Ergebnisse wird der Zusammenhang zwischen Emotionsregulation und externalisierenden Problemen gestärkt und zudem trägt die Ablehnung durch Gleichaltrige zu der Beziehung zwischen Emotionsregulation und dieser Art psychischer Auffälligkeiten im Kindesalter bei (vgl. Kap. 5.3).

Ablehnung durch Gleichaltrige und prosoziale Fertigkeiten vermitteln den Zusammenhang zwischen Emotionsregulation und Aggression. Die Wahrscheinlichkeit, als verhaltensauffällig eingestuft zu werden, ist bei Kindern mit höheren sozialen Fertigkeiten geringer, selbst wenn hinterhältige Aggression vorhanden ist (Bowie, 2010). Anhand dieses Befundes scheint Emotionsregulation ein wichtiger Risikofaktor für hinterhältige Aggression bei Mädchen zu sein und prosoziale Fertigkeiten moderieren diese Beziehung. Dennoch erscheint es erwähnenswert, dass Ablehnung durch Gleichaltrige und Defizite in sozialen Fertigkeiten nicht bei allen aggressiven Kindern oder Jugendlichen vorhanden sind. Nahezu 50 % aggressiver Jugendlicher erfahren keine Ablehnung durch Gleichaltrige (Coie & Dodge, 1998) und des Weiteren haben einige aggressive Kinder Kontakt mit beliebten Gleichaltrigen (Farmer et al., 2002).

Ein Überblick der angeführten Studien zum Zusammenhang von Emotionsregulation und aggressivem Verhalten wird in der nachfolgenden Tabelle 32 dargestellt. Neben Verhaltensmaßen der Emotionsregulation und Aggression sind auch physiologische Maße der Emotionsregulation berücksichtigt.

Tabelle 32: Überblick empirischer Studien zum Zusammenhang von Emotionsregulation und aggressivem Verhalten

Studie (Autor, Jahr)	Stichprobe (*N*)/Alter	Diagnostik/ Vorgehen	Ergebnisse
Blandon, Calkins, Grimm, Keane & O'Brien, 2010	*N* = 440 nichtklinische Stichprobe Alter: 2.6 (t_1), 4.5 (t_2), 5.7 (t_3) und 7.7 (t_4) Jahre	– *Child Behavior Checklist* (CBCL 2-3; Achenbach, 1992; und CBCL 4-18; Achenbach, 1991a) und *Behavior Assessment System for Children* (BASC; Reynolds & Kamphaus, 1992) erfassten externalisierendes Verhaltens (inkl. Aggression). – *Emotion Regulation Checklist* (ERC; Shields & Cicchetti, 1997, 2001) erfasste die Emotionsregulation. – *Das Social Skills Rating System* (SSRS; Gresham & Elliott, 1990) und ein Soziometrisches Rating von Gleichaltrigen dienten der Beurteilung sozialer Fertigkeiten.	– Emotionsregulation korreliert negativ mit externalisierenden Verhaltensweisen. – Es gab keine bidirektionale Beziehung zwischen externalisierendem Verhalten und Emotionsregulation über die Zeit. – Höhere Ausprägungen der Emotionsregulation führten zu stärkerem Rückgang nachfolgender externalisierender Verhaltensprobleme.
Bowie, 2010	*N* = 111 nichtklinische Stichprobe Alter: 5.6–11.9 (t_1), 8–13 (t_2) und 8–14.3 (t_3) Jahre	– *Children's Social Behavior Scale* (CSBS-T; Crick, 1996) erfasste offene und hinterhältige Aggression. – *Child Self-report of Emotional Experience* (CS-REE; Taylor & Carrère, 2002) diente der Erhebung der Emotionsregulation.	– Geringere Emotionsregulation sagte spätere relationale Aggression bei Mädchen vorher. – Prosoziale Fertigkeiten moderierten die Beziehung zwischen hinterhältiger Aggression und abweichendem Verhalten.
Crockenberg et al., 2008	*N* = 64 nichtklinische Stichprobe Alter: 0.6 (t_1) und 2.5 (t_2) Jahre	– *Child Behavior Checklist* (CBCL/2-3; Achenbach, 1992) erfasste die Aggression. – Videographierte Beobachtung erfasste die Emotionsregulation bzw. das Aufmerksamkeitsverhalten.	– Aufmerksamkeit gegenüber frustrationsauslösenden Reizen sagte aggressives Verhalten vorher. – Blick abwenden/Aufmerksamkeitsverlagerung war negativ mit aggressivem Verhalten bei Mädchen verbunden.

Tabelle 32: (Fortsetzung)

Studie (Autor, Jahr)	Stichprobe (*N*)/Alter	Diagnostik/ Vorgehen	Ergebnisse
Hill, Degnan, Calkins & Keane, 2006	*N* = 383 nichtklinische und klinische Stichprobe Alter: 2 (t_1), 4 (t_2) und 5 (t_3) Jahre	– *Child Behavior Checklist* (CBCL/2-3; Achenbach, 1992 und CBCL/4-18; Achenbach, 1991a) erfasste externalisierendes Verhalten. – Es wurden Frustrationsaufgaben (prize in box & high chair; Goldsmith & Rothbart, 1993) gestellt und die Emotionsregulation kodiert.	– Emotionsregulation bei Mädchen zu t_1 diente als Prädiktor für Entwicklungsverläufe externalisierenden Verhaltens. – Geringe Emotionsregulation mit zwei Jahren differenzierte einen stabilen negativen Verlauf von den anderen Verläufen.
Kim & Cicchetti, 2010	*N* = 421 nichtklinische Stichprobe Alter: 6–12 Jahre	– *Teacher's Report Form* (TRF; Achenbach, 1991b) diente der Erfassung der externalisierenden Symptomatik (inkl. aggressivem Verhalten). – *Emotion Regulation Checklist* (ERC; Shields & Cicchetti, 2001) erfasste die Emotionsregulation. – *Maltreatment Classification System* (MCS; Barnett, Manly & Cicchetti, 1993) wurde eingesetzt, um Misshandlung zu erfassen.	– Es zeigte sich eine negative Korrelation zwischen Emotionsregulation und externalisierenden Problemen. – Ein positiver Zusammenhang bestand zwischen externalisierenden Problemen zu t_1 und t_2. – Ablehnung durch Gleichaltrige hatte eine mediierende Rolle.
McLaughlin, Hatzenbuehler, Mennin & Nolen-Hoeksema, 2011	*N* = 1065 nichtklinische Stichprobe Alter: 11–14 Jahre	– *Revised Peer Experiences Questionnaire* (RPEQ; Prinstein, Boergers & Vernberg, 2001) erfasste aggressives Verhalten. – *Emotion Expression Scale for Children* (EESC; Penza-Clyve & Zeman, 2002), – *Children's Sadness Management Scale* (CSMS; Zeman, Shipman & Penza-Clyve, 2001) und – *Children's Response Styles Questionnaire* (CRSQ; Abela, Brozina & Haigh, 2002) dienten der Erhebung der Emotionsdysregulation.	– Emotionsdysregulation zu t_1 war signifikant mit aggressivem Verhalten zu t_2 verbunden. – Aggressives Verhalten zu t_1 konnte nicht die Emotionsdysregulation zu t_2 vorhersagen.

Tabelle 32: (Fortsetzung)

Studie (Autor, Jahr)	Stichprobe (*N*)/Alter	Diagnostik/ Vorgehen	Ergebnisse
Trentacosta & Shaw, 2009	*N* = 122 nichtklinische Stichprobe Alter: 3.5 (t_1), 8.2–10.7 (t_2) und 11–12 (t_3)	– *Child Behavior Checklist* (CBCL 2/3; Achenbach, Edelbrock & Howell, 1987) diente der Beurteilung externalisierender Probleme (inkl. Aggression). – *Cookie task* (Marvin, 1977) erfasste die Emotionsregulation. – *Peer sociometric nominations* (Coie, Dodge & Coppotelli, 1982) wurden eingesetzt, um die Ablehnung durch Gleichaltrige zu erfassen. – *Self-Report-Delinquency* (SRD; Elliott, Huizinga & Ageton, 1985) *Child Behavior Checklist* (CBCL; Achenbach, 1991a) sowie *Teacher's Report Form* (TRF; Achenbach, 1991b) dienten der Beurteilung aggressiv-dissozialen Verhaltens.	– Es zeigte sich eine negative Korrelation von Emotionsregulation (aktive Ablenkung) und Ablehnung durch Gleichaltrige. – Es bestand ein positiver Zusammenhang zwischen Ablehnung durch Gleichaltrige und aggressiv-dissozialem Verhalten. – Externalisierende Probleme korrelierten positiv mit späterem aggressiv-dissozialen Verhalten. – Adaptive Selbstregulation war indirekt mit späterem aggressiv-dissozialen Verhalten verbunden.

5.5.3 Exkurs: Physiologische Regulation aggressiven Verhaltens

Die neuropsychologische Forschung unterstützt die Funktion und Beteiligung von Selbstregulation an einigen Formen externalisierender Verhaltensprobleme. Angesichts diverser Befunde funktioneller Bildgebung nehmen Crowe und Blair (2008) an, dass eine Dysfunktion des frontalen Cortex-Regulationssystems mit reaktiver Aggression und auch dem gleichzeitigen Auftreten einer Störung des Sozialverhaltens sowie einer oppositionell-aggressiven Störung verbunden ist. Nach Lamm et al. (2011) existieren verschiedene corticale Aktivitätsmuster in Abhängigkeit von den Emotionsregulationsstilen eines Kindes. Aggressive Kinder bringen Aktivierungsmuster hervor, die auf verzögerte und daher ineffektive regulatorische Mechanismen hindeuten.

Ein niedriger Vagustonus stellt ein Charakteristikum externalisierender Probleme dar und wird als unspezifisches Kennzeichen von Emotionsdysregulation bei Kindern angesehen (Beauchaine, 2001). Atemsynchrone Schwankungen des Vagustonus, die sogenannte Respiratorische Sinusarrhythmie (RSA), als Indikator der Funktion des parasympathischen Nervensystems, stehen ebenfalls in Verbindung mit externalisierenden Symptomen bei Kindern (Calkins, Graziano & Keane, 2007). Der bereits nachgewiesene und berichtete Zusammenhang zwischen externalisierenden Problemen und einem niedrigen Niveau an Vagus-Unterdrückung wurde wiederholt bestätigt (Beauchaine et al., 2007; Calkins & Keane, 2004). Laut Calkins und Keane (2009) zeigten Kinder mit einem rein externalisierenden Profil die geringste kardiale Vagus-Regulation. Kürzlich wurden die bisherigen Befunde dahingehend erweitert (Hinnant & El-Sheikh, 2009), dass nicht die RSA-Regulation allein, sondern ein Zusammenspiel mit der grundlegenden RSA eines Kindes externalisierendes Problemverhalten vorhersagt. Dennoch bleiben gewisse Widersprüche bestehen, da in der empirischen Forschung zum Teil keine direkte Verbindung zwischen dem Vagustonus von Kindern und externalisierendem Verhalten belegt wurde (vgl. El-Sheikh et al., 2009).

Erwähnenswert scheint, dass die Beziehung zwischen dem Vagustonus und externalisierenden Problemen möglicherweise von verschiedenen Faktoren beeinflusst wird. Der Zusammenhang zwischen unangemessener Vagusmodulation und externalisierenden Problemen variiert in Abhängigkeit vom Alter und ist bei Vorschülern noch nicht zu beobachten (Beauchaine et al., 2007). Bei der Vorhersage von Sozialverhalten im Kindesalter interagiert die physiologische Regulation des Weiteren mit dem Erleben von familiärem Stress (El-Sheikh et al., 2009). Ein belastendes familiäres Umfeld (elterliches Problem-Trinken) stand nur bei Kindern mit niedriger Vagus-Unterdrückung mit internalisierenden und externalisierenden Verhaltensproblemen in Verbindung (El-Sheikh & Whitson, 2001). Mütterliches Verhalten stellt eine weitere Einflussgröße dar (Degnan et al., 2008). Kinder zeigen mit größerer Wahrscheinlichkeit sehr stark aggressives Verhalten, wenn geringe mütterliche Kontrolle mit niedriger physiologischer Regulation verbunden ist. Daher kann von einem biopsychosozialen Netzwerk ausgegangen werden, wonach die Anpassung oder Fehlanpassung von Kindern als Ergebnis der Interaktion umwelt- und kindbezogener Risikofaktoren entsteht (El-Sheikh et al., 2009).

5.5.4 Zusammenfassung

Die in diesem Kapitel angeführten Studien machen deutlich, dass ausgeprägte Emotionsdysregulation eindeutig mit externalisierenden Verhaltensproblemen wie Aggression verbunden ist und einen wichtigen Risikofaktor darstellt. Zur Beantwortung der Frage, wie diese beiden Konzepte in der Kindheit miteinander verbunden sind, wurden hauptsächlich Längsschnittstudien herangezogen, da diese Rückschlüsse auf die Kausalität der Beziehung von Emotionsregulation und Verhaltensauffälligkeiten ermöglichen. Trotz der bislang eher geringen Anzahl an Längsschnittstudien scheint die Annahme, dass Probleme bei der Emotionsregulation zu aggressivem Verhalten zu einem späteren Entwicklungszeitpunkt beitragen als bestätigt (Bowie, 2010; Crockenberg et al., 2008; Hill et al., 2006; McLaughlin et al., 2011). Die Befunde legen Emotionsdysregulation eindeutig als Risikofaktor und nicht als Folge psychischer Probleme nahe.

Interessanterweise wird der Zusammenhang zwischen Emotionsregulation und aggressivem Verhalten von verschiedenen Faktoren moderiert und beeinflusst. Zum einen scheint Emotionsdysregulation als Prädiktor für aggressives Verhalten bei Mädchen bedeutsamer zu sein (Bowie, 2010; Crockenberg et al., 2008; Hill et al., 2006). In drei der angeführten Längsschnittstudien sagte die Emotionsregulation bei Mädchen, nicht jedoch bei Jungen, externalisierendes Verhalten zu einem späteren Zeitpunkt vorher. Dies steht in Einklang mit dem bereits erfolgten Hinweis von Experten, sich im Hinblick auf Verhaltensauffälligkeiten auf verschiedene Vorhersagemodelle für Mädchen und Jungen zu konzentrieren (NICHD, 2004). Offensichtlich kommt einer ungünstigen Emotionsregulation in der Fehlanpassung von Mädchen eine bedeutendere Rolle zu als bei Jungen. Möglicherweise gewinnt Emotionsregulation als prädiktiver Faktor bei Jungen erst zu einem späteren Entwicklungszeitpunkt an Bedeutung, da Mädchen bekanntlich schneller reifen und soziale Fähigkeiten schon früher erwerben (Keenan & Shaw, 2003). Angesichts dieser Befunde sollte diese Form des Geschlechtsunterschiedes in der Vorhersage externalisierender Verhaltensprobleme genauer betrachtet und erforscht werden.

Zum anderen identifizierten Längsschnittstudien (Kim & Cicchetti, 2010; Trentacosta & Shaw, 2009) Ablehnung durch Gleichaltrige als Faktor, der die Beziehung von Emotionsregulation und externalisierendem Problemverhalten vermittelt. Ablehnung durch Gleichaltrige führt bei Kindern mit mangelnden Emotionsregulationsfähigkeiten zu externalisierenden Verhaltensproblemen. Die Annahme, dass zum einen Ablehnung durch Gleichaltrige die nachfolgende Anpassung beeinflusst (Dodge et al., 2003), sowie zum anderen externalisierende Probleme zur Ablehnung durch Gleichaltrige beitragen (Bolger & Patterson, 2001), scheint dadurch bestätigt (vgl. Kim & Cicchetti, 2010). Diese Ergebnisse unterstreichen die Bedeutung von Gleichaltrigenbeziehungen bei der Behandlung von Kindern mit Problemen in der Emotionsregulation (vgl. Kap. 4.4.1).

Zukünftige Studien sollten sich auf die Vielzahl weiterer potenziell mediierender und moderierender Einflussfaktoren konzentrieren, wie etwa das elterliche Erziehungsverhalten (Barber, Stolz & Olson, 2005; Calkins, 1994; Jaffe et al., 2010; Kawabata, Alink, Tseng, van Ijzendoorn & Crick, 2011; Zhou et al., 2002). Ein weiterer Aspekt, der in zukünftigen Studien beachtet werden sollte, bezieht sich auf die Komorbidität interna-

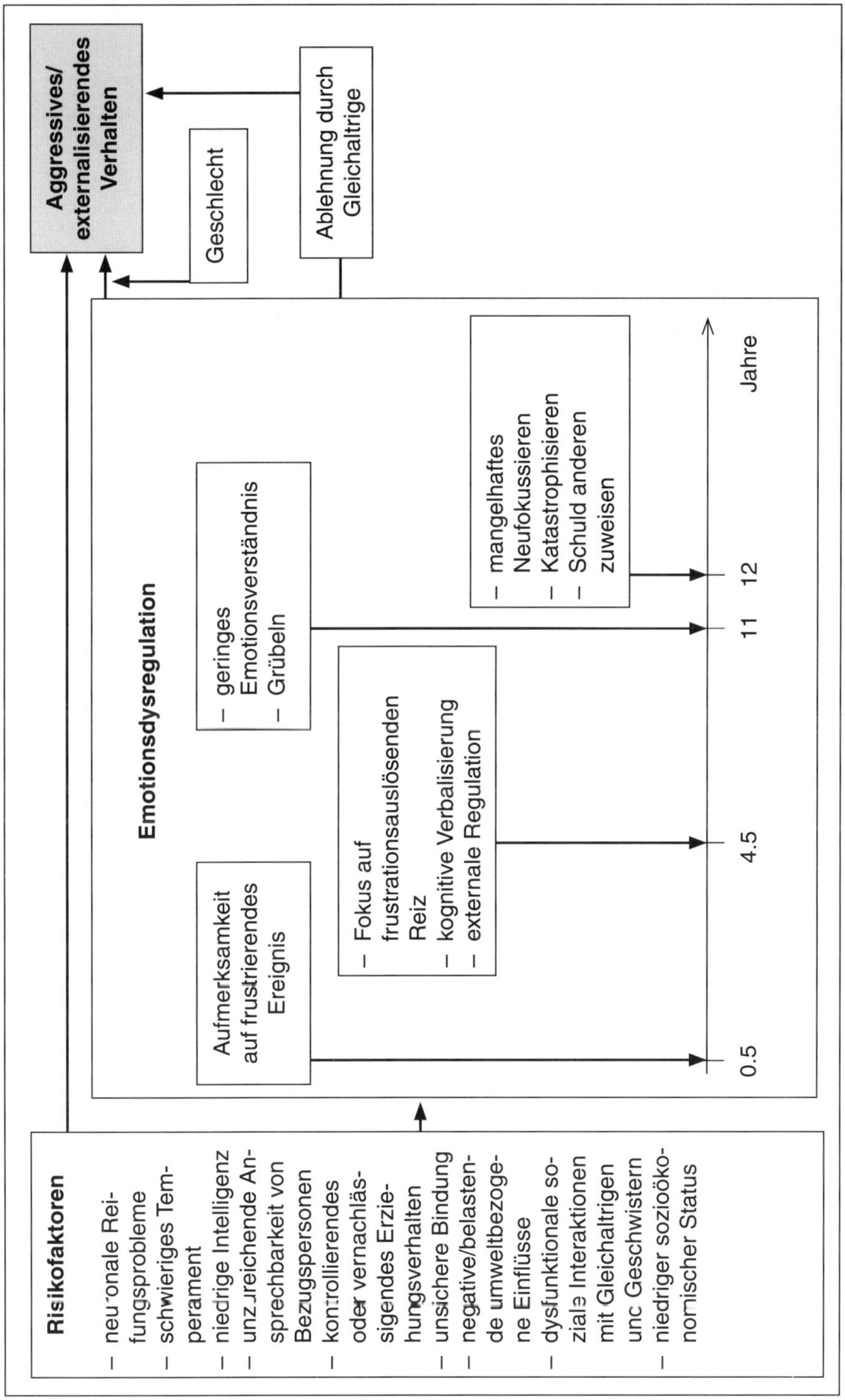

Abbildung 11: Verlaufsmodell der Emotionsdysregulation bei aggressivem Verhalten im Kindesalter

lisierender und externalisierender Probleme und deren Beziehung zur Emotionsregulation. Nach Calkins et al. (2007) zeigen Kinder mit einem Risiko für internalisierende und gleichzeitig externalisierende Probleme eine sehr starke vagale Abnahme, die auf eine höhere emotionale Labilität hinweist. Daher scheint es von Interesse zu sein, Entwicklungswege zu identifizieren, die das gemeinsame Auftreten internalisierender und externalisierender Probleme erklären können. Dabei ist die Rolle der Emotionsregulation von grundlegender Bedeutung.

Die meisten Studien zur Emotionsregulation und Aggression bei Kindern basieren auf nichtklinischen Stichproben. Zum jetzigen Zeitpunkt ist nicht geklärt, ob emotionale Dysregulation mit aggressivem Verhalten in dimensionaler oder aber kategorialer Art und Weise in Verbindung steht. Diese Erkenntnis besitzt immense Bedeutung für Präventions- und Behandlungsprogramme. Darüber hinaus werden bisher sehr wenig Studien durchgeführt, die sich auf spezifische Emotionsregulationsstrategien bei aggressiven Kindern beziehen (Crockenberg et al., 2008; Gilliom et al., 2002; Helmsen et al., 2012). Zukünftige Studien sollten zudem die verschiedenen Aggressionsformen (proaktive vs. reaktive Aggression) mit einbeziehen. Die Unterscheidung verschiedener Subtypen aggressiven Verhaltens ist wichtig, da unterschiedliche Entstehungsbedingungen und Verläufe dafür angenommen werden (Tremblay, 2000).

Basierend auf den angeführten empirischen Befunden wird ein Modell aggressiven Verhaltens im Kindes- und Jugendalter skizziert (vgl. Abb. 11). Emotionsdysregulation kommt dabei für die Entwicklung und das Fortschreiten aggressiven Problemverhaltens eine entscheidende Bedeutung zu.

5.6 Ausblick: Emotionsregulation und psychopathologische Probleme

Mit den dargestellten Beziehungen der Emotionsregulation zu den ausgewählten Störungsbildern der Angst, Depression und Aggression ergibt sich noch kein erschöpfendes Bild für ihre psychopathologischen Folgen (vgl. Livingstone, Harper & Gillanders, 2009). Einige weitere psychische Störungen im Kindesalter weisen einen Zusammenhang mit den Fähigkeiten zur Emotionsregulation auf, die im Rahmen dieses Buches nur gestreift werden können (z. B. Burns, Fischer, Jackson & Harding, 2012; Rieffe et al., 2011).

Kinder mit ADHS zeigen etwa ein nachweislich anderes Muster ihrer Regulationsstrategien im Vergleich zu Kindern ohne eine solche Diagnose (z. B. Schmitt, Gold & Rauch, 2012). Bonekamp und von Salisch (2007) konnten zeigen, dass Jungen mit ADHS im Vergleich zu einer Kontrollgruppe weniger dazu in der Lage waren, distanzierende Strategien anzuwenden, um ihren Ärger auf einen Freund zu regulieren. Darüber hinaus holten sie seltener soziale Unterstützung ein und wandten ihre Aufmerksamkeit seltener von der sie frustrierenden Situation und den begleitenden Gedanken ab. Erste Trainings, die auf die Verbesserung der sozialen Kompetenz von ADHS-Kindern abzielten, zeigten zudem eine günstigere Emotionsregulation von teilnehmenden Kindern (Schmitman, Petermann, Petermann & Zakis, 2011). Derartige Befunde lassen annehmen, dass die Emotionsregulation einen entscheidenden Faktor dieses Störungsbildes ausmacht.

Des Weiteren kann ein bedeutsamer Zusammenhang mit somatoformen Störungen im Kindesalter beobachtet werden. Zu den häufigsten somatischen Beschwerden von Kindern zählen Kopf- sowie abdominale Beschwerden (Garber, Walker & Zeman, 1991). Gilleland et al. (2009) konnten für eine Stichprobe Sieben- bis Zwölfjähriger zeigen, dass eine schlechtere Emotionsregulation in einem bedeutsamen Zusammenhang mit Somatisierungsproblemen stand, die von den Müttern der Kinder berichtet wurden. Schlechter entwickelte Emotionsregulationsfähigkeiten konnten zu einem Beginn oder dem Überdauern von Somatisierungsproblemen beitragen.

Schließlich kann ein weiteres Beispiel für die psychopathologische Funktion der Emotionsregulation für ein Achse-II-Störungsbild berichtet werden. Borderline-Persönlichkeitsstörungen wurden bereits als eine Störung der Emotionsregulation definiert (Putnam & Silk, 2005). Ein solcher Befund ist nicht nur für das Jugendalter relevant; frühe Charakteristika der Borderline-Persönlichkeitsstörung können schon in der Kindheit beobachtet werden. So konnten Gratz et al. (2009) zeigen, dass die Emotionsregulation von Neun- bis Dreizehnjährigen in der Tat relevant für frühe Symptome der Borderline-Persönlichkeitsstörung war (Schmid, Schmeck & Petermann, 2008).

Internalisierende wie externalisierende Probleme im Kindesalter finden eine mögliche Ursache in unzureichend ausgebildeten Fähigkeiten zur Emotionsregulation. Eine wesentliche Aufgabe für die zukünftige Forschung wird es sein, zu klären, ob und wie verschiedene psychische Probleme und Störungsbilder unterschiedlich mit Regulationsstrategien und -problemen bei spezifischen Emotionen verbunden sind. Daher sollten sich zukünftige Arbeiten damit beschäftigen, ob bestimmte Emotionsregulationsbereiche zwischen den verschiedenen psychopathologischen Gruppen differenzieren können (Durbin & Shafir, 2008). Die Emotionsregulationsforschung liefert – wie in Abbildung 1 (vgl. Kap. 1) deutlich wurde – in einem rasanten Tempo zunehmend neue Erkenntnisse. Dennoch ist sie noch nicht soweit, um endgültige und sichere Aussagen zu ermöglichen. Auf Basis fundierter Modelle, die die konzeptuellen Schwierigkeiten berücksichtigen, kann schließlich die klinische Forschung die Rolle der Emotionsregulation genauer eingrenzen und in ihren Feinheiten bestimmen.

Kapitel 6

Emotionsregulation in Prävention und Intervention*

Es kann ein folgenschwerer Teufelskreis entstehen, wenn Risikofaktoren zur unzureichenden Entwicklung der Emotionsregulationsfähigkeiten beitragen. Führt ein kontrollierender Erziehungsstil etwa zu Problemen der kindlichen Emotionsregulation (z. B. aggressivem Verhalten), so kann dies zu einem dysfunktionalen Sozialverhalten (z. B. in der Schule) und Ablehnung durch Gleichaltrige führen (Little & Garber, 1995). Betroffene Kindern können in der Folge von wichtigen sozialen Erfahrungen ausgeschlossen werden, die wiederum der Entwicklung der Emotionsregulation sowie einem angemessenen Sozialverhalten förderlich sind (Maughan et al., 2007). Derartig gravierende Konsequenzen der emotionalen Dysregulation geben für sich bereits Anlass über präventive sowie Behandlungsmaßnahmen nachzudenken. Hinzu kommt, dass – wie in Kapitel 5 gezeigt werden konnte – Emotionsdysregulation psychische Probleme sowie Störungen bedingen kann, die beginnend im Kindesalter die weitere Entwicklung deutlich beeinträchtigen. Daher sollte die Förderung der Emotionsregulation bei Kindern möglichst früh stattfinden, bevor sich psychische Auffälligkeiten verfestigen und in der Folge weitere psychosoziale Probleme auftreten (Helmsen, Lehmkuhl & Petermann, 2009).

Ein derartiger Hintergrund macht deutlich, dass das Konzept der Emotionsregulation bei der Behandlung psychischer Störungen und Probleme im Kindesalter zu berücksichtigen ist. Dies gilt nicht nur für die Modifikation von bereits bestehenden Präventions- und Behandlungsprogrammen, sondern auch für die Entwicklung neuer Ansätze. Einige wenige Programme kommen dieser Forderung nach und rücken die Emotionsregulationsfähigkeiten von Kindern im Vorschul- und Schulalter bereits ins Zentrum des Interesses (z. B. Greenberg, Kusche, Cook & Quamma, 1995). Im Folgenden sollen Präventionsprogramme zur Förderung sozial-emotionaler Kompetenz und Reduktion von Verhaltensproblemen in verschiedenen Altersgruppen exemplarisch dargestellt werden. Des Weiteren werden drei Beispiele von Interventionsprogrammen vorgestellt, die die Emotionsregulation und deren Förderung als zentrale Aspekte innehaben, um psychischen sowie sozialen Problemen entgegenzuwirken.

6.1 Präventionsprogramme

Eine Vielzahl von Präventionsprogrammen, die in der Kindheit Anwendung finden und sich vom Kleinkindalter bis zum Jugendalter erstrecken, zielt auf eine Förderung sozialer und emotionaler Kompetenzen sowie die Verringerung problematischer Verhaltensweisen ab (z. B. Conner & Fraser, 2011; Domitrovich, Cortes & Greenberg, 2007;

---

* Dieses Kapitel wurde gemeinsam mit Dipl.-Psych. Judith Röll verfasst.

Hänggi, Schweinberger & Perrez, 2011; Havighurst, Wilson, Harley & Prior, 2009; Horn, Pössel & Hautzinger, 2010; Humphrey et al., 2010; Izard et al., 2008; Koglin & Petermann, 2011b; Rosenthal & Gatt, 2010; Schick & Cierpka, 2005; Von Marées & Petermann, 2010; Webster-Stratton, Jamila Reid & Stoolmiller, 2008). Betrachtet man diese Programme, lässt sich feststellen, dass die Förderung der Emotionsregulation lediglich einen Teilaspekt ihrer Inhalte darstellt. Einige der Hauptaspekte, die in sozial-emotionalen Trainingsprogrammen thematisiert werden, umfassen:

- das Verstehen von Emotionen,
- Selbstwahrnehmung sowie Wahrnehmung der eigenen Emotionen und der Gefühle anderer,
- Emotionsregulation und Umgang mit Emotionen,
- Empathie,
- Kommunikation und
- Problemlösen.

Die Präventionsprogramme sind für den Gebrauch von pädagogischen Fachkräften in Kindertageseinrichtungen oder Schulen konzipiert. Bei einigen Präventionsprogrammen werden die Eltern etwa über wöchentliche Nachrichten und damit verbundene Übungsaufgaben (z. B. Izard et al., 2008; Webster-Stratton et al., 2008) oder in Form zusätzlicher Elternaufklärung einbezogen (Conner & Fraser, 2011).

Zu den häufig verwendeten Methoden, um soziale und emotionale Fertigkeiten zu fördern und Problemverhalten zu reduzieren, zählen zum Beispiel:

- interaktive Spiele,
- Puppenspiele,
- Gruppenaktivitäten,
- Rollenspiele und
- Videoaufnahmen mit Modellen.

Im Folgenden werden aktuelle, universelle Präventionsprogramme für unterschiedliche Altersgruppen der Kindheit exemplarisch dargestellt.

6.1.1 „Learning to Live Together"

Rosenthal und Gatt (2010) evaluierten das Trainingsprogramm *Learning to Live Together* (LtLT), das für Erzieher zur Förderung sozial-emotionaler Kompetenzen bei Kindern zwischen einem und drei Jahren entwickelt wurde. Dieses Trainingsprogramm vermittelt Erziehern zum einen Wissen über die sozial-emotionale Entwicklung und liefert zum anderen spezifische Techniken, um die soziale und emotionale Entwicklung zu unterstützen. Die Fachkräfte lernen in zwölf Workshops einen reflektierten Umgang mit den eigenen Emotionen sowie den Emotionen anderer (Wiedebusch & Petermann, 2011). Darüber hinaus werden die Einstellung und Ansichten der Erzieher hinsichtlich der sozial-emotionalen Entwicklung von Kindern exploriert. Inhaltlich legt das Training einen Schwerpunkt auf die Entwicklung der Empathie von Kindern und das Erlernen von Strategien der Konfliktlösung. Zudem bietet sich den Fachkräften im Anschluss an die Trainingseinheiten die Möglichkeit, mithilfe von Videoanalysen das erlernte Wissen zu vertiefen und verfestigen. Das Programm bewirkt, dass sich die Interaktion der Erzieher mit den Kindern positiv verändert. Zudem konnten signifikante Effekte auf das Verhalten der Kinder belegt werden. Die Kinder verfügten tendenziell über höhere soziale Kompetenzen, zeigten weniger häufig aggressives Verhalten und eine geringere Tendenz zu sozialem Rückzug. Schließlich stellt sich heraus, dass mit zunehmendem Alter der Kinder der beobachtete Effekt zunimmt (Rosenthal & Gatt, 2010).

6.1.2 Emotion-Based Prevention Program (EBP)

Izard und Kollegen (2008) wiesen die Effektivität eines emotionsbezogenen Präventionsprogramms (EBP) zur Unterstützung der Entwicklung emotionaler Kompetenz nach und konnten dessen Einfluss auf positives und problematisches Sozialverhalten bei Vorschülern in zwei Studien belegen. Die erste Studie wurde dafür in einem ländlichen Gebiet und die zweite in einem Stadtgebiet durchgeführt, wobei beide Studien ungefähr 200 Kinder zwischen zwei und fünf Jahren umfassten. Die Ergebnisse der ländlichen Stichprobe zeigten, dass das EBP das Emotionswissen und die Emotionsregulation verbesserte und der negative Emotionsausdruck, Aggression, ängstlich/depressives Verhalten sowie negative Interaktionen mit Gleichaltrigen und Erwachsenen abnahmen. Die zweite Studie überprüfte das EBP in Relation zu einem sozial-kognitiven Interventionsprogramm (*I Can Problem Solve* – ICPS; Shure, 1993). Kinder, die am EBP teilnahmen, konnten ihr Emotionswissen, ihre Emotionsregulation, ihren positiven Emotionsausdruck und ihre soziale Kompetenz in einem stärkeren Ausmaß verbessern im Vergleich zu Kindern, die nicht an dem sozial-kognitiven Programm teilnahmen. Obwohl es sich beim EBP um ein Programm handelt, das von Lehrern angewendet wird, werden die Eltern wöchentlich über die Trainingssitzungen informiert und zudem aufgefordert, eine Eltern-Kind-Aufgabe (soziale Aktivität) durchzuführen.

6.1.3 Verhaltenstraining im Kindergarten

Im Rahmen des *Bremer Präventionsforums* (www.bpf.uni-bremen.de) wurden spezifische Verhaltenstrainings entwickelt, die es anstreben, gezielt und frühzeitig sozial-emotionale Kompetenzen zu fördern. Neben Maßnahmen für das Kindergartenalter (Koglin & Petermann, 2006) liegen auch entwicklungsphasenspezifische Trainings für den Schuleintritt (Petermann, Natzke, Gerken & Walter, 2006) und das Grundschulalter (Petermann, Koglin, Natzke & von Marées, 2007) vor.

Einen Schwerpunkt bei der Prävention von Verhaltensproblemen bildet unter anderem die Förderung emotionaler Kompetenzen, der sich auch eine angemessene Emotionsregulation unterordnet. Das Bremer Präventionsprogramm strebt es vor diesem Hintergrund an, die emotionale Kompetenz frühzeitig zu fördern, indem mit den Kindern der emotionale Ausdruck (sprachlich, mimisch und gestisch), die Ursachen von bestimmten Emotionen und verschiedene Möglichkeiten zur Emotionsregulation erarbeitet werden (Koglin & Petermann, 2011a). Bezugspersonen im Kindergarten oder Lehrkräfte in der Grundschule fungieren als Trainer und können die Maßnahmen leiten. Konkrete Verhaltensübungen in Form von Rollenspielen im geschützten Kontext ermöglichen ein gezieltes Erlernen erarbeiteter Fähigkeiten und dienen damit einer Verbesserung der Regulation des Verhaltens und der Emotionen eines Kindes (Koglin & Petermann, 2011a).

Das Verhaltenstraining zur Förderung der sozial-emotionalen Kompetenz im Kindergartenalter dient unter anderem einer gezielten Verbesserung des Ausdrucks und der Regulation von Emotionen (Koglin & Petermann, 2006). Im Rahmen von 25 Einheiten, die sich auf vier Bereiche verteilen (vgl. Tab. 33) und ca. zweimal wöchentlich stattfinden, führen die Erzieher das Training durch. Innerhalb des Trainings führt eine Rahmengeschichte über zwei Meerkinder die Kinder durch die Einheiten. Die Rahmengeschichte beinhaltet verschiedene Abenteuer.

Tabelle 33: Gliederung des *Verhaltenstrainings im Kindergarten* des Bremer Präventionsforums (Koglin & Petermann, 2006)

Trainingsbereich	Inhalt
1. Bereich: Einstieg in das Thema	Einführung des Verhaltenstrainings
2. Bereich: Förderung emotionaler Kompetenz	Wahrnehmen der eigenen Gefühle und der Gefühle anderer, Aufbau und Differenzierung des Emotionswissens, Erarbeitung der Ursachen von Gefühlen und verschiedener Möglichkeiten ihrer Regulation
3. Bereich: Förderung sozial-kognitiver Fähigkeiten	Förderung sozialer Problemlösungen, Erkennen von Konflikten und deren Ursachen, Erarbeitung von Handlungsalternativen, Berücksichtigen und Bewerten von Handlungskonsequenzen
4. Bereich: Ausklang	Verabschiedung

Insgesamt zeigt das Training deutliche Wirksamkeit, indem Kinder mit erhöhtem Risiko für Verhaltensprobleme hinsichtlich ihrer sozial-emotionalen Kompetenz deutlich profitieren (Wadepohl, Koglin, Vonderlin & Petermann, 2011). Berichten von Bezugspersonen zufolge kann eine signifikante Verbesserung der Emotionsregulationsfähigkeiten verzeichnet werden. Insbesondere profitieren diejenigen Kinder von dem Training, die zu Trainingsbeginn deutliche Verhaltensauffälligkeiten aufwiesen (Koglin & Petermann, 2011a).

6.1.4 Verhaltenstrainings in der Grundschule

Das *Verhaltenstraining für Schulanfänger* wird von Lehrkräften bei Kindern in der ersten und zweiten Klasse durchgeführt (Petermann et al., 2006) und dient der Förderung sozial-emotionaler Kompetenzen. 26 Einheiten werden zweimal wöchentlich durchgeführt, wobei eine Einheit 45 Minuten (eine Schulstunde) umfasst. Unter anderem soll eine Verbesserung der Aufmerksamkeitslenkung und emotionalen Selbstkontrolle gefordert werden, um externalisierenden Problemen vorzubeugen. Eingebettet in eine didaktisch förderliche „Schatzsuche“, die eine spannende Gestaltung der Inhalte der einzelnen Einheiten gewährleistet, untergliedert sich das Präventionsprogramm in vier Stufen (vgl. Tab. 34; Koglin & Petermann, 2011a).

Tabelle 34: Gliederung des *Verhaltenstrainings für Schulanfänger* des Bremer Präventionsforums (Petermann et al., 2006)

Trainingsbereich	Inhalt
1. Bereich: Trainingsgrundlagen	Motorische Ruhe und Entspannung, Motivationsaufbau, Erkennen des Zusammenhangs von Verhalten und Konsequenzen, Aufbau eines Verpflichtungsgefühls
2. Bereich: Verbesserung der sozial-kognitiven Kompetenzen	Stärkung der visuellen und auditiven Aufmerksamkeit sowie der Aufmerksamkeitslenkung
3. Bereich: Selbst- und Fremdwahrnehmung emotionaler Grundkategorien	Transferübungen zur Zugänglichkeit der emotionalen Erlebniswelten, Bild- und Textanalysen zum Thema „Traurigkeit“, „Angst“ und „Ärger/Wut“ sowie „Freude“
4. Bereich: Vermittlung von sozialen Basiskompetenzen und angemessenem Problemlöseverhalten	Differenzierte Wahrnehmung eines Handlungsablaufs, Schulung des Einfühlungsvermögens, Lernen, Konsequenzen von Handlungen vorauszusehen, Sammeln und Bewerten verschiedener Konfliktlösungen

Die Wirksamkeit des Verhaltenstrainings für Schulanfänger zeigte sich unter anderem darin, dass die Lehrkräfte der am Training teilnehmenden Klassen die Kinder nach der Durchführung als weniger verhaltensauffällig bezüglich internalisierender sowie externalisierender Probleme einschätzten. Zudem waren die Kinder laut Lehrkräfte nach dem Training besser dazu in der Lage, ihre Aufmerksamkeit zu lenken und verbesserten ihre sozial-emotionalen Kompetenzen (Gerken, Natzke, Petermann & Walter, 2002; Petermann & Natzke, 2008).

Das *Verhaltenstraining für Grundschüler* wurde für Schüler der dritten und vierten Klassenstufe entwickelt und kann ebenfalls von Lehrkräften durchgeführt werden. Es setzt sich gleichermaßen aus 26 Einheiten zusammen, die ein bis zweimal pro Woche stattfinden und ist in drei Trainingsbereiche eingeteilt (vgl. Tab. 35). Anstelle der „Schatzsuche“ ist das Training für diese Altersklasse in eine Rahmenhandlung über vier Freunde eingebettet, die gemeinsam verschiedene Abenteuer erleben. Die Kinder müssen Aufgaben lösen, die unter anderem einen hohen Anspruch an ihre sozial-emotionalen Kompetenzen stellen. Das zugrunde liegende Konzept der emotionalen Kompetenz bezieht sich neben Emotionsausdruck und Emotionsverständnis vor allem auf Aspekte der Emotionsregulation (Koglin & Petermann, 2011a).

Tabelle 35: Gliederung des *Verhaltenstrainings für Grundschüler* des Bremer Präventionsforums (Petermann et al., 2007)

Trainingsbereich	Inhalt
1. Bereich: Aufbau emotionaler Kompetenzen	Komprimierte Erarbeitung der Basisemotionen, Übungen zum Umgang mit belastenden Emotionen, Erarbeitung eines Wutkontrollplans
2. Bereich: Verbesserung des Umgangs mit sozialen Konfliktsituationen	Differenzierte Wahrnehmung von Konfliktsituationen, Lösungserarbeitung und Perspektivübernahme, eigenständige Bewertung gefundener Lösungen, Übung angemessener Strategien zur Konfliktbewältigung
3. Bereich: Förderung der moralischen Entwicklung	Berücksichtigung der Bedürfnisse anderer/Hereinversetzen in die Lage anderer, Lernen und Hinterfragen moralischer Normen, soziales Handeln auf Basis sozialer Regeln

Basierend auf dem Verständnis von emotionaler Kompetenz unterstützt dieses kognitiv-behaviorale Präventionsprogramm die Fertigkeiten eines Kindes. Den Ergebnissen zufolge reduzierten sich die sozial-emotionalen Probleme in den an der Maßnahme teilnehmenden Klassen signifikant und es konnten deutliche Verbesserungen hinsichtlich des Sozialverhaltens beobachtet werden. Zudem trat ein geschlechtsspezifischer Effekt bezüglich des Sozialverhaltens auf, das heißt Jungen verbesserten sich während des Trainings stärker als Mädchen (von Marées & Petermann, 2010).

6.1.5 Zusammenfassung

Zusammenfassend erweisen sich Präventionsprogramme für Kleinkinder, Vorschüler und Kinder im Schulalter als erfolgreich dahingehend, dass sie soziale und emotionale Fertigkeiten vermitteln und in gewissem Ausmaß Verhaltensänderungen unterstützen. Ebenfalls wurde belegt, dass die Maßnahmen emotionale Selbstregulation fördern können (Izard et al., 2008; Koglin & Petermann, 2011b; Webster-Stratton et al., 2008), jedoch liegen kaum entsprechende Studien dazu vor. Wiedebusch und Petermann (2011) betonen, dass sich im Rahmen der Programme vor allem die Emotionsregulationsfähigkeiten verbessern sollten. Nur wenige Trainingsprogramme überprüfen ihre Auswirkung speziell in Hinblick auf die Emotionsregulation. Außerdem konnten in manchen Studien keine Verbesserungen in allen fokussierten Bereichen beobachtet werden, die Effektstärken erwiesen sich als klein bis mittel; zudem fehlen Daten zu Langzeiteffekten (Eisenberg et al., 2010). Schließlich können die deutlichsten Effekte der frühen Präventionsprogramme vorwiegend für Risikogruppen aufgedeckt werden (vgl. Wiedebusch & Petermann, 2011; Roßbach & Weinert, 2008). Es bleibt wünschenswert, zukünftig einen stärkeren Fokus auf die Implementationsbedingungen und die langfristigen Effekte von sozial-emotionalen Präventionsprogrammen zu legen und hierbei gezielt die Auswirkungen auf die Emotionsregulationsfähigkeiten von Kindern zu betrachten.

6.2 Intervention

Emotionsregulation ist darüber hinaus vor allem in Hinblick auf psychotherapeutische Interventionen von Bedeutung. Inzwischen fand eine Annäherung der verschiedenen theoretischen Orientierungen der Psychotherapie statt, was die funktionale Rolle von Emotionen bei der Konzeptualisierung und Behandlung einer Vielzahl psychischer Störungen betrifft (Mennin, 2006). Eine Reihe von Behandlungsansätzen integrieren dementsprechend Komponenten der Emotionsregulation in Interventionen für verschiedene psychische Störungen. Im Folgenden werden drei Beispiele derartiger Therapieformen erläutert.

6.2.1 Die Kontextbezogene Emotionsregulationstherapie (CERT)

Kovacs et al. (2006) haben einen neuen Behandlungsansatz mit einem Schwerpunkt auf der Emotionsregulation vorgestellt. Sie führen zunächst Kritik dahingehend an, dass für depressive Kinder entwicklungsangemessene Behandlungsansätze fehlen. Aus diesem Grund entwickelten die Autoren ein Programm für depressive Kinder unter zwölf Jahren. Die *Kontextbezogene Emotionsregulationstherapie* (engl. Contextual Emotion-Regulation Therapy; CERT) fokussiert die Selbstregulation von Stress und Dysphorie. Theoretisch basiert die CERT auf der Annahme, dass eine dysfunktionale Selbstregulation von negativen Emotionen – als Kernmerkmal von depressiven Kindern – entwicklungsspezifisch den Beginn depressiver Störungen kennzeichnet. Dysfunktionale Regulationsstrategien müssen laut CERT identifiziert und reduziert werden, um so den affektiven Stress nicht weiter aufrechtzuerhalten. Regulationsstrategien werden im Rahmen der Therapie in vier Kategorien gruppiert und so den betroffenen Familien als „Quellen der Emotionsregulation“ vorgestellt, die dem Kind dabei helfen sollen, sich besser zu fühlen (vgl. Tab. 36).

Die CERT nimmt eine entwicklungsspezifische Perspektive ein, was sich in zwei wesentlichen Voraussetzungen ihrer praktischen Umsetzung ausdrückt:

- Mindestens ein Elternteil soll aktiv an der Therapie teilnehmen.
- Aufgrund individueller Differenzen werden keine Annahmen über eine bevorzugte Emotionsregulationskategorie getroffen. Dennoch können Annahmen über altersspezifische Strategien formuliert werden; das Regulationsrepertoire eines Siebenjährigen beinhaltet etwa weniger wahrscheinlich kognitive Strategien als das eines Elfjährigen.

Weil die Regulationsfähigkeiten durch Lernen und praktische Übungen beeinflusst werden, bilden beide Aspekte zentrale Bestandteile der CERT. Die wichtigsten Ziele der CERT bestehen darin, die dysfunktionalen Regulationsstrategien der Kinder – insbesondere bereits in der Vergangenheit erlernte, aber aufgrund der sozialen Umwelt

Tabelle 36: Die vier Kategorien der Emotionsregulationsstrategien nach der Kontextbezogenen Emotionsregulationstherapie (CERT; Kovacs et al., 2006)

Emotionsregulations-kategorie	Beschreibung
Biologische Strategien	Diese Strategien werden den Familien als physische bzw. körperliche Prozesse vorgestellt, die zur Regulation von Emotionen beitragen. Diese Prozesse beinhalten etwa eine hohe Reaktivität auf emotionsauslösende Reize.
Verhaltensbezogene Strategien	Der Regulationsbereich wird den Familien als „die Art, wie du handelst, oder was du tust, um Gefühle zu kontrollieren", vorgestellt. Hierzu zählen unter anderem die Strategien, sich Spielaktivitäten zuzuwenden, zu musizieren oder Hausaufgaben zu erledigen.
Gedankliche Strategien	Der kognitive Bereich wird den Familien als „was in deinem Kopf passiert, das dir helfen kann, dich besser zu fühlen", vorgestellt. Dies kann das Heraufbeschwören von Bildern, Selbstgespräche oder Aufmerksamkeitslenkung hin zu neutralen oder positiven Reizen beinhalten.
Soziale/interpersonelle Strategien	Hier werden Strategien beschrieben, die andere Menschen einbinden, um die eigenen negativen Emotionen herunter zu regulieren; das heißt, „wie andere Menschen dich beeinflussen oder dir helfen können, dich besser zu fühlen". Beispielsweise können Eltern ihr Kind umarmen, es physisch beruhigen, oder mit ihm über seine Gefühle sprechen.

nicht weiter angewandte Strategien – zu identifizieren. Angemessene altersspezifische Regulationsstrategien sollen zudem verstärkt und die Kinder in ihrer Überzeugung der Effektivität der Strategien unterstützt werden. In der Verstärkung angemessener Regulationsstrategien wird Bezug auf die individuellen Eigenschaften eines Kindes genommen. Ist ein Kind demnach etwa von Natur aus sozial, kann es darin unterstützt werden, „soziale Regulatoren" heranzuziehen, wenn es traurig ist. Ein Kind mit wenig Sozialkontakt kann in kognitiven Strategien bestärkt werden. Darüber hinaus sollen die regulatorischen Reaktionen der Eltern und Familie genau bestimmt werden. Ein Elternteil wird zudem als „Assistent" und damit als elementarer Bestandteil in die CERT eingebunden.

Insgesamt besteht die Behandlung aus 30 Sitzungen, die sich auf einen Zeitraum von zehn Monaten verteilen und in ihrer Dichte über die Zeit abnehmen (vgl. Tab. 37). Kovacs et al. (2006) haben die CERT mit Kindern im Alter zwischen sieben und zwölf Jahren durchgeführt. Die Kinder wiesen durchweg die Diagnose einer chronischen Depression auf. Nach Durchführung der Therapie zeigte über die Hälfte der Kinder eine vollständige Remission der Depression, rund 13 % nur teilweise. In späteren Follow-up-Untersuchungen hatte die Besserung weiterhin Bestand, wobei 79 % der noch zugänglichen Kinder nach sechs Monaten, 92 % nach zwölf Monaten remittierten. Darüber hinaus gaben die Kinder auch im Selbstbericht niedrigere depressive Symptome an, die

Tabelle 37: Der Zeitplan der Kontextbezogenen Emotionsregulationstherapie (CERT; 30 Sitzungen; Kovacs et al., 2006)

Phase I: Monat 1	Intensive Behandlung, ein bis zwei Sitzungen pro Woche (bis zu acht Sitzungen)
Phase II: Monate 2–4	Reguläre Behandlung, eine Sitzung pro Woche (bis zu 13 Sitzungen)
Phase III: Monate 5–6	Zuspitzende Behandlung, alle zwei Wochen eine Sitzung (bis zu fünf Sitzungen)
Phase IV: Monate –10	Überdauernde Behandlung, eine Sitzung pro Monat (bis zu vier Sitzungen)

nicht länger als klinisch auffällig zu beurteilen waren. Die CERT stellt zusammenfassend einen neuen Behandlungsansatz dar, der den Kindern und Familien eine Erklärung für die Entstehung und Aufrechterhaltung depressiver Störungen anbietet. Die Emotionsregulation rückt als zugrundeliegendes Merkmal ins Zentrum und wird entwicklungsspezifisch in die Behandlung von chronischen Depressionen eingebunden.

6.2.2 Das More Fun with Sisters and Brothers-Programm (MFWSB)

Das MFWSB-Programm ist ein speziell für Kinder im Alter zwischen vier und acht Jahren entwickelter Ansatz, der es anstrebt, die Beziehungen von Geschwistern zu stärken, indem gezielt emotionale und prosoziale Verhaltensweisen gefördert werden (Kennedy & Kramer, 2008). In fünf einstündigen Sitzungen werden – dem Entwicklungsstand der Kinder angepasst – sechs spezifische Fähigkeiten gezielt gefördert:

- Spiel mit dem Geschwisterkind beginnen,
- Akzeptieren einer Einladung des Geschwisterkinds zum Spiel,
- Perspektivenübernahme,
- Identifizierung der eigenen Gefühle sowie der Gefühle anderer,
- Regulation von wütenden Gefühlen und
- Problemlösung und Konflikt-Management.

Das MFWSB-Programm orientiert sich an der Emotionsregulationsdefinition von Thompson (1994), nach der die Kinder darin unterstützt werden sollen, die eigenen emotionalen Reaktionen zu benennen, zu überwachen, zu bewerten und zu modifizieren. Den Kindern wird im Rahmen des Programms nahegebracht, frustrierende Situationen zu deeskalieren, um so die Intensität ihrer eigenen Reaktion abzuschwächen und in der Folge effektiver mit ihren Geschwistern zu kommunizieren. Konkret besteht das Programm aus drei grundlegenden Einheiten:

- *Vorführen (bzw. Modellieren):* Den Kindern werden Beispiele gezeigt, wie Interaktionen mit Geschwistern angemessen stattfinden.
- *Rollenspiele:* Die Kinder üben die Verhaltensweisen mit ihren Geschwistern in Form von Rollenspielen und erhalten direktes Feedback.

- *Trainingstransfer:* Die Kinder werden dazu motiviert, die neu erlernten Fähigkeiten in Alltagssituationen umzusetzen. Hierzu wird ein „Generalisierungstraining“ durchgeführt, das vor allem auf den häuslichen Bereich abzielt. Zusätzlich werden den Eltern Anweisungen und Leitlinien mitgegeben, die den Transfer der neu erlernten Verhaltensweisen erleichtern sollen.

Zwei erwachsene Trainer verwenden während des gesamten MFWSB-Programms gezielte Instruktionen, live und auf Video aufgenommene Puppenspiele, Rollenspiele, Coaching-Techniken sowie positives Feedback, um die gewünschten therapeutischen Effekte bei den Kindern zu bewirken. Auch den Eltern werden schließlich die Videos gezeigt, wobei die Trainer sie auf die wichtigen Lerninhalte aufmerksam machen. Zusätzlich erhalten die Eltern eine schriftliche Zusammenfassung des MFWSB-Programms und Hinweise, wie sie die gelernten Interaktionen ihrer Kinder fördern können. Kennedy und Kramer (2008) zeigen, dass die Kinder eine verbesserte Fähigkeit aufweisen, ihre Emotionen herunter zu regulieren als die Kinder einer unbehandelten Kontrollgruppe.

6.2.3 Die Emotionsbezogene Kognitive Verhaltenstherapie (ECBT)

Die von Kendall und Suveg (2005) entwickelte *Emotionsbezogene kognitive Verhaltenstherapie* (engl. Emotion-focused Cognitive-Behavioral Therapy, ECBT) findet bei Kindern und Jugendlichen mit Angststörungen Anwendung und weist neben den klassisch kognitiv-verhaltensbezogenen Methoden spezifische emotionsbezogene Inhalte auf (Suveg, Sood et al., 2009). Obwohl einige Interventionsansätze bei Angststörungen bereits Emotionsverständnis und Emotionsregulation berücksichtigen, wird sich in diesen Programmen trotzdem hauptsächlich auf die Angst konzentriert (Suveg, Kendall, Comer & Robin, 2006).

Der Unterschied zwischen der kognitiven Verhaltenstherapie und der Emotionsbezogenen kognitiven Verhaltenstherapie besteht darin, dass in letzterer in jeder Sitzung das Emotionsverständnis trainiert wird und nicht nur die Regulation angstverbundener Erfahrungen, sondern die Emotionsregulation insgesamt (z. B. von Schuld, Wut, Traurigkeit) von Bedeutung ist.

Verschiedene Methoden werden eingesetzt, um die Entwicklung in der Fähigkeit zur Emotionsregulation zu unterstützen. So werden z. B. emotionsauslösende Vignetten verwendet, bei denen die Kinder ihr Emotionsverständnis und die Emotionsregulation trainieren können. Dies erfolgt zum einen dadurch, dass ein Kind überlegen muss, wie sich der Protagonist in einer Geschichte fühlt und warum dies der Fall sein könnte (Emotionsverständnis). Zum anderen soll das Kind Lösungen generieren, wie es dem Protagonisten gelingen könnte, sich besser zu fühlen (Emotionsregulation). In den ersten acht Therapiesitzungen erarbeitet der Therapeut zusammen mit dem Kind, bei welchen Emotionen Schwierigkeiten im Verstehen oder Regulieren auftreten. In den letzten acht Sitzungen werden schließlich die betreffenden Emotionen in Expositionsübungen eingebunden. Bei der Mehrheit der mit dieser Therapieform behandelten ängstlichen Kindern und Jugendlichen (mit Generalisierter Angststörung, Trennungsangst oder Sozialer Phobie) zwischen 7 und 13 Jahren zeigten sich neben einer Symptomreduktion verbesserte Fähigkeiten im Kontext des Emotionsverständnis und der Emotionsregulation (Suveg et al., 2006).

6.2.4 Zusammenfassung

Für bestehende und evidenzbasierte Therapieprogramme konnte bereits gezeigt werden, dass sich diese positiv auf die Emotionsregulationsfähigkeiten von Kindern auswirken und damit in der Folge psychische Symptome behandeln. So konnten Suveg, Sood et al. (2009) nach einer klassischen kognitiv-behavioralen Therapie (CBT) etwa zeigen, dass die Kinder und Jugendlichen weniger emotionale Dysregulation und zudem eine reduzierte Angstsymptomatik aufwiesen. Wie die dargestellten Therapieansätze deutlich gemacht haben, zeigen auch erste Ansätze, die die Emotionsregulation an sich zu einem zentralen Gegenstand gemacht haben, vielversprechende Erfolge. Dies gibt Anlass zu der Annahme, dass eine grundlegende Förderung der Emotionsregulationsfähigkeiten von Kindern problemspezifisch effektiv sein kann. Die Aufgabe der zukünftigen Forschung wird es sein, diese Annahmen zu untermauern und gezielt für die unterschiedlichen Störungsbilder und Problembereiche des Kindesalters zu untersuchen.

Literatur

Abe, J. A. & Izard, C. E. (1999). The developmental functions of emotions: An analysis in terms of differential emotions theory. *Cognition and Emotion, 13*, 523-549.

Abela, J. R., Brozina, K. & Haigh, E. P. (2002). An examination of the response styles theory of depression in third- and seventh-grade children: A short-term longitudinal study. *Journal of Abnormal Child Psychology, 30*, 515-527.

Abidin, R. R. (1990). *Parenting Stress Index Short – Test manual.* Charlottesville, VA: Pediatric Psychology Press.

Achenbach, T. M. (1991a). *Manual for the Child Behavior Checklist/4–18 and 1991 profile.* Burlington, VT: University of Vermont, Department of Psychiatry.

Achenbach, T. M. (1991b). *Manual for the Teacher's Report Form and 1991 profile.* Burlington, VT: University of Vermont, Department of Psychiatry.

Achenbach, T. M. (1992). *Manual for the Child Behavior Checklist/2–3 and 1992 profile.* Burlington, VT: University of Vermont, Department of Psychiatry.

Achenbach, T. M., Edelbrock, C. & Howell, C. T. (1987). Empirically based assessment of the behavioral/emotional problems of 2- and 3-year-old children. *Journal of Abnormal Child Psychology, 15*, 629-650.

Achenbach, T. M. & Rescorla, L. A. (2000). *Manual for the ASEBA preschool forms and profiles.* Burlington, VT: University of Vermont, Research Center for Children, Youth and Families.

Adrian, M., Zeman, J. & Veits, G. (2011). Methodological implications of the affect revolution: A 35-year review of emotion regulation assessment in children. *Journal of Experimental Child Psychology, 110*, 171 197.

Ainsworth, M. D. (1973). The development of infant-mother attachment. In B. Caldwell & H. Ricciuti (Eds.), *Review of child development research* (Vol. 3, pp. 1-94). Chicago, IL: University of Chicago Press.

Ainsworth, M. D., Blehar, M. C., Waters, E. & Wall, S. (Eds.). (1978). *Patterns of attachment: A psychological study of the strange situation.* Hillsdale, NJ: Erlbaum.

Aksan, N. & Kochanska, G. (2005). Conscience in childhood: Old questions, new answers. *Developmental Psychology, 41*, 506-516.

Aldao, A., Nolen-Hoeksema, S. & Schweizer, S. (2010). Emotion-regulation strategies across psychopathology: A meta-analytic review. *Clinical Psychology Review, 30*, 217-237.

Alink, L. R., Cicchetti, D., Kim, J. & Rogosch, F. A. (2009). Mediating and moderating processes in the relation between maltreatment and psychopathology: Mother-child relationship quality and emotion regulation. *Journal of Abnormal Child Psychology, 37*, 831-843.

Altshuler, J. L., Genevro, J. L., Ruble, D. N. & Bornstein, M. H. (1995). Children's knowledge and use of coping strategies during hospitalization for elective surgery. *Journal of Applied Developmental Psychology, 16*, 53-76.

Amelang, M. & Schmidt-Atzert, L. (2006). *Psychologische Diagnostik und Intervention* (4. Aufl.). Heidelberg: Springer.

American Psychiatric Association (2000). *Diagnostic and Statistical Manual of Mental Disorders – DSM-IV-TR* (4th ed., text revision). Washington, DC: American Psychiatric Association.

Amstadter, A. (2008). Emotion regulation and anxiety disorders. *Journal of Anxiety Disorders, 22*, 211-221.

Anderson, P. (2002). Assessment and development of executive function (EF) during childhood. *Child Neuropsychology, 8*, 71-82.

Angold, A. & Costello, E. J. (1993). Depressive comorbidity in children and adolescents: Empirical, theoretical, and methodological issues. *The American Journal of Psychiatry, 150*, 1779-1791.

Aram, D. (2005). Continuity in children's literacy achievements: A longitudinal perspective from kindergarten to school. *First Language, 25*, 259-289.

Avenevoli, S., Knight, E., Kessler, R. C. & Merikangas, K. R. (2008). Epidemiology of depression in children and adolescents. In J. R. Abela & B. L. Hankin (Eds.), *Handbook of depression in children and adolescents* (pp. 6-32). New York: Guilford.

Bagby, R., Taylor, G. J. & Ryan, D. (1986). Toronto Alexithymia Scale: Relationship with personality and psychopathology measures. *Psychotherapy and Psychosomatics, 45*, 207-215.

Bandura, A. (1977). *Social learning theory*. Oxford: Prentice-Hall.

Barber, B. K., Stolz, H. E. & Olson, J. A. (2005). Parental support, psychological control, and behavioral control: Assessing relevance across time, method, and culture. *Monographs of the Society for Research in Child Development, 70*, 1-137.

Bar-Haim, Y., Bar-Av, G. & Sadeh, A. (2011). Measuring children's regulation of emotion-expressive behavior. *Emotion, 11*, 215-223.

Bariola, E., Hughes, E. K. & Gullone, E. (2011). Child and adolescent emotion regulation: The role of parental emotion regulation and expression. *Clinical Child and Family Psychology Review, 14*, 198-212.

Barnett, D., Manly, J. T. & Cicchetti, D. (1993). Defining child maltreatment: The interface between policy and research. In D. Cicchetti & S. L. Toth (Eds.), *Child abuse, child development, and social policy* (pp. 7-73). Norwood, NJ: Ablex.

Barnow, S. (2012). Emotionsregulation und Psychopathologie – Ein Überblick. *Psychologische Rundschau, 63*, 111-124.

Batum, P. & Yagmurlu, B. (2007). What counts in externalizing behaviors? The contributions of emotion and behavior regulation. *Current Psychology, 25*, 272-294.

Baumgartner, T., Lutz, K., Schmidt, C. F. & Jäncke, L. (2006). The emotional power of music: How music enhances the feeling of affective pictures. *Brain Research, 1075*, 151-164.

Beauchaine, T. P. (2001). Vagal tone, development, and Gray's motivational theory: Toward an integrated model of autonomic nervous system functioning in psychopathology. *Development and Psychopathology, 13*, 183-214.

Beauchaine, T. P., Gatzke-Kopp, L. & Mead, H. K. (2007). Polyvagal Theory and developmental psychopathology: Emotion dysregulation and conduct problems from preschool to adolescence. *Biological Psychology, 74*, 174-184.

Beauregard, M., Levesque, J. & Bourgouin, P. (2001). Neural correlates of conscious self-regulation of emotion. *The Journal of Neuroscience, 21*, 6993-7000.

Beauregard, M., Levesque, J. & Paquette, V. (2004). Neural basis of conscious and voluntary self-regulation of emotion. In M. Beauregard (Ed.), *Consciousness, emotional self-regulation and the brain* (pp. 163-194). Amsterdam: Benjamins.

Beebe, B. & Gerstman, L. J. (1980). The „packaging" of maternal stimulation in relation to infant facial-visual engagement: A case study at four months. *Merrill-Palmer Quarterly, 26*, 321-339.

Bekker, E. M., Kenemans, J. & Verbaten, M. N. (2005). Source analysis of the N2 in a cued Go/NoGo task. *Cognitive Brain Research, 22*, 221-231.

Betts, J., Gullone, E. & Allen, J. (2009). An examination of emotion regulation, temperament, and parenting style as potential predictors of adolescent depression risk status: A correlational study. *British Journal of Developmental Psychology, 27*, 473-485.

Biesecker, G. E. & Easterbrooks, M. A. (2001). *Emotion Regulation Checklist for Adolescents. Adapted from Shields and Cicchetti.* Medford: Unpublished manuscript.

Bigelow, A. E. & Power, M. (2012). The effect of mother-infant skin-to-skin contact on infants' response to the Still Face Task from newborn to three months of age. *Infant Behavior and Development, 35*, 240-251.

Birmaher, B., Brent, D., Chiappetta, L., Bridge, J., Monga, S. & Baugher, M. (1999). Psychometric properties of the screen for child anxiety related emotional disorders (SCARED): A replication study. *Journal of the American Academy of Child & Adolescent Psychiatry, 38*, 1230-1236.

Birmaher, B., Khetarpal, S., Brent, D., Cully, M., Balach, L., Kaufman, J. et al. (1997). The screen for child anxiety related emotional disorders (SCARED): Scale construction and psychometric characteristics. *Journal of the American Academy of Child & Adolescent Psychiatry, 36*, 545-553.

Blair, C. (2002). School readiness: Integrating cognition and emotion in a neurobiological conceptualization of children's functioning at school entry. *American Psychologist, 57*, 111-127.

Blair, K. A., Denham, S. A., Kochanoff, A. & Whipple, B. (2004). Playing it cool: Temperament, emotion regulation and social behavior in preschoolers. *Journal of School Psychology, 44*, 419-443.

Blandon, A. Y., Calkins, S. D., Grimm, K. J., Keane, S. P. & O'Brien, M. (2010). Testing a developmental cascade model of emotional and social competence and early peer acceptance. *Development and Psychopathology, 22*, 737-748.

Blandon, A. Y., Calkins, S. D. & Keane, S. P. (2010). Predicting emotional and social competence during early childhood from toddler risk and maternal behavior. *Development and Psychopathology, 22*, 119-132.

Blandon, A. Y., Calkins, S. D., Keane, S. P. & O'Brien, M. (2008). Individual differences in trajectories of emotion regulation processes: The effects of maternal depressive symptomatology and children's physiological regulation. *Developmental Psychology, 44*, 1110-1123.

Bolger, K. E. & Patterson, C. J. (2001). Developmental pathways from child maltreatment to peer rejection. *Child Development, 72*, 549-568.

Bonekamp, E. & von Salisch, M. (2007). Ärgerregulierung bei Jungen mit ADHS. *Zeitschrift für Kinder- und Jugendpsychiatrie und Psychotherapie, 35*, 189-198.

Borelli, J. L., Crowley, M. J., David, D. H., Sbarra, D. A., Anderson, G. M. & Mayes, L. C. (2010). Attachment and emotion in school-aged children. *Emotion, 10*, 475-485.

Bornstein, M. H., Hahn, C.-S. & Haynes, O. (2010). Social competence, externalizing, and internalizing behavioral adjustment from early childhood through early adolescence: Developmental cascades. *Development and Psychopathology, 22*, 717-735.

Bowie, B. H. (2010). Understanding the gender differences in pathways to social deviancy: Relational aggression and emotion regulation. *Archives of Psychiatric Nursing, 24*, 27-37.

Bowlby, J. (1969). *Attachment and loss: Vol. 1. Attachment*. New York: Basic Books.

Bradley, S. J. (2000). *Affect regulation and the development of psychopathology*. New York: Guilford.

Braungart-Rieker, J. M., Garwood, M. M., Powers, B. P. & Notaro, P. C. (1998). Infant affect and affect regulation during the still-face paradigm with mothers and fathers: The role of infant characteristics and parental sensitivity. *Developmental Psychology, 34*, 1428-1437.

Braungart-Rieker, J. M., Hill-Soderlund, A. L. & Karrass, J. (2010). Fear and anger reactivity trajectories from 4 to 16 months: The roles of temperament, regulation, and maternal sensitivity. *Developmental Psychology, 46*, 791-804.

Braungart, J. M. & Stifter, C. A. (1991). Regulation of negative reactivity during the strange situation: Temperament and attachment in 12-month-old infants. *Infant Behavior & Development, 14*, 349-364.

Bretherton, I., Fritz, J., Zahn-Waxler, C. & Ridgeway, D. (1986). Learning to talk about emotions: A functionalist perspective. *Child Development, 57*, 529-548.

Bridges, L. J., Denham, S. A. & Ganiban, J. M. (2004). Definitional issues in emotion regulation research. *Child Development, 75*, 340-345.

Bridges, L. J., Grolnick, W. S. & Connell, J. P. (1997). Infant emotion regulation with mothers and fathers. *Infant Behavior & Development, 20*, 47-57.

Bridgett, D. J., Gartstein, M. A., Putnam, S. P., Lance, K. O., Iddins, E., Waits, R. et al. (2011). Emerging effortful control in toddlerhood: The role of infant orienting/regulation, maternal effortful control, and maternal time spent in caregiving activities. *Infant Behavior & Development, 34*, 189-199.

Briggs-Gowan, M. J. & Carter, A. S. (1998). Preliminary acceptability and psychometrics of the Infant-Toddler Social and Emotional Assessment (ITSEA): A new adult-report questionnaire. *Infant Mental Health Journal, 19*, 422-445.

Briggs-Gowan, M. J. & Carter, A. S. (2007). Applying the Infant-Toddler Social and Emotional Assessment (ITSEA) and Brief-ITSEA in early intervention. *Infant Mental Health Journal, 28*, 564-583.

Brody, G., Stoneman, Z., Smith, T. & Gibson, M. (1999). Parent psychological functioning, family processes, and sibling relationship quality in rural, two-parent African American families. *Journal of Marriage and Family, 61*, 1046-1057.

Broidy, L. M., Tremblay, R. E., Brame, B., Fergusson, D., Horwood, J. L., Laird, R. et al. (2003). Developmental trajectories of childhood disruptive behaviors and adolescent delinquency: A six-site, cross-national study. *Developmental Psychology, 39*, 222-245.

Brotman, M. A., Schmajuk, M., Rich, B. A., Dickstein, D. P., Guyer, A. E., Costello, E. J. et al. (2006). Prevalence, clinical correlates, and longitudinal course of severe mood dysregulation in children. *Biological Psychiatry, 60*, 991-997.

Brown, J. R. & Dunn, J. (1992). Talk with your mother or your sibling? Developmental changes in early family conversations about feelings. *Child Development, 63*, 336-349.

Buckner, J. C., Mezzacappa, E. & Beardslee, W. R. (2003). Characteristics of resilient youths living in poverty: The role of self-regulatory processes. *Development and Psychopathology, 15*, 139-162.

Burns, E. E., Fischer, S., Jackson, J. L. & Harding, H. G. (2012). Deficits in emotion regulation mediate the relationship between childhood abuse and later eating disorder symptoms. *Child Abuse & Neglect, 36*, 32-39.

Buss, K. A. & Goldsmith, H. H. (1998). Fear and anger regulation in infancy: Effects on the temporal dynamics of affective expression. *Child Development, 69*, 359-374.

Calkins, S. D. (1994). Origins and outcomes of individual differences in emotion regulation. *Monographs of the Society for Research in Child Development,* 59 (2-3), 53-72, 250-283.

Calkins, S. D. (2002). Does aversive behavior during toddlerhood matter? The effects of difficult temperament on maternal perceptions and behavior. *Infant Mental Health Journal, 23*, 381-402.

Calkins, S. D. (2004). Temperament and emotional self-regulation: Multiple models of early development. In M. Beauregard (Ed.), *Consciousness, emotional self-regulation, and the brain* (pp. 35-60). New York: Benjamins.

Calkins, S. D. (2010). Commentary: Conceptual and methodological challenges to the study of emotion regulation and psychopathology. *Journal of Psychopathology and Behavioral Assessment, 32*, 92-95.

Calkins, S. D., Dedmon, S. E., Gill, K. L., Lomax, L. E. & Johnson, L. M. (2002). Frustration in infancy: Implications for emotion regulation, physiological processes, and temperament. *Infancy, 3*, 175-197.

Calkins, S. D. & Fox, N. A. (2002). Self-regulatory processes in early personality development: A multilevel approach to the study of childhood social withdrawal and aggression. *Development and Psychopathology, 14*, 477-498.

Calkins, S. D., Gill, K. L., Johnson, M. C. & Smith, C. L. (1999). Emotional reactivity and emotional regulation strategies as predictors of social behavior with peers during toddlerhood. *Social Development, 8*, 310-334.

Calkins, S. D., Graziano, P. A. & Keane, S. P. (2007). Cardiac vagal regulation differentiates among children at risk for behavior problems. *Biological Psychology, 74*, 144-153.

Calkins, S. D. & Hill, A. (2007). Caregiver influences on emerging emotion regulation: Biological and environmental transactions in early development. In J. J. Gross (Ed.), *Handbook of emotion regulation* (pp. 229-248). New York: Guilford.

Calkins, S. D. & Johnson, M. C. (1998). Toddler regulation of distress to frustrating events: Temperamental and maternal correlates. *Infant Behavior & Development, 21*, 379-395.

Calkins, S. D. & Keane, S. P. (2004). Cardiac vagal regulation across the preschool period: Stability, continuity, and implications for childhood adjustment. *Developmental Psychobiology, 45*, 101-112.

Calkins, S. D. & Keane, S. P. (2009). Developmental origins of early antisocial behavior. *Development and Psychopathology, 21*, 1095-1109.

Calkins, S. D. & Leerkes, E. M. (2011). Early attachment processes and the development. In K. D. Vohs & R. F. Baumeister (Eds.), *Handbook of self-regulation. Research, theory, and applications* (2nd ed., pp. 355-373). New York: Guilford.

Calkins, S. D., Smith, C. L., Gill, K. L. & Johnson, M. C. (1998). Maternal interactive style across contexts: Relations to emotional, behavioral, and physiological regulation during toddlerhood. *Social Development, 7*, 350-369.

Campbell-Sills, L. & Barlow, D. H. (2007). Incorporating emotion regulation into conceptualizations and treatments of anxiety and mood disorders. In J. J. Gross (Ed.), *Handbook of emotion regulation* (pp. 542-559). New York: Guilford.

Campos, J. J., Frankel, C. B. & Camras, L. (2004). On the nature of emotion regulation. *Child Development, 75*, 377-394.

Campos, J. J., Mumme, D. L., Kermoian, R. & Campos, R. G. (1994). A functionalist perspective on the nature of emotion. *Monographs of the Society for Research in Child Development, 59* (2-3, Serial No. 240), 284-303.

Campos, J. J. & Stenberg, C. R. (1981). Perception, appraisal, and emotion: The onset of social referencing. In M. Lamb & L. Sherrod (Eds.), *Infant social cognition* (pp. 273-314). Hillsdale, NJ: Erlbaum.

Campos, J. J., Walle, E. A., Dahl, A. & Main, A. (2011). Reconceptualizing emotion regulation. *Emotion Review, 3*, 26-35.

Camras, L. A., Oster, H., Bakeman, R., Meng, Z., Ujiie, T. & Campos, J. J. (2007). Do infants show distinct negative facial expressions for fear and anger? Emotional expression in 11-month-old European American, Chinese, and Japanese infants. *Infancy, 11*, 131-155

Camras, L. A., Oster, H., Campos, J. J. & Bakeman, R. (2003). Emotional facial expressions in European-American, Japanese, and Chinese infants. In P. Ekman, J. J. Campos, R. Davidson & F. de Waal (Eds.), *Emotions inside out: 130 years after Darwin's The Expressions of the Emotions in Man and Animals* (pp. 1-17). New York: New York Academy of Sciences.

Camras, L. A. & Shutter, J. M. (2010). Emotional facial expressions in infancy. *Emotion Review, 2*, 120-129.

Carlson, S. M. (2005). Developmentally sensitive measures of executive function in preschool children. *Developmental Neuropsychology, 28*, 595-616.

Carpenter, M., Nagell, K. & Tomasello, M. (1998). Social cognition, joint attention, and communicative competencies from nine to fifteen months of age. *Monographs of the Society for Research in Child Development, 63*, (4, Serial No. 255).

Carter, A. S., Briggs-Gowan, M. J., Jones, S. M. & Little, T. D. (2003). The Infant-Toddler Social and Emotional Assessment (ITSEA): Factor structure, reliability, and validity. *Journal of Abnormal Child Psychology, 31*, 495-514.

Carthy, T., Horesh, N., Apter, A., Edge, M. D. & Gross, J. J. (2010). Emotional reactivity and cognitive regulation in anxious children. *Behaviour Research and Therapy, 48*, 384-393.

Carthy, T., Horesh, N., Apter, A. & Gross, J. J. (2010). Patterns of emotional reactivity and regulation in children with anxiety disorders. *Journal of Psychopathology and Behavioral Assessment, 32*, 23-36.

Cassidy, J. (1994). Emotion regulation: Influences of attachment relationships. *Monographs of the Society for Research in Child Development, 59*, 228-283.

Chang, L., Schwartz, D., Dodge, K. A. & McBride-Chang, C. (2003). Harsh parenting in relation to child emotion regulation and aggression. *Journal of Family Psychology, 17*, 598-606.

Cicchetti, D., Ackerman, B. P. & Izard, C. E. (1995). Emotions and emotion regulation in developmental psychopathology. *Development and Psychopathology, 7*, 1-10.

Cicchetti, D. & Curtis, W. (2005). An event-related potential study of the processing of affective facial expressions in young children who experienced maltreatment during the first year of life. *Development and Psychopathology, 17*, 641-677.

Cicchetti, D., Ganiban, J. & Barnett, D. (1991). Contributions from the study of high-risk populations to understanding the development of emotion regulation. In J. Garber & K. A. Dodge (Eds.), *The development of emotion regulation and dysregulation* (pp. 15-48). Cambridge, NY: Cambridge University Press.

Cicchetti, D. & Rogosch, F. A. (1997). The role of selforganization in the promotion of resilience in maltreated children. *Development and Psychopathology, 9*, 799-817.

Cisler, J. M., Olatunji, B. O., Feldner, M. T. & Forsyth, J. P. (2010). Emotion regulation and the anxiety disorders: An integrative review. *Journal of Psychopathology and Behavioral Assessment, 32*, 68-82.

Cohn, J. F. & Tronick, E. Z. (1983). Three-month-old infants' reaction to simulated maternal depression. *Child Development, 54*, 185-193.

Coie, J. D. & Dodge, K. A. (1998). The development of aggression and antisocial behavior. In W. V. Damon & N. Eisenberg (Eds.), *Handbook of child psychology: Vol. 3. Social, emotional, and personality development* (5th ed., pp. 779-861). New York: Wiley.

Coie, J. D., Dodge, K. A. & Coppotelli, H. (1982). Dimensions and types of social status: A cross-age perspective. *Developmental Psychology, 18*, 557-570.

Cole, P. M. (1986). Children's spontaneous control of facial expression. *Child Development, 57*, 1309-1321.

Cole, P. M., Dennis, T. A., Smith-Simon, K. E. & Cohen, L. H. (2009). Preschoolers' emotion regulation strategy understanding: Relations with emotion socialization and child self-regulation. *Social Development, 18*, 324-352.

Cole, P. M., Martin, S. E. & Dennis, T. A. (2004). Emotion regulation as a scientific construct: Methodological challenges and directions for child development research. *Child Development, 75*, 317-333.

Cole, P. M., Michel, M. K. & Teti, L. O. (1994). The development of emotion regulation and dysregulation: A clinical perspective. *Monographs of the Society for Research in Child Development, 59*, 73-100, 250-283.

Cole, P. M., Teti, L. O. & Zahn-Waxler, C. (2003). Mutual emotion regulation and the stability of conduct problems between preschool and early school age. *Development and Psychopathology, 15*, 1-18.

Cole, P. M., Zahn-Waxler, C. & Smith, K. (1994). Expressive control during a disappointment: Variations related to preschoolers' behavior problems. *Developmental Psychology, 30*, 835-846.

Compas, B. E., Connor-Smith, J. & Jaser, S. S. (2004). Temperament, stress reactivity, and coping: Implications for depression in childhood and adolescence. *Journal of Clinical Child and Adolescent Psychology, 33*, 21-31.

Conner, N. W. & Fraser, M. W. (2011). Preschool social-emotional skills training: A controlled pilot test of the making choices and strong families programs. *Research on Social Work Practice, 21*, 699-711.

Costello, E. J., Pine, D. S., Hammen, C., March, J. S., Plotsky, P. M. & Weissman, M. M. (2002). Development and natural history of mood disorders. *Biological Psychiatry, 52*, 529-542.

Cox, M. J., Mills-Koonce, R., Propper, C. & Gariepy, J.-L. (2010). Systems theory and cascades in developmental psychopathology. *Development and Psychopathology, 22*, 497-506.

Crick, N. R. (1996). The role of overt aggression, relational aggression, and prosocial behavior in the prediction of children's future social adjustment. *Child Development, 67*, 2317-2327.

Crick, N. R. & Grotpeter, J. K. (1995). Relational aggression, gender, and social-psychological adjustment. *Child Development, 66*, 710-722.

Crockenberg, S. C. & Leerkes, E. M. (2004). Infant and maternal behaviors regulate infant reactivity to novelty at 6 months. *Developmental Psychology, 40*, 1123-1132.

Crockenberg, S. C., Leerkes, E. M. & Bárrig Jó, P. S. (2008). Predicting aggressive behavior in the third year from infant reactivity and regulation as moderated by maternal behavior. *Development and Psychopathology, 20*, 37-54.

Crottaz-Herbette, S. & Menon, V. (2006). Where and when the anterior cingulate cortex modulates attentional response: Combined fMRI and ERP evidence. *Journal of Cognitive Neuroscience, 18*, 766-780.

Crowe, S. L. & Blair, R. J. (2008). The development of antisocial behavior: What can we learn from functional neuroimaging studies? *Development and Psychopathology, 20*, 1145-1159.

Cuijpers, P., & Smit, F. (2004). Subthreshold depression as a risk indicator for major depression: A systematic review of prospective studies. *Acta Psychiatrica Scandinavica, 105*, 325-331.

Cummings, E. (1987). Coping with background anger in early childhood. *Child Development, 58*, 976-984.

Curtis, W. & Cicchetti, D. (2007). Emotion and resilience: A multilevel investigation of hemispheric electroencephalogram asymmetry and emotion regulation in maltreated and nonmaltreated children. *Development and Psychopathology, 19*, 811-840.

d'Acremont, M. & Van der Linden, M. (2007). How is impulsivity related to depression in adolescence? Evidence from a French validation of the cognitive emotion regulation questionnaire. *Journal of Adolescence, 30*, 271-282.

Davidson, R. J. (1998). Affective style and affective disorders: Perspectives from affective neuroscience. *Cognition and Emotion, 12*, 307-330.

Davidson, R. J. (2004). What does the prefrontal cortex „do" in affect: Perspectives on frontal EEG asymmetry research. *Biological Psychology, 67*, 219 233.

Davidson, R. J., Jackson, D. & Kalin, N. (2000). Emotion, plasticity, context, and regulation: Perspectives from affective neuroscience. *Psychological Bulletin, 126*, 890-909.

Davidson, R. J., Pizzagalli, D., Nitschke, J. B. & Putnam, K. (2002). Depression: Perspectives from affective neuroscience. *Annual Review of Psychology, 53*, 545-574.

Davidson, R. J., Putnam, K. M. & Larson, C. L. (2000). Dysfunction in the neural circuitry of emotion regulation – A possible prelude to violence. *Science, 289*, 591-594.

Davies, P. T. & Cummings, E. (1994). Marital conflict and child adjustment: An emotional security hypothesis. *Psychological Bulletin, 116*, 387-411.

Dawson, G. (1994). Frontal electroencephalographic correlates of individual differences in emotion expression in infants: A brain system perspective on emotion. *Monographs of the Society for Research in Child Development, 59* (Serial No. 240), 135-151.

Dawson, G., Frey, K., Panagiotides, H., Osterling, J. & Hessl, D. (1997). Infants of depressed mothers exhibit atypical frontal brain activity: A replication and extension of previous findings. *Journal of Child Psychology and Psychiatry, 38*, 179-186.

Degnan, K. A., Calkins, S. D., Keane, S. P. & Hill-Soderlund, A. L. (2008). Profiles of disruptive behavior across early childhood: Contributions of frustration reactivity, physiological regulation, and maternal behavior. *Child Development, 79*, 1357-1376.

DelCarmen-Wiggins, R. (2008). Introduction to the special section: Transformative research on emotion regulation and dysregulation. *Child Development Perspectives, 2*, 121-123.

Denham, S. A. (1997). „When I have a bad dream mommy holds me": Preschoolers' conceptions of emotions, parental socialisation, and emotional competence. *International Journal of Behavioral Development, 20*, 301-319.

Denham, S. A. (Ed.). (1998). *Emotional development in young children*. New York: Guilford.

Denham, S. A., Bassett, H. H. & Wyatt, T. (2007). The socialization of emotional competence. In J. E. Grusec & P. D. Hastings (Eds.), *Handbook of socialization. Theory and research* (pp. 614-637). New York: Guilford.

Denham, S. A. & Kochanoff, A. T. (2002). Parental contributions to preschoolers' understanding of emotion. *Marriage & Family Review, 34*, 311-343.

Denham, S. A. & Lehman, E. B. (1995). Continuity and change in emotional components of infant temperament. *Child Study Journal, 25*, 289-309.

Dennis, T. A. (2010). Neurophysiological markers for child emotion regulation from the perspective of emotion-cognition integration: Current directions and future challenges. *Developmental Neuropsychology, 35*, 212-230.

Dennis, T. A. & Solomon, B. (2010). Frontal EEG and emotion regulation: Electrocortical activity in response to emotional film clips is associated with reduced mood induction and attention interference effects. *Biological Psychology, 85*, 456-464.

Derogatis, L. R. (1977). *SCL-90: Administration, scoring and procedures manual-I for the (revised) version*. Baltimore, MD: John Hopkins University School of Medicine, Clinical Psychometrics Research Unit.

Dickstein, D. P., Rich, B. A., Binstock, A. B., Pradella, A. G., Towbin, K. E., Pine, D. S., & Leibenluft, E. (2005). Comorbid anxiety in phenotypes of pediatric bipolar disorder. *Journal of Child and Adolescent Psychopharmacology, 15*, 534-548.

Diener, M. L. & Manglesdorf, S. C. (1999). Behavioral strategies for emotion regulation in toddlers: Associations with maternal involvement and emotional expressions. *Infant Behavior & Development, 22*, 569-583.

Dillon, D. G., Deveney, C. M. & Pizzagalli, D. A. (2011). From basic processes to real-world problems: How research on emotion and emotion regulation can inform understanding of psychopathology, and vice versa. *Emotion Review, 3*, 74-82.

Dodge, K. A., Coie, J. D. & Lynam, D. (2006). Aggression and antisocial behavior. In W. V. Damon, R. Lerner & N. Eisenberg (Eds.), *Handbook of child psychology: Vol 3. Social, emotional, and personality development* (6th ed., pp. 719-788). Hoboken, NY: Wiley.

Dodge, K. A., Greenberg, M. T., Malone, P. S. & Conduct Problems Prevention Research Group. (2008). Testing an idealized dynamic cascade model of the development of serious violence in adolescence. *Child Development, 79*, 1907-1927.

Dodge, K. A., Lansford, J. E., Burks, V. S., Bates, J. E., Pettit, G. S., Fontaine, R. et al. (2003). Peer rejection and social information-processing factors in the development of aggressive behavior problems in children. *Child Development, 74*, 374-393.

Dodge, K. A., Malone, P. S., Lansford, J. E., Miller, S., Pettit, G. & Bates, J. E. (2009). A dynamic cascade model of the development of substance-use onset. *Monographs of the Society for Research in Child Development, 74*, 92-103.

Dodge, K. & Pettit, G. (2003). A biopsychosocial model of the development of chronic conduct problems in adolescence. *Developmental Psychology, 39*, 349-371.

Dollar, J. M. & Stifter, C. A. (2012). Temperamental surgency and emotion regulation as predictors of childhood social competence. *Journal of Experimental Child Psychology, 112,* 178-194.

Domitrovich, C., Cortes, R. & Greenberg, M. (2007). Improving young children's social and emotional competence: A randomized trial of the preschool „PATHS" curriculum. *The Journal of Primary Prevention, 28,* 67-91.

DSM-5 Childhood and Adolescent Disorders Work Group (2010). *Justification for Temper Dysregulation Disorder with Dysphoria.* Retrieved April 19, 2012, from http://www .dsm5.org/ Proposed %20Revision %20Attachments/Justification %20for %20Temper %20Dysregulation %20Disorder %20with %20Dysphoria.pdf

Dunn, J. (1993). *Young children's close relationships.* Newbury Park, CA: Sage.

Dunn, J., Brown, J. & Beardsall, L. (1991). Family talk about feeling states and children's later understanding of others' emotions. *Developmental Psychology, 27,* 448-455.

Durbin, C. E. & Shafir, D. M. (2008). Emotion regulation and risk for depression. In J. R. Abela & B. L. Hankin (Eds.), *Handbook of depression in children and adolescents* (pp. 149-176). New York: Guilford.

East, P. L. & Khoo, S. T. (2005). Longitudinal pathways linking family factors and sibling relationship qualities to adolescent substance use and sexual risk factors. *Journal of Family Psychology, 19,* 571-580.

Edelman, G. M. (1987). *Neural Darwinism.* New York: Basic Books.

Eippert, F., Veit, R., Weiskopf, N., Erb, M., Birbaumer, N. & Anders, S. (2007). Regulation of emotional responses elicited by threat-related stimuli. *Human Brain Mapping, 28,* 409-423.

Eisenberg, N. (2000). Emotion, regulation, and moral development. *Annual Review of Psychology, 51,* 665-697.

Eisenberg, N., Cumberland, A. & Spinrad, T. L. (1998). Parental socialization of emotion. *Psychological Inquiry, 9,* 241-273.

Eisenberg, N., Cumberland, A., Spinrad, T. L., Fabes, R. A., Shepard, S. A., Reiser, M. et al. (2001). The relations of regulation and emotionality to children's externalizing and internalizing problem behavior. *Child Development, 72,* 1112-1134.

Eisenberg, N. & Fabes, R. A. (1992). Emotion, regulation, and the development of social competence. In M. S. Clark (Ed.), *Emotion and social behavior* (pp. 119-150). Thousand Oaks, CA: Sage.

Eisenberg, N. & Fabes, R. A. (2006). Emotion regulation and children's socioemotional competence. In L. Balter & C. S. Tamis-LeMonda (Eds.), *Child psychology: A handbook of contemporary issues* (2nd ed., pp. 357-381). New York: Psychology Press.

Eisenberg, N., Fabes, R. A., Bernzweig, J., Karbon, M., Poulin, R. & Hanish, L. (1993). The relations of emotionality and regulation to preschoolers' social skills and sociometric status. *Child Development, 64,* 1418-1438.

Eisenberg, N., Fabes, R. A., Guthrie, I. K., Murphy, B. C., Maszk, P., Holmgren, R. et al. (1996). The relations of regulation and emotionality to problem behavior in elementary school children. *Development and Psychopathology, 8,* 141-162.

Eisenberg, N., Fabes, R. A., Guthrie, I. K. & Reiser, M. (2000). Dispositional emotionality and regulation: Their role in predicting quality of social functioning. *Journal of Personality and Social Psychology, 78,* 136-157.

Eisenberg, N., Fabes, R. A., Guthrie, I. K. & Reiser, M. (2002). The role of emotionality and regulation in children's social competence and adjustment. In L. Pulkkinen & A. Caspi (Eds.), *Paths to successful development: Personality in the life course* (pp. 46-70). New York: Cambridge University Press.

Eisenberg, N., Fabes, R. A. & Murphy, B. C. (1996). Parents' reactions to children's negative emotions: Relations to children's social competence and comforting behavior. *Child Development, 67,* 2227-2247.

Eisenberg, N., Fabes, R. A., Murphy, B., Maszk, P., Smith, M. & Karbon, M. (1995). The role of emotionality and regulation in children's social functioning: A longitudinal study. *Child Development, 66*, 1360-1384.

Eisenberg, N., Fabes, R. A., Nyman, M., Bernzweig, J. & Pinuelas, A. (1994). The relations of emotionality and regulation to children's anger-related reactions. *Child Development, 65*, 109-128.

Eisenberg, N., Guthrie, I. K., Fabes, R. A., Shepard, S., Losoya, S., Murphy, B. C. et al. (2000). Prediction of elementary school children's externalizing problem behaviors from attention and behavioral regulation and negative emotionality. *Child Development, 71*, 1367-1382.

Eisenberg, N., Hofer, C. & Vaughan, J. (2007). Effortful control and its socioemotional consequences. In J. J. Gross (Ed.), *Handbook of emotion regulation* (pp. 287-306). New York: Guilford.

Eisenberg, N., Losoya, S., Guthrie, I. K., Murphy, B., Shepard, S. A., Padgett S. J. et al. (2001). Parental socialization of children's dysregulated expression of emotion and externalizing problems. *Journal of Family Psychology, 15*, 183-205.

Eisenberg, N. & Morris, A. S. (2002). Children's emotion-related regulation. In R. Kail (Ed.), *Advances in child development and behavior* (Vol. 30, pp. 189-229). San Diego, CA: Academic Press.

Eisenberg, N. & Spinrad, T. L. (2004). Emotion-related regulation: Sharpening the definition. *Child Development, 75*, 334-339.

Eisenberg, N., Spinrad, T. L. & Eggum, N. D. (2010). Emotion-related self-regulation and its relation to children's maladjustment. *Annual Review of Clinical Psychology, 6*, 495-525.

Ekas, N. V., Braungart-Rieker, J. M., Lickenbrock, D. M., Zentall, S. R. & Maxwell, S. M. (2011). Toddler emotion regulation with mothers and fathers: Temporal associations between negative affect and behavioral strategies. *Infancy, 16*, 266-294.

Elliott, D. S., Huizinga, D. & Ageton, S. S. (1985). *Explaining delinquency and drug use*. Thousands Oaks, CA: Sage.

El-Sheikh, M., Kouros, C. D., Erath, S., Cummings, E. M., Keller, P. & Staton, L. (2009). Marital conflict and children's externalizing behavior: Interactions between parasympathetic and sympathetic nervous system activity. *Monographs of the Society for Research in Child Development, 74*, vii, 1-79.

El-Sheikh, M. & Whitson, S. A. (2001). Parental drinking problems and children's adjustment: Vagal regulation and emotional reactivity as pathways and moderators of risk. *Journal of Abnormal Psychology, 110*, 499-515.

Equit, M., Paulus, F., Fuhrmann, P., Niemczyk, J. & von Gontard, A. (2011). Comparison of ICD-10 and DC: 0-3R Diagnoses in infants, toddlers and preschoolers. *Child Psychiatry and Human Development, 42*, 623-633.

Fabes, R. A. & Eisenberg, N. (1992). Young children's coping with interpersonal anger. *Child Development, 63*, 116-128.

Farmer, T. W., Leung, M.-C., Pearl, R., Rodkin, P. C., Cadwallader, T. W. & Van Acker, R. (2002). Deviant or diverse peer groups? The peer affiliations of aggressive elementary students. *Journal of Educational Psychology, 94*, 611-620.

Feinman, S. (1982). Social referencing in infancy. *Merrill-Palmer Quarterly, 28*, 445-470.

Feldman, R. (2009). The development of regulatory functions from birth to 5 years: Insights from premature infants. *Child Development, 80*, 544-561.

Feng, X., Forbes, E. E., Kovacs, M., George, C. J., Lopez-Duran, N. L., Fox, N. A. et al. (2012). Children's depressive symptoms in relation to EEG frontal asymmetry and maternal depression. *Journal of Abnormal Child Psychology, 40*, 265-276.

Feng, X., Keenan, K., Hipwell, A. E., Henneberger, A. K., Rischall, M. S., Butsch, J. et al. (2009). Longitudinal associations between emotion regulation and depression in preadolescent girls: Moderation by the caregiving environment. *Developmental Psychology, 45*, 798-808.

Feng, X., Shaw, D. S., Kovacs, S., Lane, T., O'Rourke, F. I. & Alarcon, J. H. (2008). Emotion regulation in preschoolers: The roles of behavioral inhibition, maternal affective behavior, and maternal depression. *Journal of Child Psychology and Psychiatry, 49*, 132-141.

Fischer, K. W. & Rose, S. (1994). Dynamic development of coordination of components in brain and behavior: A framework for theory. In G. Dawson & K. W. Fischer (Eds.), *Human behavior and the developing brain* (pp. 3-66). New York: Guilford.

Flanders, J. L., Simard, M., Paquette, D., Parent, S., Vitaro, F., Pihl, R. et al. (2010). Rough-and-tumble play and the development of physical aggression and emotion regulation: A five-year follow-up study. *Journal of Family Violence, 25*, 357-367.

Flavell, J. H., Flavell, E. R. & Green, F. L. (2001). Development of children's understanding of connections between thinking and feeling. *Psychological Science, 12*, 430-432.

Fogel, A., Dickson, K. L., Hsu, H., Messinger, D., Nelson-Goens, G. C. & Nwokah, E. (1997). Communication of smiling and laughter in mother-infant play: Research on emotion from a dynamic systems perspective. In K. C. Barrett (Ed.), *The communication of emotion: Current research from diverse perspectives* (pp. 5-24). San Francisco, CA: Jossey-Bass.

Fonagy, P. & Target, M. (2002). Neubewertung der Entwicklung der Affektregulation vor dem Hintergrund von Winnicotts Konzept des »falschen Selbst«. *Psyche, 56*, 839-862.

Fox, N. A. (1989). Psychophysiological correlates of emotional reactivity during the first year of life. *Developmental Psychology, 25*, 364-372.

Fox, N. A. (1994). Dynamic cerebral processes underlying emotion regulation. *Monographs of the Society for Research in Child Development, 59* (Serial No. 240), 152-166.

Fox, N. A., Bell, M. A. & Jones, N. A. (1992). Individual differences in response to stress and cerebral asymmetry. *Developmental Neuropsychology, 8*, 161-184.

Fox, N. A. & Calkins, S. D. (2003). The development of self-control of emotion: Intrinsic and extrinsic influences. *Motivation and Emotion, 27*, 7-26.

Fox, N. A., Rubin, K. H., Calkins, S. D., Marshall, T. R., Coplan, R. J., Porges, S. W. et al. (1995). Frontal activation asymmetry and social competence at four years of age. *Child Development, 66*, 1770-1784.

Freud, S. (1926). *Hemmung, Symptom und Angst*. Wien: Internationaler psychoanalytischer Verlag.

Friedlmeier, W. (1999). Emotionsregulation in der Kindheit. In W. Friedlmeier & M. Holodynski (Hrsg.), *Emotionale Entwicklung* (S. 197-218). Heidelberg: Spektrum.

Friedlmeier, W. & Trommsdorff, G. (2001). Entwicklung der Emotionsregulation bei 2-3jährigen Mädchen. *Zeitschrift für Entwicklungspsychologie und Pädagogische Psychologie, 33*, 204-214.

Frijda, N. H. (2010). The psychologists' point of view. In M. Lewis, J. M. Haviland-Jones & L. Feldman Barett (Eds.), *Handbook of emotion* (3rd ed., pp. 68-87). New York: Guilford.

Frijda, N. H. (1986). *The emotions*. Cambridge, UK: Cambridge University Press.

Gaensbauer, T. J., Mrazek, D. & Emde, R. N. (1979). Patterning of emotional response in a play-room laboratory situation. *Infant Behavior & Development, 2*, 163-178.

Garber, J., Braafladt, N. & Weiss, B. (1995). Affect regulation in depressed and nondepressed children and young adolescents. *Development and Psychopathology, 7*, 93-115.

Garber, J., Braafladt, N. & Zeman, J. (1991). The regulation of sad affect: An information-processing perspective. In J. Garber & K. A. Dodge (Eds.), *The development of emotion regulation and dysregulation* (pp. 208-240). Cambridge, UK: Cambridge University Press.

Garber, J., Walker, L. S. & Zeman, J. (1991). Somatization symptoms in a community sample of children and adolescents: Further validation of the children's somatization inventory. *Journal of Consulting and Clinical Psychology, 3*, 588-595.

Garnefski, N. & Kraaij, V. (2006). Cognitive emotion regulation questionnaire – Development of a short 18-item version (CERQ-short). *Personality and Individual Differences, 41*, 1045-1053.

Garnefski, N., Kraaij, V. & Spinhoven, P. (2001). Negative life events, cognitive emotion regulation and emotional problems. *Personality and Individual Differences, 30*, 1311-1327.

Garnefski, N., Kraaij, V. & Spinhoven, P. (2002). *CERQ: Manual for the use of the Cognitive Emotion Regulation Questionnaire.* Leiderdorp: Datec.

Garnefski, N., Legerstee, J., Kraaij, V., van den Kommer, T. & Teerds, J. (2002). Cognitive coping strategies and symptoms of depression and anxiety: A comparison between adolescents and adults. *Journal of Adolescence, 25*, 603-611.

Garnefski, N., Rieffe, C., Jellesma, F., Terwogt, M. M. & Kraaij, V. (2007). Cognitive emotion regulation strategies and emotional problems in 9-11-year-old children: The development of an instrument. *European Child & Adolescent Psychiatry, 16*, 1-9.

Gartstein, M. A. & Rothbart, M. K. (2003). Studying infant temperament via the revised infant behavior questionnaire. *Infant Behavior & Development, 26*, 64-86.

Gerken, N., Natzke, H., Petermann, F. & Walter, H.-J. (2002). Verhaltenstraining für Schulanfänger: Ein Programm zur Primärprävention von aggressivem und unaufmerksamem Verhalten. *Kindheit und Entwicklung, 11*, 119-129.

Gilleland, J., Suveg, C., Jacob, M. & Thomassin, K. (2009). Understanding the medically unexplained: Emotional and familial influences on children's somatic functioning. *Child: Care, Health and Development, 35*, 383-390.

Gillihan, S. J., Xia, C., Padon, A. A., Heberlein, A. S., Farah, M. J. & Fellows, L. K. (2011). Contrasting roles for lateral and ventromedial prefrontal cortex in transient and dispositional affective experience. *Social Cognitive and Affective Neuroscience, 6*, 128-137.

Gilliom, M., Shaw, D. S., Beck, J. E., Schonberg, M. A. & Lukon, J. L. (2002). Anger regulation in disadvantaged preschool boys: Strategies, antecedents and the development of self-control. *Developmental Psychology, 38*, 222-235.

Glöggler, B. (2005). *Entwicklung von Emotionsregulationsstrategien im Kleinkindalter: Zusammenhänge zum frühkindlichen Temperament und Merkmalen der primären Bezugsperson.* Gießen: Unveröffentlichte Dissertation. Justus-Liebig-Universität Gießen.

Goldsmith, H. H. & Rothbart, M. K. (1993). *The Laboratory Temperament Assessment Battery: Locomotor Version 2.02 (LAB-TAB).* Madison, WI: University of Wisconsin.

Goodman, S. H. (2002). Depression and early adverse experiences. In I. H. Gotlib & C. L. Hammen (Eds.), *Handbook of depression* (pp. 245-267). New York: Guilford.

Gotlib, I. H., Lewinsohn, P. M. & Seeley, J. R. (1995). Symptoms versus a diagnosis of depression: Differences in psychosocial functioning. *Journal of Consulting and Clinical Psychology, 63*, 90-100.

Gottman, J. M., Katz, L. F. & Hooven, C. (Eds.). (1997). *Meta-emotion: How families communicate emotionally.* Hillsdale, NJ: Erlbaum.

Gratz, K. L. & Roemer, L. (2004). Multidimensional assessment of emotion regulation and dysregulation: Development, factor structure, and initial validation of the difficulties in emotion regulation scale. *Journal of Psychopathology and Behavioral Assessment, 26*, 41-54.

Gratz, K. L., Tull, M. T., Reynolds, E. K., Bagge, C. L., Latzman, R. D., Daughters, S. B. et al. (2009). Extending extant models of the pathogenesis of borderline personality disorder to childhood borderline personality symptoms: The roles of affective dysfunction, disinhibition, and self- and emotion-regulation deficits. *Development and Psychopathology, 21*, 1263-1291.

Gray, J. R. (2001). Emotional modulation of cognitive control: Approach-withdrawal states double-dissociate spatial from verbal two-back task performance. *Journal of Experimental Psychology, 130*, 436-452.

Graziano, P. A., Reavis, R. D., Keane, S. P. & Calkins, S. D. (2007). The role of emotion regulation in children's early academic success. *Journal of School Psychology, 45*, 3-19.

Greenberg, M. T., Kusche, C. A., Cook, E. T. & Quamma, J. P. (1995). Promoting emotional competence in school-aged children: The effects of the PATHS curriculum. *Development and Psychopathology, 7*, 117-136.

Gresham, F. N. & Elliott, S. N. (1990). *Social Skills Rating System*. Circle Pines, MN: American Guidance Service.

Gresham, D. & Gullone, E. (2012). Emotion regulation strategy use in children and adolescents: The explanatory roles of personality and attachment. *Personality and Individual Differences, 52*, 616-621

Grimmer, Y., Hohmann, S., Banaschewski, T. & Holtmann, M. (2010). Früh beginnende bipolare Störungen, ADHS oder Störung der Affektregulation? *Kindheit und Entwicklung, 19*, 192-201.

Groen, G. & Petermann, F. (2011). *Depressive Kinder und Jugendliche* (2., überarb. Aufl.). Göttingen: Hogrefe.

Grolnick, W. S., Bridges, L. J. & Connell, J. P. (1996). Emotion regulation in two-year-olds: Strategies and emotional expression in four contexts. *Child Development, 67*, 928-941.

Gross, J. J. (1998). The emerging field of emotion regulation: An integrative review. *Review of General Psychology, 2*, 271-299.

Gross, J. J. (Ed.). (2007). *Handbook of emotion regulation*. New York: Guilford.

Gross, J. J. & John, O. P. (2003). Individual differences in two emotion regulation processes: Implications for affect, relationships, and well-being. *Journal of Personality and Social Psychology, 85*, 348-362.

Gross, J. J. & Levenson, R. W. (1997). Hiding feelings: The acute effects of inhibiting negative and positive emotion. *Journal of Abnormal Psychology, 106*, 95-103.

Gross, J. J. & Munoz, R. F. (1995). Emotion regulation and mental health. *Clinical Psychology: Science and Practice, 2*, 151-164.

Gross, J. J. & Thompson, R. A. (2007). Emotion regulation: Conceptual foundations. In J. J. Gross (Ed.), *Handbook of emotion regulation* (pp. 3-24). New York: Guilford.

Guédeney, N., Guédeney, A., Rabouam, C., Mintz, A.-S., Danon, G., Huet, M. M. et al. (2003). The Zero-to-three classification: A contribution to the validation of this classification from a sample of 85 under-threes. *Infant Mental Health Journal, 24*, 313-336.

Gullone, E., Hughes, E. K., King, N. J. & Tonge, B. (2010). The normative development of emotion regulation strategy use in children and adolescents: A 2-year follow-up study. *Journal of Child Psychology and Psychiatry, 51*, 567-574.

Gullone, E. & Taffe, J. (2011). The emotion regulation questionnaire for children and adolescents (ERQ-CA): A psychometric evaluation. *Psychological Assessment, 23*, 1-9.

Gumora, G. & Arsenio, W. F. (2002). Emotionality, emotion regulation, and school performance in middle school children. *Journal of School Psychology, 40*, 395-413.

Hänggi, Y., Schweinberger, K. & Perrez, M. (2011). *Feinfühligkeitstraining für Eltern*. Bern: Huber.

Hajcak, G. & Dennis, T. A. (2009). Brain potentials during affective picture processing in children. *Biological Psychology, 80*, 333-338.

Haley, D. W. & Stansbury, K. (2003). Infant stress and parent responsiveness: Regulation of physiology and behavior during still-face and reunion. *Child Development, 74*, 1534-1546.

Hannesdóttir, D. K., Doxie, J., Ann Bell, M., Ollendick, T. H. & Wolfe, C. D. (2010). A longitudinal study of emotion regulation an anxiety in middle childhood: Associations with frontal EEG asymmetry in early childhood. *Developmental Psychobiology, 52*, 197-204.

Hannesdóttir, D. K. & Ollendick, T. H. (2007). The role of emotion regulation in the treatment of child anxiety disorders. *Clinical Child and Family Psychology Review, 10*, 275-293.

Hariri, A. R., Bookheimer, S. Y. & Mazziotta, J. C. (2000). Modulating emotional responses: Effects of a neocortical network on the limbic system. *NeuroReport, 11*, 43-48.

Havighurst, S. S., Wilson, K. R., Harley, A. E. & Prior, M. R. (2009). Tuning in to kids: An emotion-focused parenting program – Initial findings from a community trial. *Journal of Community Psychology, 37*, 1008-1023.

Haviland-Jones, J. M. & Kahlbaugh, P. (2000). Emotion and identity. In M. Lewis & J. M. Haviland-Jones (Eds.), *Handbook of emotions* (2nd ed., pp. 293-305). New York: Guilford.

Hay, D. F., Payne, A. & Chadwick. A. (2004). Peer relations in childhood. *Journal of Child Psychology and Psychiatry*, 45, 84-108.

Helmsen, J., Koglin, U. & Petermann, F. (2012). Emotion regulation and aggressive behavior in preschoolers: The mediating role of social information processing. *Child Psychiatry and Human Development, 43*, 87-101.

Helmsen, J., Lehmkuhl, G. & Petermann, F. (2009). Kinderpsychiatrie und Klinische Kinderpsychologie im Dialog. *Zeitschrift für Psychiatrie, Psychologie und Psychotherapie, 57*, 285-296.

Helmsen, J. & Petermann, F. (2010). Emotionsregulationsstrategien und aggressives Verhalten im Kindergartenalter. *Praxis der Kinderpsychologie und Kinderpsychiatrie, 59*, 775-791.

Herman-Stahl, M. A., Stemmler, M. & Petersen, A. C. (1995). Approach and avoidant coping: Implications for adolescent mental health. *Journal of Youth and Adolescence, 24*, 649-665.

Hertenstein, M. J. (2010). Cautions in the study of infant emotional displays. *Emotion Review, 2*, 130-131.

Hertenstein, M. J. & Campos, J. J. (2004). The retention effects on an adult's emotional displays on infant behavior. *Child Development, 75*, 595-613.

Hill, A. L., Degnan, K. A., Calkins, S. D. & Keane, S. P. (2006). Profiles of externalizing behavior problems for boys and girls across preschool: The roles of emotion regulation and inattention. *Developmental Psychology, 42*, 913-928.

Hinnant, J. & El-Sheikh, M. (2009). Children's externalizing and internalizing symptoms over time: The role of individual differences in patterns of RSA responding. *Journal of Abnormal Child Psychology, 37*, 1049-1061.

Hoehl, S. & Striano, T. (2010). Discrete emotions in infancy: Perception without production? *Emotion Review, 2*, 132-133.

Hoeksma, J. B., Oosterlaan, J. & Schipper, E. M. (2004). Emotion regulation and the dynamics of feelings: A conceptual and methodological framework. *Child Development, 75*, 354-360.

Hoffman, M. L. (1998). Varieties of empathy-based guilt. In J. Bybee (Ed.), *Guilt and children* (pp. 91-112). San Diego, CA: Academic Press.

Hoffmann, M. L. (2000). *Empathy and moral development. Implications for caring and justice.* New York: Cambridge University Press.

Horn, A. B., Pössel, P. & Hautzinger, M. (2010). Promoting adaptive emotion regulation and coping in adolescence. A school-based programme. *Journal of Health Psychology, 16*, 258-273.

Hubbard, J. A. (2005). Eliciting and measuring children's anger in the context of their peer interactions: Ethical considerations and practical guidelines. *Ethics & Behavior, 15*, 247-258.

Hubbard, J. A. & Coie, J. D. (1994). Emotional correlates of social competence in children's peer-relationships. *Merrill-Palmer Quarterly*, *40*, 1-20.

Hubbard, J. A., McAuliffe, M. D., Morrow, M. T. & Romano, L. J. (2010). Reactive and proactive aggression in childhood and adolescence: Precursors, outcomes, processes, experiences, and measurement. *Journal of Personality, 78*, 95-118.

Hughes, E. K., Gullone, E. & Watson, S. D. (2011). Emotional functioning in children and adolescents with elevated depressive symptoms. *Journal of Psychopathology and Behavioral Assessment, 33*, 335-345.

Humphrey, N., Kalambouka, A., Wigelsworth, M., Lendrum, A., Lenni, C. & Farrell, P. (2010). New beginnings: Evaluation of a short social-emotional intervention for primary-aged children. *Educational Psychology, 30*, 513-532.

Izard, C. E. (1977). *Human emotions.* New York: Plenum.

Izard, C. E. (1991). *The psychology of emotions.* New York: Plenum.

Izard, C. E. (1993). Four systems for emotion activation: Cognitive and noncognitive processes. *Psychological Review, 100*, 68-90.

Izard, C. E. & Ackerman, B. P. (2000). Motivational, organizational, and regulatory functions in discrete emotions. In M. Lewis & J. M. Haviland-Jones (Eds.), *Handbook of emotions* (2nd ed., pp. 253-264). New York: Guilford.

Izard, C. E. & Dougherty, L. H. (1980). *A system for identifying affect expressions by holistic judgements (AFFEX)*. Newark, NJ: University of Delaware, Instructional Resources Center.

Izard, C. E., Fantauzzo, C. A., Castle, J. M., Haynes, O. M., Rayias, M . F. & Putnam, P. H. (1995). The ontogeny and significance of infants' facial expressions in the first nine months of life. *Developmental Psychology, 31*, 997-1013.

Izard, C. E., King, K. A., Trentacosta, C. J., Morgan, J. K., Laurenceau, J.-P., Krauthamer-Ewig, E. S. et al. (2008). Accelerating the development of emotion competence in Head Start children: Effects on adaptive and maladaptive behavior. *Development and Psychopathology, 20*, 369-397.

Jackson, D. C., Malmstadt, J. R., Larson, C. L. & Davidson, R. J. (2000). Suppression and enhancement of emotional responses to unpleasant pictures. *Psychophysiology, 37*, 515-522.

Jacob, M. L., Thomassin, K., Morelen, D. & Suveg, C. (2011). Emotion regulation in childhood anxiety. In D. McKay & E. A. Storch (Eds.), *Handbook of child and adolescent anxiety disorders* (pp. 171-185). New York: Springer.

Jaffe, M., Gullone, E. & Hughes, E. K. (2010). The roles of temperamental dispositions and perceived parenting behaviours in the use of two emotion regulation strategies in late childhood. *Journal of Applied Developmental Psychology, 31*, 47-59.

John, O. P. & Gross, J. J. (2004). Healthy and unhealthy emotion regulation: Personality processes, individual differences, and life span development. *Journal of Personality, 72*, 1301-1333.

Johnstone, T., van Reekum, C. M., Urry, H. L., Kalin, N. H. & Davidson, R. J. (2007). Failure to regulate: Counterproductive recruitment of top-down prefrontal-subcortical circuitry in major depression. *The Journal of Neuroscience, 27*, 8877-8884.

Jonkman, L., Lansbergen, M. & Stauder, J. (2003). Developmental differences in behavioral and event-related brain responses associated with response preparation and inhibition in a go/nogo task. *Psychophysiology, 40*, 752-761.

Kagan, J. (1994). On the nature of emotion. In N. A. Fox (Ed.), *The development of emotion regulation: Biological and behavioral considerations. Monographs of the Society for Research in Child Development, 59* (2-3, Serial No. 240), 7-24.

Kagan, J., Reznick, J. S. & Snidman, N. (1985). Temperamental inhibition in early childhood. In R. Plomin & J. Dunn. (Eds.), *The study of temperament: Changes, continuities, and challenges* (pp. 53-65). Hillsdale, NJ: Erlbaum.

Kaufman, J., Birmaher, B., Brent, D. A., Rao, U., Flynn, C., Moreci, P. et al. (1997). Schedule for Affective Disorders and Schizophrenia for School-Age Children – Present and Lifetime Version (K-SADS–PL): Initial reliability and validity data. *Journal of the American Academy of Child & Adolescent Psychiatry, 36*, 980-988.

Kawabata, Y., Alink, L. R. A., Tseng, W.-L., van Ijzendoorn, M. H. & Crick, N. R. (2011). Maternal and paternal parenting styles associated with relational aggression in children and adolescents: A conceptual analysis and meta-analytic review. *Developmental Review, 31*, 240-278.

Kazdin, A. E. (1995). *Conduct disorders in childhood and adolescence* (2nd ed.). Thousand Oaks, CA: Sage.

Kazdin, A. E. & Weisz, J. R. (Eds.). (2003). *Evidence-based psychotherapies for children and adolescents*. New York: Guilford.

Keenan, K. & Hipwell, A. E. (2005). Preadolescent clues to understanding depression in girls. *Clinical Child and Family Psychology Review, 8*, 89-105.

Keenan, K. & Shaw, D. S. (2003). Exploring the etiology of antisocial behavior in the first years of life. In B. B. Lahey, T. E. Moffitt & A. Caspi (Eds.), *Causes of conduct disorder and juvenile delinquency* (pp. 153-181). New York: Guilford.

Keiley, M. K. & Seery, B. L. (2001). Affect regulation and attachment strategies of adjudicated and non-adjudicated adolescents and their parents. *Contemporary Family Therapy, 23*, 343-366.

Kendall, P. C., Kortlander, E., Chansky, T. E. & Brady, E. U. (1992). Comorbidity of anxiety and depression in youth: Treatment implications. *Journal of Consulting and Clinical Psychology, 60*, 869-880.

Kendall, P. C. & Suveg, C. (2005). *Emotion-focused cognitive-behavioral therapy for anxious children: Therapist manual.* Philadelphia: Unpublished manual, Temple University.

Kennedy, D. E. & Kramer, L. (2008). Improving emotion regulation and sibling relationship quality: The More Fun With Sisters and Brothers Program. *Family Relations, 57*, 567-578.

Kerns, K. A., Abraham, M. M., Schlegelmilch, A. & Morgan, T. A. (2007). Mother-child attachment in later middle childhood: Assessment approaches and associations with mood and emotion regulation. *Attachment & Human Development, 9*, 33-53.

Kidwell, S. L., Young, M. E., Hinkle, L. D., Ratliff, A. D., Marcum, M. E. & Martin, C. N. (2010). Emotional competence and behavior problems: Differences across preschool assessment of attachment classifications. *Clinical Child Psychology and Psychiatry, 15*, 391-406.

Kienbaum, J. (2008). Entwicklungsbedingungen von Mitgefühl in der Kindheit. In T. Malti & S. Perren (Hrsg.), *Soziale Kompetenz bei Kindern und Jugendlichen* (S. 35-51). Stuttgart: Kohlhammer.

Kieras, J. E., Tobin, R. M., Graziano, W. G. & Rothbart, M. K. (2005). You can't always get what you want: Effortful control and children's responses to undesirable gifts. *Psychological Science, 16*, 391-396.

Kim, K. J. & Bell, M. A. (2006). Frontal EEG asymmetry and regulation during childhood. *Annals of the New York Academy of Sciences, 1094*, 308-312.

Kim, J. & Cicchetti, D. (2010). Longitudinal pathways linking child maltreatment, emotion regulation, peer relations, and psychopathology. *Journal of Child Psychology and Psychiatry, 51*, 706-716.

Kim, S. H., Cornwell, B. & Kim, S. E. (2012). Individual differences in emotion regulation and hemispheric metabolic asymmetry. *Biological Psychology, 89*, 382-386.

Kim, S. H. & Hamann, S. (2007). Neural correlates of positive and negative emotion regulation. *Journal of Cognitive Neuroscience, 19*, 776-798.

Kisilevsky, B. S., Hains, S. M., Lee, K., Muir, D. W., Xu, F., Fu, G. et al. (1998). The still-face effect in Chinese and Canadian 3- to 6-month-old infants. *Developmental Psychology, 34*, 629-639.

Klein, M. H., Wonderlich, S. & Shea, M. T. (1993). Models of the relationship between personality and depression: Toward a framework for theory and research. In M. H. Klein, D. J. Kupfer & M. T. Shea (Eds.), *Personality and depression: A current view* (pp. 1-54). New York: Guilford.

Kliewer, W., Cunningham, J. N., Diehl, R., Parrish, K. A., Walker, J. M., Atiyeh, C. et al. (2004). Violence exposure and adjustment in inner-city youth: Child and caregiver emotion regulation skill, caregiver-child relationship quality, and neighborhood cohesion as protective factors. *Journal of Clinical Child and Adolescent Psychology, 33*, 477-487.

Klinnert, M., Campos, J. J., Sorce, J., Emde, R. & Svejda, M. (1983). Emotions as behavior regulators: Social referencing in infancy. In R. Plutchnik & H. Kellerman (Eds.), *Emotion: Theory, research, and experience* (Vol. 2, Emotions in early development, pp. 57-86). New York: Academic Press.

Kochanska, G. (2001). Emotional development in children with different attachment histories: The first three years. *Child Development, 72*, 474-490.

Kochanska, G., Gross, J. N., Lin, M.-H. & Nichols, K. E. (2002). Guilt in young children: Development, determinants, and relations with a broader system of standards. *Child Development, 73*, 461-482.

Kochanska, G. & Knaack, A. (2003). Effortful control as a personality characteristic of young children: Antecedents, correlates, and consequences. *Journal of Personality, 71*, 1087-1112.

Kochanska, G., Murray, K. T. & Harlan, E. T. (2000). Effortful control in early childhood: Continuity and change, antecedents, and implications for social development. *Developmental Psychology, 36*, 220-232.

Koglin, U. & Petermann, F. (2004). Das Konzept der Inhibition in der Psychopathologie. *Zeitschrift fur Klinische Psychologie, Psychiatrie und Psychotherapie, 52*, 91-117.

Koglin, U. & Petermann, F. (2006). *Verhaltenstraining im Kindergarten. Ein Programm zur Förderung der sozial-emotionalen Kompetenz*. Göttingen: Hogrefe.

Koglin, U. & Petermann, F. (2011a). Programme des Bremer Präventionsforums: Verhaltenstrainings zur Förderung sozialer und emotionaler Kompetenzen. In F. Petermann (Hrsg.), *Kinderverhaltenstherapie* (4., überarb. u. erweit. Aufl.; S. 212-246). Baltmannsweiler: Schneider Verlag Hohengehren.

Koglin, U. & Petermann, F. (2011b). The effectiveness of the behavioural training for preschool children. *European Early Childhood Education Research Journal, 19*, 97-111.

Koole, S. L. (2009). The psychology of emotion regulation: An integrative review. *Cognition and Emotion, 23*, 4-41.

Koole, S. L., van Dillen, L. F. & Sheppes, G. (2011). The self-regulation of emotion. In K. D. Vohs & R. F. Baumeister (Eds.), *Self-regulation. Research, theory, and applications* (2nd ed., pp. 22-40). New York: Guilford.

Kopp, C. B. (1989). Regulation of distress and negative emotions: A developmental view. *Developmental Psychology, 25*, 343-354.

Kopp, C. B. (2002). Commentary: The codevelopments of attention and emotion regulation. *Infancy, 3*, 199-208.

Kovacs, M. (1996). *Children's Depression Inventory: Parent Version (CDI:P)*. North.

Kovacs, M. (1992). *The children's depression inventory (CDI) manual.* North Tonawanda, NY: Multi-Health Systems.

Kovacs, M. (1985). The Children's Depression Inventory (CDI). *Psychopharmacology Bulletin, 21*, 995-998.

Kovacs, M., Sherrill, J., George, C. J., Pollock, M., Tumuluru, R. V. & Ho, V. (2006). Contextual emotion-regulation therapy for childhood depression: Description and pilot testing of a new intervention. *Journal of the American Academy of Child & Adolescent Psychiatry, 45*, 892-903.

Kovacs, M., Obrosky, D. S. & Sherrill, J. (2003). Developmental changes in the phenomenology of depression in girls compared to boys from childhood onward. *Journal of Affective Disorders, 74*, 33-48.

Kullik, A. & Petermann, F. (2011). Zum gegenwärtigen Stand der Emotionsregulationsdiagnostik im Säuglings- und Kleinkindalter. *Diagnostica, 57*, 165-178.

Kullik, A. & Petermann, F. (2012). Die Rolle der Emotionsdysregulation für die Genese von Angststörungen im Kindes- und Jugendalter. *Zeitschrift für Psychiatrie, Psychologie und Psychotherapie, 60*, 165-175.

Ladouceur, C. D., Dahl, R. E., Williamson, D. E., Birmaher, B., Ryan, N. D. & Casey, B. (2005). Altered emotional processing in pediatric anxiety, depression, and comorbid anxiety-depression. *Journal of Abnormal Child Psychology, 33*, 165-177.

Lagattuta, K. & Thompson, R. A. (2007). The development of self-conscious emotions: Cognitive processes and social influences. In J. L. Tracy, R. W. Robins & J. P. Tangney (Eds.), *The self-conscious emotions – Theory and Research* (pp. 91-113). New York: Guilford.

Lagattuta, K. H., Wellman, H. M. & Flavell, J. H. (1997). Preschoolers' understanding of the link between thinking and feeling: Cognitive cuing and emotional change. *Child Development, 68*, 1081-1104.

Lamm, C., Granic, I., Zelazo, P. D. & Lewis, M. D. (2011). Magnitude and chronometry of neural mechanisms of emotion regulation in subtypes of aggressive children. *Brain and Cognition, 77*, 159-169.

Lamm, C. & Lewis, M. D. (2010). Developmental change in the neurophysiological correlates of self-regulation in high- and low-emotion conditions. *Developmental Neuropsychology, 35*, 156-176.

Laursen, B., Hartup, W. W. & Koplas, A. (1996). Towards understanding peer conflict. *Merrill-Palmer Quarterly, 42*, 76-102.

Lazarus, R. S. (1966). *Psychological stress and the coping process*. New York: McGraw Hill.

Lazarus, R. S. & Folkman, S. (1984). *Stress, appraisal and coping*. New York: Springer.

LeDoux, J. E. (1996). *The emotional brain*. New York: Simon & Schuster.

Leibenluft, E., Charney, D. S., Towbin, K. E., Bhangoo, R. K. & Pine, D. S. (2003). Defining clinical phenotypes of juvenile mania. *The American Journal of Psychiatry, 160*, 430-437.

Lemerise, E. A. & Arsenio, W. F. (2000). An integrated model of emotion processes and cognition in social information processing. *Child Development, 71*, 107-118.

Lewis, M. (1998). Emotional competence and development. In D. Pushkar, W. M. Bukowski, A. E. Schwartzman, D. M. Stack & D. R. White (Eds.), *Improving competence across the lifespan: Building interventions based on theory and research* (pp. 27-36). New York: Plenum.

Lewis, M. (2000). The emergence of human emotions. In M. Lewis & J. M. Haviland-Jones (Eds.), *Handbook of emotions* (2nd ed., pp. 265-280). New York: Guilford.

Lewis, M., Alessandri, S. M. & Sullivan, M. W. (1990). Violation of expectancy, loss of control, and anger expressions in young infants. *Developmental Psychology, 26*, 745-751.

Lewis, M. D., Granic, I., Lamm, C., Zelazo, P. D., Stieben, J., Todd, R. M. et al. (2008). Changes in the neural bases of emotion regulation associated with clinical improvement in children with behavior problems. *Development and Psychopathology, 20*, 913-939.

Lewis, M. D., Lamm, C., Segalowitz, S. J., Stieben, J. & Zelazo, P. D. (2006). Neurophysiological correlates of emotion regulation in children and adolescents. *Journal of Cognitive Neuroscience, 18*, 430-443.

Lewis, M. D. & Stieben, J. (2004). Emotion regulation in the brain: Conceptual issues and directions for developmental research. *Child Development, 75*, 371-376.

Lewis, M., Sullivan, M. W. & Vasen, A. (1987). Making faces: Age and emotion differences in the posing of emotional expressions. *Developmental Psychology, 23*, 690-697.

Lewis, M. D. & Todd, R. M. (2007). The self-regulating brain: Cortical-subcortical feedback and the development of intelligent action. *Cognitive Development, 22*, 406-430.

Lieberman, M. D., Eisenberger, N. I., Crockett, M. J., Tom, S. M., Pfeifer, J. H. & Way, B. M. (2007). Putting feelings into words: Affect labeling disrupts amygdala activity in response to affective stimuli. *Psychological Science, 18*, 421-428.

Lieberman, M. D., Hariri, A., Jarcho, J. M., Eisenberger, N. I. & Bookheimer, S. Y. (2005). An fMRI investigation of race-related amygdala activity in African-American and Caucasian-American individuals. *Nature Neuroscience, 8*, 720-722.

Lindsey, E. W., Mize, J. & Pettit, G. S. (1997). Mutuality in parent-child play: Consequences for children's peer competence. *Journal of Social and Personal Relationships, 14*, 523-538.

Little, S. A. & Garber, J. (1995). Aggression, depression, and stressful life events predicting peer rejection in children. *Development and Psychopathology, 7*, 845-856.

Livingstone, K., Harper, S. & Gillanders, D. (2009). An exploration of emotion regulation in psychosis. *Clinical Psychology and Psychotherapy, 16*, 418-430.

Lunkenheimer, E. S., Shields, A. M. & Cortina, K. S. (2007). Parental emotion coaching and dismissing in family interaction. *Social Development, 16*, 232-248.

MacDermott, S. T., Gullone, E., Allen, J., King, N. J. & Tonge, B. (2010). The Emotion Regulation Index for Children and Adolescents (ERICA): A psychometric investigation. *Journal of Psychopathology and Behavioral Assessment, 32*, 301-314.

Main, M. & Solomon, J. (1990). Procedures of identifying infants as disorganized/disoriented during the Ainsworth Strange Situation. In M. T. Greenberg, D. Cicchetti & E. M. Cummings (Eds.), *Attachment in the preschool years* (pp. 121-160). Chicago: University of Chicago Press.

Malti, T. & Buchmann, M. (2010). Die Entwicklung moralischer Emotionen bei Kindergartenkindern. *Praxis der Kinderpsychologie und Kinderpsychiatrie, 59*, 545-560.

Mangelsdorf, S. C., Shapiro, J. R. & Marzolf, D. (1995). Developmental and temperamental differences in emotional regulation in infancy. *Child Development, 66*, 1817-1828.

Manian, N. & Bornstein, M. H. (2009). Dynamics of emotion regulation in infants of clinically depressed and nondepressed mothers. *Journal of Child Psychology and Psychiatry, 50*, 1410-1418.

March, J. (1997). *Multidimensional Anxiety Scale for Children.* Cheektowaga, NY: Multi-Health Systems Inc.

Marées, N. von & Petermann, F. (2010). Effektivität des „Verhaltenstrainings in der Grundschule" zur Förderung sozialer Kompetenz und Reduktion von Verhaltensproblemen. *Praxis der Kinderpsychologie und Kinderpsychiatrie, 59*, 224-241.

Martel, M. M. (2009). Research review: A new perspective on attention-deficit/hyperactivity disorder: Emotion dysregulation and trait models. *Journal of Child Psychology and Psychiatry, 50*, 1042-1051.

Martin, E. & Wawrinowski, U. (Hrsg.). (2006). *Beobachtungslehre. Theorie und Praxis reflektierter Beobachtung und Beurteilung* (5. Aufl.). Weinheim: Juventa.

Marvin, R. S. (1977). An ecological-cognitive model for the attenuation of mother–infant attachment behavior. In T. M. Alloway, L. Krames & P. Pliner (Eds.), *Advances in the study of communication and affect. The development of social attachments* (Vol. 3, pp. 25-60). New York: Plenum.

Masten, A. S. & Cicchetti, D. (2010). Developmental cascades. *Development and Psychopathology, 22*, 491-495.

Maughan, A. & Cicchetti, D. (2002). Impact of child maltreatment and interadult violence on children's emotion regulation abilities and socioemotional adjustment. *Child Development, 73*, 1525-1542.

Maughan, A., Cicchetti, D., Toth, S. L. & Rogosch, F. A. (2007). Early-occurring maternal depression and maternal negativity in predicting young children's emotion regulation and socioemotional difficulties. *Journal of Abnormal Child Psychology, 35*, 685-703.

Mauss, I. B., Levenson, R. W., McCarter, L., Wilhelm, F. H. & Gross, J. J. (2005). The tie that binds? Coherence among emotion experience, behavior, and physiology. *Emotion, 5*, 175-190.

Mayer, J. S., Bittner, R. A., Nikolic, D., Bledowski, C., Goebel, R. & Linden, D. E. (2007). Common neural substrates for visual working memory and attention. *NeuroImage, 36*, 441-453.

McLaughlin, K. A., Hatzenbuehler, M. L., Mennin, S. D. & Nolen-Hoeksema, S. (2011). Emotion dysregulation and adolescent psychopathology: A prospective study. *Behaviour Research and Therapy, 49*, 544-554.

McRae, K., Hughes, B., Chopra, S., Gabrieli, J. D., Gross, J. J. & Ochsner, K. N. (2010). The neural bases of distraction and reappraisal. *Journal of Cognitive Neuroscience, 22*, 248-262.

Mennin, D. S. (2006). Emotion regulation therapy: An integrative approach to treatment-resistant anxiety disorders. *Journal of Contemporary Psychotherapy, 36*, 95-105.

Mesquita, B. & Karasawa, M. (2002). Different emotional lives. *Cognition and Emotion, 16*, 127-141.

Mian, N. D., Wainwright, L., Briggs-Gowan, M. J. & Carter, A. S. (2011). An ecological risk model for early childhood anxiety: The importance of early child symptoms and temperament. *Journal of Abnormal Child Psychology, 39*, 501-512.

Miller, A. L., Fine, S. E., Gouley, K. K., Seifer, R., Dickstein, S. & Shields, A. (2006). Showing and telling about emotions: Interrelations between facets of emotional competence and associations with classroom adjustment in Head Start preschoolers. *Cognition and Emotion, 20*, 1170-1192.

Montague, D. P. & Walker-Andrews, A. S. (2001). Peekaboo: A new look at infants' perception of emotion expressions. *Developmental Psychology, 37*, 826-838.

Moore, G. A., Cohn, J. F. & Campbell, S. B. (2001). Infant affective responses to mother's still face at 6 months differentially predict externalizing and internalizing behaviors at 18 months. *Developmental Psychology, 37*, 706-714.

Morris, A. S., Silk, J. S., Morris, M. D., Steinberg, L., Aucoin, K. J. & Keyes, A. W. (2011). The influence of mother-child emotion regulation strategies on children's expression of anger and sadness. *Developmental Psychology, 47*, 213-225.

Morris, A. S., Silk, J. S., Steinberg, L., Myers, S. S. & Robinson, L. R. (2007). The role of the family context in the development of emotion regulation. *Social Development, 16*, 361-388.

Morris, A. S., Silk, J. S., Steinberg, L., Terranova, A. M. & Kithakye, M. (2009). Concurrent and longitudinal links between children's externalizing behavior in school and observed anger regulation in the mother-child dyad. *Journal of Psychopathology and Behavioral Assessment, 32*, 48-56.

Morrongiello, B. A., Kane, A., McArthur, B. A. & Bell, M. (2012). Physical risk taking in elementary-school children: Measurement and emotion regulation issues. *Personality and Individual Differences, 52*, 492-496.

Morrow, M. T., Hubbard, J. A., McAuliffe, M. D., Rubin, R. M. & Dearing, K. F. (2006). Childhood aggression, depressive symptoms, and peer rejection: The mediation model revisited. *International Journal of Behavioral Development, 30*, 240-248.

Moses, L. J., Baldwin, D. A., Rosicky, J. G. & Tidball, G. (2001). Evidence for referential understanding in the emotions domain at twelve and eighteen months. *Child Development, 72*, 718-735.

Mothander, P. R. & Moe, R. G. (2008). Infant mental health assessment: The use of DC 0-3 in an outpatient child psychiatric clinic in Scandinavia. *Scandinavian Journal of Psychology, 49*, 259-267.

Muralidharan, A., Yoo, D., Ritschel, L. A., Simeonova, D. I. & Craighead, W. (2010). Development of emotion regulation in children of bipolar parents: Putative contributions of socioemotional and familial risk factors. *Clinical Psychology: Science and Practice, 17*, 169-186.

Muris, P., Mayer, B., den Adel, M., Roos, T. & van Wamelen, J. (2009). Predictors of change following cognitive-behavioral treatment of children with anxiety problems: A preliminary investigation on negative automatic thoughts and anxiety control. *Child Psychiatry and Human Development, 40*, 139-151.

Neumann, A., van Lier, P. A., Gratz, K. L. & Koot, H. M. (2010). Multidimensional assessment of emotion regulation difficulties in adolescents using the Difficulties in Emotion Regulation Scale. *Assessment, 17*, 138-149.

NICHD Early Child Care Research Network (2004). Affect dysregulation in the mother-child relationship in the toddler years: Antecedents and consequences. *Development and Psychopathology, 16*, 43-68.

Nolen-Hoeksema, S. (1991). Responses to depression and their effects on the duration of depressive episodes. *Journal of Abnormal Psychology, 100*, 569-582.

Ochsner, K. N. & Gross, J. J. (2004). Thinking makes it so: A social cognitive neuroscience approach to emotion regulation. In R. F. Baumeister & K. D. Vohs (Eds.), *Handbook of self-regulation. Research, theory, and applications* (pp. 229-255). New York: Guilford.

Ochsner, K. N. & Gross, J. J. (2008). Cognitive emotion regulation: Insights from social cognitive and affective neuroscience. *Current Directions in Psychological Science, 17*, 153-158.

Ochsner, K. N., Ray, R. D., Cooper, J. C., Robertson, E. R., Chopra, S., Gabrieli, J. D. et al. (2004). For better or for worse: Neural systems supporting the cognitive down- and up-regulation of negative emotion. *Neuroimage, 23*, 483-499.

Olson, S. L., Lopez-Duran, N., Lunkenheimer, E. S., Chang, H. & Sameroff, A. J. (2011). Individual differences in the development of early peer aggression: Integrating contributions of self-regulation, theory of mind, and parenting. *Development and Psychopathology, 23*, 253-266.

Panfile, T. M. & Laible, D. J. (2012). Attachment security and child's empathy: The mediating role of emotion regulation. *Merrill-Palmer Quarterly, 58*, 1-21.

Panksepp, J. (2010). The affective brain and core counsciousness. In M. Lewis, J. M. Haviland-Jones & L. Feldman Barett (Eds.), *Handbook of emotions* (3rd ed., pp. 47-67). New York: Guilford.

Papoušek, M. (1998). Das Münchner Modell einer interaktionszentrierten Säuglings-Eltern-Beratung und Psychotherapie. In K. von Klitzing (Hrsg.), *Psychotherapie in der frühen Kindheit* (S. 88-118). Göttingen: Vandenhoeck & Ruprecht.

Papoušek, M. (2000). Einsatz von Video in der Eltern-Säuglings-Beratung und -Psychotherapie. *Praxis der Kinderpsychologie und Kinderpsychiatrie, 49*, 611-627.

Papoušek, M., Schieche, M. & Wurmser, H. (Hrsg.). (2004). *Regulationsstörungen der frühen Kindheit. Frühe Risiken und Hilfen im Entwicklungskontext der Eltern-Kind-Beziehung*. Bern: Huber.

Parade, S. H. & Leerkes, E. M. (2008). The reliability and validity of the Infant Behavior Questionnaire-Revised. *Infant Behavior & Development, 31*, 637-646.

Pauschardt, J. (2010). *Internalisierende Störungen bei Kindern und Jugendlichen: Studien zur Wirksamkeit von kognitiv-verhaltenstherapeutischer Gruppenprävention, Strategien der Rekrutierung und Diagnostik.* Marburg: Dissertation, Philipps-Universität Marburg.

Penza-Clyve, S. & Zeman, J. (2002). Initial validation of the Emotion Expression Scale for Children (EESC). *Journal of Clinical Child and Adolescent Psychology, 31*, 540-547.

Petermann, F. & Koglin, U. (2008). Frühe Kindheit. *Kindheit und Entwicklung, 17*, 137-142.

Petermann, F., Koglin, U., Natzke, H. & Marées, N. von (2007). *Verhaltenstraining in der Grundschule*. Göttingen: Hogrefe.

Petermann, F. & Kullik, A. (2011). Frühe Emotionsdysregulation: Ein Indikator für psychische Störungen im Kindesalter? *Kindheit und Entwicklung, 20*, 186-196.

Petermann, F. & Natzke, H. (2008). Preliminary results of a comprehensive approach to prevent antisocial behavior in preschool and primary school pupils in Luxembourg. *School Psychology International, 29*, 606-626.

Petermann, F., Natzke, H., Gerken, N. & Walter, H.-J. (2006). *Verhaltenstraining für Schulanfänger* (2., veränd. u. erweit. Aufl.). Göttingen: Hogrefe.

Petermann, F. & Petermann, U. (2010). Aggression. *Kindheit und Entwicklung, 19*, 205-208.

Petermann, F. & Petermann, U. (2012). *Training mit aggressiven Kindern* (13., veränd. Aufl.) Weinheim: Beltz.

Petermann, F. & Schmidt, M. H. (2009). Ressourcenorientierte Diagnostik – Eine Leerformel oder nützliche Perspektive? *Kindheit und Entwicklung, 18*, 49-56.

Petermann, F. & Wiedebusch, S. (2008). *Emotionale Kompetenz bei Kindern* (2., überarb. Aufl.). Göttingen: Hogrefe.

Petermann, F. & Winkel, S. (2009). *Selbstverletzendes Verhalten* (2., überarb. u. erw. Aufl.). Göttingen: Hogrefe.

Pihlakoski, L., Sourander, A., Aromaa, M., Rautava, P., Helenius, H. & Silanpää, M. (2006). The continuity of psychopathology from early childhood to preadolescence. *European Child & Adolescent Psychiatry, 15*, 409-417.

Porges, S. W. (1995). Orienting in a defensive world: Mammalian modifications of our evolutionary heritage: A polyvagal theory. *Psychophysiology, 32*, 301-318.

Posner, M. I. & Rothbart, M. K. (2000). Developing mechanisms of self-regulation. *Development and Psychopathology, 12*, 427-441.

Prinstein, M. J., Boergers, J. & Vernberg, E. M. (2001). Overt and relational aggression in adolescents: Social-psychological adjustment of aggressors and victims. *Journal of Clinical Child & Adolescent Psychology, 30*, 479-491.

Putnam, S. P., Ellis, L. K. & Rothbart, M. K. (2001). The structure of temperament from infancy through adolescence. In A. Eliasz & A. Angleitner (Eds.), *Advances in research on temperament* (pp. 165-182). Lengerich: Pabst Science.

Putnam, S. P., Gartstein, M. A. & Rothbart, M. K. (2006). Measurement of fine-grained aspects of toddler temperament: The Early Childhood Behavior Questionnaire. *Infant Behavior & Development, 29*, 386-401.

Putnam, S. P., Rothbart, M. K. & Gartstein, M. A. (2008). Homotypic and heterotypic continuity of fine-grained temperament during infancy, toddlerhood, and early childhood. *Infant and Child Development, 17*, 387-405.

Putnam, K. M. & Silk, K. R. (2005). Emotion dysregulation and the development of borderline personality disorder. *Development and Psychopathology, 17*, 899-925.

Ramsden, S. R. & Hubbard, J. A. (2002). Family expressiveness and parental emotion coaching: Their role in children's emotion regulation and aggression. *Journal of Abnormal Child Psychology, 30*, 657-667.

Reebye, P. & Stalker, A. (2008). *Understanding regulation disorders of sensory processing in children*. London: Jessica Kingsley Press.

Reissland, N. (1994). The socialisation of pride in young children. *International Journal of Behavioral Development, 17*, 541-552.

Reynolds, C. R. & Kamphaus, R. W. (1992). *Behavior Assessment System for Children (BASC)*. Circles Pines, MN: American Guidance Service.

Reynolds, C. R. & Richmond, B. O. (1978). „What I think and feel": The Revised Children's Manifest Anxiety Scale. *Journal of Abnormal Psychology, 6,* 271-280.

Rieffe, C., Oosterveld, P., Terwogt, M. M., Mootz, S., van Leeuwen, E. & Stockmann, L. (2011). Emotion regulation and internalizing symptoms in children with autism spectrum disorders. *Autism, 15*, 655-670.

Rieffe, C., Terwogt, M. M. & Cowan, R. (2005). Children's understanding of mental states as causes of emotions. *Infant and Child Development, 14*, 259-272.

Rogosch, F. A., Cicchetti, D., Shields, A. M. & Toth, S. L. (1995). Parenting dysfunction in child maltreatment. In M. H. Bornstein (Ed.), *Handbook of parenting: Vol. 4 Applied and practical considerations of parenting* (pp. 127-159). Hillsdale, NJ: Erlbaum.

Röll, J., Koglin, U. & Petermann, F. (2012). Emotion regulation and childhood aggression: Longitudinal associations. *Child Psychiatry and Human Development,* doi: 10.1007/s10578-012-0303-4.

Romens, S. E. & Pollak, S. D. (2012). Emotion regulation predicts attention bias in maltreated children at-risk for depression. *Journal of Child Psychology and Psychiatry, 53*, 120-127.

Rosenthal, M. K. & Gatt, L. (2010). ‚Learning to Live Together': Training early childhood educators to promote socio-emotional competence of toddlers and preschool children. *European Early Childhood Education Research Journal, 18*, 373-390.

Roßbach, H. G. & Weinert, S. (Hrsg.). (2008). *Kindliche Kompetenzen im Elementarbereich: Förderbarkeit, Bedeutung und Messung. Bildungsforschung Band 24*. Berlin: Bundesministerium für Bildung und Forschung.

Rossman, B. (1992). School-age children's perceptions of coping with distress: Strategies for emotion regulation and the moderation of adjustment. *Journal of Child Psychology and Psychiatry, 33*, 1373-1397.

Rothbart, M. K. (1981). Measurement of temperament in infancy. *Child Development, 52*, 569-578.

Rothbart, M. K. (1989a). Temperament and development. In G. A. Kohnstamm, J. A. Bates & M. K. Rothbart (Eds.), *Temperament in childhood* (pp. 187-247). New York: Wiley.

Rothbart, M. K. (1989b). Temperament in childhood: A framework. In G. A. Kohnstamm, J. A. Bates & M. K. Rothbart (Eds.), *Temperament in childhood* (pp. 59-73). New York: Wiley.

Rothbart, M. K. & Ahadi, S. (1994). Temperament and the development of personality. *Journal of Abnormal Psychology, 103*, 55-66.

Rothbart, M. K., Ahadi, S. A., Hersey, K. L. & Fisher, P. (2001). Investigations of temperament at three to seven years: The Children's Behavior Questionnaire. *Child Development, 72*, 1394-1408.

Rothbart, M. K. & Bates, J. E. (1998). Temperament. In W. Damon & N. Eisenberg (Eds.), *Handbook of child psychology: Vol. 3. Social, emotional, and personality development* (5th ed., pp. 105-176). New York: Wiley.

Rothbart, M. K. & Bates, J. E. (2006). Temperament. In N. Eisenberg, W. Damon & R. M. Lerner (Eds.), *Handbook of child psychology: Vol. 3, Social, emotional, and personality development* (6th ed., pp. 99-166). Hoboken, NJ: Wiley.

Rothbart, M. K. & Derryberry, D. (1981). Development of individual differences in temperament. In M. E. Lamb & A. L. Brown (Eds.), *Advances in developmental psychology* (Vol. 1, pp. 37-86). Hilldale, NJ: Erlbaum.

Rothbart, M. K., Derryberry, D. & Posner, M. I. (1994). A psychobiological approach to the development of temperament. In J. E. Bates & T. D. Wachs (Eds.), *Temperament: Individual differences in biology and behavior* (pp. 83-116). Washington, DC: American Psychological Association.

Rothbart, M. K. & Posner, M. I. (1985). Temperament and the development of self-regulation. In L. Hartlage & C. F. Telzrow (Eds.), *The neuropsychology of individual differences: A developmental perspective* (pp. 93-123). New York: Plenum.

Rothbart, M. K. & Sheese, B. E. (2007). Temperament and emotion regulation. In J. J. Gross (Ed.), *Handbook of emotion regulation* (pp. 331-350). New York: Guilford.

Rothbart, M. K., Ziaie, H. & O'Boyle, C. G. (1992). Self-regulation and emotion in infancy. *New Directions for Child Development, 55*, 7-23.

Rowe, D. C. & Plomin, R. (1977). Temperament in early childhood. *Journal of Personality Assessment, 41*, 150-156.

Rueda, M., Fan, J., McCandliss, B. D., Halparin, J. D., Gruber, D. B., Lercari, L. P. et al. (2004). Development of attentional networks in childhood. *Neuropsychologia, 42*, 1029-1040.

Rydell, A.-M., Berlin, L. & Bohlin, G. (2003). Emotionality, emotion regulation, and adaptation among 5- to 8-year-old children. *Emotion, 3*, 30-47.

Saarni, C. (1999). *The development of emotional competence*. New York: Guilford.

Saarni, C., Mumme, D. L. & Campos, J. J. (1998). Emotional development: Action, communication, and understanding. In W. Damon & N. Eisenberg (Eds.), *Handbook of child psychology: Vol. 3. Social, emotional and personality development* (5th ed., pp. 237-309). New York: Wiley.

Salisch, M. von (2000). *Wenn Kinder sich ärgern. Emotionsregulierung in der Entwicklung*. Göttingen: Hogrefe.

Salisch, M. von (2001). Children's emotional development: Challenges in their relationships to parents, peers, and friends. *International Journal of Behavioral Development, 25*, 310-319.

Salisch, M. von & Pfeiffer, I. (1998). Ärgerregulierung in den Freundschaften von Schulkindern – Entwicklung eines Fragebogens. *Diagnostica, 44*, 41-53.

Salovey, P., Rothman, A. J., Detweiler, J. B. & Steward, W. T. (2000). Emotional states and physical health. *American Psychologist, 55*, 110-121.

Schaefer, S. M., Jackson, D. C., Davidson, R. J., Aguirre, G. K., Kimberg, D. Y. & Thompson-Schill, S. L. (2002). Modulation of amygdalar activity by the conscious regulation of negative emotion. *Journal of Cognitive Neuroscience, 14*, 913-921.

Schatz, J. N., Smith, L. E., Borkowski, J. G., Whitman, T. L. & Keogh, D. A. (2008). Maltreatment risk, self-regulation, and maladjustment in at-risk children. *Child Abuse & Neglect, 32*, 972-982.

Scherer, K. R., Wallbott, H. & Summerfield, A. (Eds.). (1986). *Experiencing emotion: A cross-cultural study*. Cambridge, UK: Cambridge University Press.

Schick, A. & Cierpka, M. (2005). Faustlos: Evaluation of a curriculum to prevent violence in elementary schools. *Applied and Preventive Psychology, 11*, 157-165.

Schmid, M., Fegert, J. M. & Petermann, F. (2010). Traumaentwicklungsstörung: Pro und Contra. *Kindheit und Entwicklung, 19*, 47-63.

Schmid, M., Schmeck, K. & Petermann, F. (2008). Persönlichkeitsstörungen im Kindes- und Jugendalter? *Kindheit und Entwicklung, 17*, 190-202.

Schmitman, M., Petermann, U., Petermann, F. & Zakis, D. (2011). Training sozialer Fertigkeiten für Kinder mit ADHS. Ergebnisse einer Pilotstudie. *Zeitschrift für Kinder- und Jugendpsychiatrie und Psychotherapie, 39*, 277-285.

Schmitt, K., Gold, A. & Rauch, W. A. (2012). Defizitäre adaptive Emotionsregulation bei Kindern mit ADHS. *Zeitschrift für Kinder- und Jugendpsychiatrie und Psychotherapie, 40*, 95-103.

Sharon, T. & DeLoache, J. S. (2003). The role of perseveration in children's symbolic understanding and skill. *Developmental Science, 6*, 289-296.

Shaw, D. S., Sherrill, J., Huffman, D., Schonberg, M., Lukon, J., Obrosky, D. et al. (2006). Responsivity to offspring's expression of emotion among childhood-onset depressed mothers. *Journal of Clinical Child and Adolescent Psychology, 35*, 540-552.

Shields, A. & Cicchetti, D. (1997). Emotion regulation among school-age children: The development and validation of a new criterion Q-sort scale. *Developmental Psychology, 33*, 906-916.

Shields, A. & Cicchetti, D. (1998). Reactive aggression among maltreated children: The contributions of attention and emotion dysregulation. *Journal of Clinical Child Psychology, 27*, 381-395.

Shields, A. & Cicchetti, D. (2001). Parental maltreatment and emotion dysregulation as risk factors for bullying and victimization in middle childhood. *Journal of Clinical Child Psychology, 30*, 349-363.

Shields, A. M., Cicchetti, D. & Ryan, R. M. (1994). The development of emotional and behavioral self-regulation and social competence among maltreated school-age children. *Development and Psychopathology, 6*, 57-75.

Shipman, K. L., Schneider, R., Fitzgerald, M. M., Sims, C., Swisher, L. & Edwards, A. (2007). Maternal emotion socialization in maltreating and non-maltreating families: Implications for children's emotion regulation. *Social Development, 16*, 268-285.

Shipman, K. L. & Zeman, J. (2001). Socialization of children's emotion regulation in mother-child dyads: A developmental psychopathology perspective. *Development and Psychopathology, 13*, 317-336.

Shure, M. B. (1993). *Interpersonal problem solving and prevention. A comprehensive report of research and training. A five-year longitudinal study, Kindergarten through grade 4.* Washington, DC: National Institute of Mental Health.

Siegler, R., DeLoache, J. & Eisenberg, N. (2005). *Entwicklungspsychologie im Kindes- und Jugendalter*. München: Elsevier.

Silk, J. S., Shaw, D. S., Forbes, E. E., Lane, T. L. & Kovacs, M. (2006). Maternal depression and child internalizing: The moderating role of child emotion regulation. *Journal of Clinical Child and Adolescent Psychology, 35*, 116-126.

Silk, J. S., Shaw, D. S., Skuban, E. M., Oland, A. A. & Kovacs, M. (2006). Emotion regulation strategies in offspring of childhood-onset depressed mothers. *Journal of Child Psychology and Psychiatry, 47*, 69-78.

Silk, J. S., Steinberg, L. & Morris, A. S. (2003). Adolescents' emotion regulation in daily life: Links to depressive symptoms and problem behavior. *Child Development, 74*, 1869-1880.

Smith, J. L., Johnstone, S. J. & Barry, R. J. (2004). Inhibitory processing during the Go/NoGo task: An ERP analysis of children with attention-deficit/hyperactivity disorder. *Clinical Neurophysiology, 115*, 1320-1331.

Snyder, J., Bank, L. & Burraston, B. (2005). The consequences of antisocial behavior in older male siblings for younger brothers and sisters. *Journal of Family Psychology, 19*, 643-653.

Sorce, J., Emde, R. N., Campos, J. J. & Klinnert, M. (1985). Maternal emotional signaling: Its effects on the visual cliff behavior of 1-year-olds. *Developmental Psychology, 21*, 195-200.

Southam-Gerow, M. A. & Kendall, P. C. (2002). Emotion regulation and understanding: Implications for child psychopathology and therapy. *Clinical Psychology Review, 22*, 189-222.

Spielberger, C. D. (1973). *Manual for the State-Trait Anxiety Inventory for Children.* Palo Alto, CA: Consulting Psychologists Press.

Spinath, F. M. & Becker, N. (2011). Verhaltensbeobachtung. In L. F. Hornke, M. Amelang & M. Kersting (Hrsg.), *Enzyklopädie der Psychologie – Methoden der psychologischen Diagnostik* (S. 325-369). Göttingen: Hogrefe.

Sprangler, G. (2011). Bindung und Gene: Bio-psycho-soziale Grundlagen emotionaler (Dys-)regulation und ihre Bedeutung für die Entwicklung von Verhaltensauffälligkeiten. In K. H. Brisch (Hrsg.), *Bindung und frühe Störungen der Entwicklung* (S. 282-300). Stuttgart: Klett-Cotta.

Sroufe, L. A. (1995). *Emotional development: The organization of emotional life in the early years.* New York: Cambridge University Press.

Sroufe, L., Egeland, B., Carlson, E. & Collins, W. (2005). *The development of the person: The Minnesota study of risk and adaptation from birth to adulthood.* New York: Guilford.

Stansbury, K. & Gunnar, M. R. (1994). Adrenocortical activity and emotion regulation. *Monographs of the Society for Research in Child Development, 59* (2-3, Serial No. 240), 108-134.

Stansbury, K. & Sigman, M. (2000). Responses of preschoolers in two frustrating episodes: Emergence of complex strategies for emotion regulation. *The Journal of Genetic Psychology, 161*, 182-202.

Stein, J. L., Wiedholz, L. M., Bassett, D. S., Weinberger, D. R., Zink, C. F., Mattay, V. S. et al. (2007). A validated network of effective amygdala connectivity. *NeuroImage, 36*, 736-745.

Stifter, C. A. & Braungart, J. M. (1995). The regulation of negative reactivity in infancy: Function and development. *Developmental Psychology, 31*, 448-455.

Stone, A. A., Schwartz, J. E., Neale, J. M., Shiffman, S., Marco, C. A., Hickcox, M. et al. (1998). A comparison of coping assessed by ecological momentary assessment and retrospective recall. *Journal of Personality and Social Psychology, 74*, 1670-1680.

Stormshak, E. A., Bullock, B. M. & Falkenstein, C. A. (2009). Harnessing the power of sibling relationships as a tool for optimizing social-emotional development. *New Directions for Child and Adolescent Development, 126*, 61-77.

Stringaris, A. (2011). Irritability in children and adolescents: A challenge for DSM-V. *European Child & Adolescent Psychiatry, 20*, 61-66.

Sulik, M. J., Huerta, S., Zerr, A. A., Eisenberg, N., Spinrad, T. L., Valiente, C. et al. (2010). The factor structure of effortful control and measurement invariance across ethnicity and sex in a high-risk sample. *Journal of Psychopathology and Behavioral Assessment, 32*, 8-22.

Suveg, C., Hoffman, B., Zeman, J. L. & Thomassin, K. (2009). Common and specific emotion-related predictors of anxious and depressive symptoms in youth. *Child Psychiatry and Human Development, 40*, 223-239.

Suveg, C., Jacob, M. L. & Payne, M. (2010). Parental interpersonal sensitivity and youth social problems: A mediational role for child emotion dysregulation. *Journal of Child and Family Studies, 19*, 677-686.

Suveg, C., Kendall, P., Comer, J. & Robin, J. (2006). Emotion-focused cognitive-behavioral therapy for anxious youth: A multiple-baseline evaluation. *Journal of Contemporary Psychotherapy, 36*, 77-85.

Suveg, C., Morelen, D., Brewer, G. A. & Thomassin, K. (2010). The emotion dysregulation model of anxiety: A preliminary path analytic examination. *Journal of Anxiety Disorders, 24*, 924-930.

Suveg, C., Shaffer, A., Morelen, D. & Thomassin, K. (2011). Links between maternal and child psychopathology symptoms: Mediation through child emotion regulation and moderation through maternal behavior. *Child Psychiatry and Human Development, 42*, 507-520.

Suveg, C., Sood, E., Barmish, A., Tiwari, S., Hudson, J. L. & Kendall, P. C. (2008). „I'd rather not talk about it": Emotion parenting in families of children with an anxiety disorder. *Journal of Family Psychology, 22*, 875-884.

Suveg, C., Sood, E., Comer, J. S. & Kendall, P. C. (2009). Changes in emotion regulation following cognitive-behavioral therapy for anxious youth. *Journal of Clinical Child and Adolescent Psychology, 38*, 390-401.

Suveg, C. & Zeman, J. (2004). Emotion regulation in children with anxiety disorders. *Journal of Clinical Child and Adolescent Psychology, 33*, 750-759.

Tamir, M. (2011). The maturing field of emotion regulation. *Emotion Review, 3*, 3-7.

Tangney, J. P. (1998). How does guilt differ from shame? In J. Bybee (Ed.), *Guilt and children* (pp. 1-17). San Diego, CA: Academic Press.

Tangney, J. P., Stuewig, J. & Mashek, D. (2007). Moral emotions, moral cognitions, and moral behavior. *Annual Review, 58*, 345-372.

Taylor, M. G. & Carrère, S. (2002). *The child meta-emotion interview and coding system for 7–8 year-olds*. Washington: University of Washington Seattle.

Taylor, S. E., Lerner, J. S., Sage, R. M., Lehman, B. J. & Seeman, T. E. (2004). Early environment, emotions, responses to stress, and health. *Journal of Personality, 72*, 1365-1393.

Thomas, A. & Chess, S. (1980). *Temperament und Entwicklung: Über die Entstehung des Individuellen*. Stuttgart: Enke.

Thompson, R. A. (1994). Emotion regulation: A theme in search of definition. *Monographs of the Society for Research in Child Development, 59*, 25-52, 250-283.

Thompson, R. A. (2006). The development of the person: Social understanding, relationships, self, conscience. In W. Damon, R. M. Lerner & N. Eisenberg (Eds.), *Handbook of child psychology: Vol. 3. Social, emotional, and personality development* (6th ed., pp. 24-98). New York: Wiley.

Thompson, R. A. (2008). Early attachment and later development: Familiar questions, new answers. In J. Cassidy & P. R. Shaver (Eds.), *Handbook of attachment: Theory, research, and clinical applications* (pp. 348-365). New York: Guilford.

Thompson, R. A. (2011a). Emotion and emotion regulation: Two sides of the developing coin. *Emotion Review, 3*, 53-61.

Thompson, R. A. (2011b). Methods and measures in developmental emotions research: Some assembly required. *Journal of Experimental Child Psychology, 110*, 275-285.

Thompson, R. A. & Calkins, S. D. (1996). The double-edged sword: Emotional regulation for children at risk. *Development and Psychopathology, 8*, 163-182.

Thompson, R. A. & Meyer, S. (2007). Socialization of emotion regulation in the family. In J. J. Gross (Ed.), *Handbook of emotion regulation* (pp. 249-268). New York: Guilford.

Tortella-Feliu, M., Balle, M. & Sese, A. (2010). Relationships between negative affectivity, emotion regulation, anxiety, and depressive symptoms in adolescents as examined through structural equation modeling. *Journal of Anxiety Disorders, 24*, 686-693.

Tremblay, R. E. (2000). The development of aggressive behavior during childhood: What have we learned in the past century? *International Journal of Behavioral Development, 24*, 129-141.

Trentacosta, C. J. & Shaw, D. S. (2009). Emotional self-regulation, peer rejection, and antisocial behavior: Developmental associations from early childhood to early adolescence. *Journal of Applied Developmental Psychology, 30*, 356-365.

Tronick, E., Als, H. & Brazelton, T. (1980). Monadic phases: A structural descriptive analysis of infant-mother face to face interaction. *Merrill-Palmer Quarterly, 26*, 3-24.

Tronick, E. Z. & Weinberg, M. (1990). *Infant Regulatory Scoring System/IRSS.* Boston: Unpublished manuscript, Children's Hospital/Harvard Medical School Boston.

Underwood, M. K., Hurley, J. C., Johanson, C. A. & Mosley, J. E. (1999). An experimental, observational investigation of children's responses to peer provocation: Developmental and gender differences in middle childhood. *Child Development, 70*, 1428-1446.

Urry, H. L., van Reekum, C. M., Johnstone, T., Kalin, N. H., Thurow, M. E., Schaefer, H. S. et al. (2006). Amygdala and ventromedial prefrontal cortex are inversely coupled during regulation of negative affect and predict the diurnal pattern of cortisol secretion among older adults. *The Journal of Neuroscience, 26*, 4415-4425.

Van Overwalle, F. (2009). Social cognition and the brain: A meta-analysis. *Human Brain Mapping, 30*, 829-858.

Vitaro, F., Brendgen, M., Larose, S. & Tremblay, R. E. (2005). Kindergarten disruptive behaviors, protective factors, and educational achievement by early adulthood. *Journal of Educational Psychology, 97*, 617-629.

Volling, B. L. (2001). Early attachment relationships as predictors of preschool children's emotion regulation with a distressed sibling. *Early Education and Development, 12*, 185-207.

Volling, B. L., MacKinnon-Lewis , C., Rabiner, D., & Baradaran, L. (1993). Children's social competence and sociometric status: Further exploration of aggression, social withdrawal, and peer rejection. *Development and Psychopathology*, *5*, 459-483.

Wadepohl, H., Koglin, U., Vonderlin, E. & Petermann, F. (2011). Förderung sozial-emotionaler Kompetenz im Kindergarten. *Kindheit und Entwicklung, 20*, 219-228.

Wager, T. D., Davidson, M. L., Hughes, B. L., Lindquist, M. A. & Ochsner, K. N. (2008). Prefrontal-subcortical pathways mediating successful emotion regulation. *Neuron, 59*, 1037-1050.

Waters, E. & Cummings, E. M. (2000). A secure base from which to explore close relationships. *Child Development, 71*, 164-173.

Waters, A. M., Henry, J., Mogg, K., Bradley, B. P. & Pine, D. S. (2010). Attentional bias towards angry faces in childhood anxiety disorders. *Journal of Behavior Therapy and Experimental Psychiatry, 41*, 158-164.

Webster-Stratton, C., Jamila Reid, M. & Stoolmiller, M. (2008). Preventing conduct problems and improving school readiness: Evaluation of the Incredible Years Teacher and Child Training Programs in high-risk schools. *Journal of Child Psychology and Psychiatry, 49*, 471-488.

Weems, C. F., Silverman, W. K., Rapee, R. M. & Pina, A. A. (2003). The role of control in childhood anxiety disorders. *Cognitive Therapy and Research, 27*, 557-568.

Weinberg, M. & Tronick, E. Z. (1994). Beyond the face: An empirical study of infant affective configurations of facial, vocal, gestural, and regulatory behaviors. *Child Development, 65*, 1503-1515.

Wiedebusch, S. & Petermann, F. (2011). Förderung sozial-emotionaler Kompetenz in der frühen Kindheit. *Kindheit und Entwicklung, 20*, 209-218.

Wolke, D. (2008). Von Null bis Drei: Entwicklungsrisiken und Entwicklungsabweichungen. In F. Petermann (Hrsg.), *Lehrbuch der Klinischen Kinderpsychologie* (6., vollständig überarb. Aufl., S. 65-80). Göttingen: Hogrefe.

Yagmurlu, B. & Altan, O. (2010). Maternal socialization and child temperament as predictors of emotion regulation in Turkish preschoolers. *Infant and Child Development, 19*, 275-296.

Yap, M. B., Allen, N. B., O'Shea, M., Di Parsia, P., Simons, J. G. & Sheeber, L. (2011). Early adolescents' temperament, emotion regulation during mother-child interactions, and depressive symptomatology. *Development and Psychopathology, 23*, 267-282.

Yap, M. B., Allen, N. B. & Sheeber, L. (2007). Using an emotion regulation framework to understand the role of temperament and family processes in risk for adolescent depressive disorders. *Clinical Child and Family Psychology Review, 10*, 180-196.

Zahn-Waxler, C., Cole, P. M. & Smith, K. D. (1994). Expressive control during a disappointment: Variations related to preschoolers' behavior problems. *Developmental Psychology, 30*, 835-846.

Zalewski, M., Lengua, L. J., Wilson, A. C., Trancik, A. & Bazinet, A. (2011). Emotion regulation profiles, temperament, and adjustment problems in preadolescents. *Child Development, 82*, 951-966.

Zeman, J., Cassano, M., Perry-Parrish, C., & Stegall, S. (2006). Emotion regulation in children and adolescents. *Journal of Developmental and Behavioral Pediatrics, 27*, 155-168.

Zeman, J. L., Cassano, M., Suveg, C. & Shipman, K. (2010). Initial validation of the Children's Worry Management Scale. *Journal of Child and Family Studies, 19*, 381-392.

Zeman, J. & Garber, J. (1996). Display rules for anger, sadness, and pain: It depends on who is watching. *Child Development, 67*, 957-973.

Zeman, J. & Shipman, K. (1996). Children's expression of negative affect: Reasons and methods. *Developmental Psychology, 32*, 842-849.

Zeman, J., Shipman, K. & Penza-Clyve, S. (2001). Development and initial validation of the Children's Sadness Management Scale. *Journal of Nonverbal Behavior, 25*, 187-205.

Zeman, J., Shipman, K. & Suveg, C. (2002). Anger and sadness regulation: Predictions to internalizing and externalizing symptoms in children. *Journal of Clinical Child and Adolescent Psychology, 31*, 393-398.

Zero To Three (1999). *Diagnostische Klassifikation: 0-3. Seelische Gesundheit und entwicklungsbedingte Störungen bei Säuglingen und Kleinkindern*. Wien: Springer.

Zero To Three (2005). *Diagnostic classification of mental health and developmental disorders of infancy and early childhood: Revised edition (DC:0-3R)*. Washington, DC: Zero To Three Press.

Zhou, Q., Eisenberg, N., Losoya, S. H., Fabes, R. A., Reiser, M., Guthrie, I. K. et al. (2002). The relations of parental warmth and positive expressiveness to children's empathy-related responding and social functioning: A longitudinal study. *Child Development, 73*, 893-915.

Ziegert, D. I. & Kistner, J. A. (2002). Response styles theory: Downward extension to children. *Journal of Clinical Child and Adolescent Psychology, 31*, 325-334.

Zimmermann, L. K. & Stansbury, K. (2003). The influence of temperamental reactivity and situational context on the emotion-regulatory abilities of 3-year-old children. *The Journal of Genetic Psychology, 164*, 389-409.